中國 外資公司設立
法律實務

富蘭德林事業群◎著

導讀

　　外商進入中國投資的第一步是設立外商投資企業，雖然中國官方將外商投資企業分為中外合作、中外合資和外商獨資三種，但隨著2004年中國加入WTO，和開放許多外商准入領域，造成「中外合作」與「中外合資」外商投資企業數量大幅減少，目前實務中外商進入中國投資，設立的幾乎都是外商獨資的外資公司。

　　設立一個既符合外商實際需求，又合乎中國法律規定的外資公司，是外商在中國投資獲利的第一步，但這其中牽涉到中國縱向的省、地級市、縣級市各級政府部門，也須經日後主管外資公司的橫向地方政府單位同意，像是外資主管機關（商務廳、商務委員會、商務局……）、工商行政管理局、稅務局等，唯有設立一個正確又符合外商真正需要的外資公司，走對在中國的第一步，才能確保外商在中國長久的利益。

　　本書共分「准入與行業」、「類型與架構」、「註冊資本與出資」、「公司名稱」、「註冊地與經營地」、「經營範圍」、「董監事與高管」、「流程與證照」八大篇幅，並以170個主題將外商在中國設立外資企業的問題進行總覽，結合過去十二年設立了超過500家外商公司的經驗，相信本書能為外商在中國設立外資公司所遭遇的問題提供全方位解答。

　　本書秉持過去服務讀者的立場，提供讀者全新的檢索方式，只要透過富蘭德林官網www.myChinabusiness.com，讀者以關鍵字進行全文檢索，很快便可找到與關鍵字有關內容及相關對應章節。

富蘭德林事業群總經理

劉芳榮

（附件）

讀者服務　www.myChinabusiness.com

本書的讀者，可以在富蘭德林官網www.mychinabusiness.com進行關鍵字檢索，很快就能判斷出所要尋找主題位於哪些章節段落。另外也可登錄您的Email，即可收到最新法規條文更新後的內容解析。

一、網站首頁

進入富蘭德林官網後，請點選右上方「讀者服務」選項。

二、讀者服務頁面

進入「讀者服務」頁面後，即可使用：
● 關鍵字查詢
● 查詢本書內容更新
● 訂閱最新法規條文更新內容

《中國外資公司設立法律實務》
● 關鍵字查詢：⬚⬚⬚⬚⬚ 搜尋
● 查詢本書內容更新
● 訂閱最新法規條文更新內容

三、關鍵字與內容更新查詢

1. 輸入關鍵字之後，即可搜尋出所要尋找主題位於哪些章節段落與頁碼。
2. 點選「查詢本書內容更新」，即出現更新內容列表。

序號	篇名	頁碼
1	外商投資房地產行業法律分析 (更新內容)	27
2	外商投資股權投資行業法律分析 (更新內容)	38
3	上海市跨國公司地區總部認定法律分析 (更新內容)	100
4	外國投資者涉稅分析 (更新內容)	124

四、訂閱最新法規條文更新內容

點選「訂閱最新法規條文更新內容」，登錄您的Email，即可收到最新法規條文更新後的內容解析。

請輸入您的Email：⬚⬚⬚⬚⬚ 訂閱

目次

中國外資公司設立
法律實務

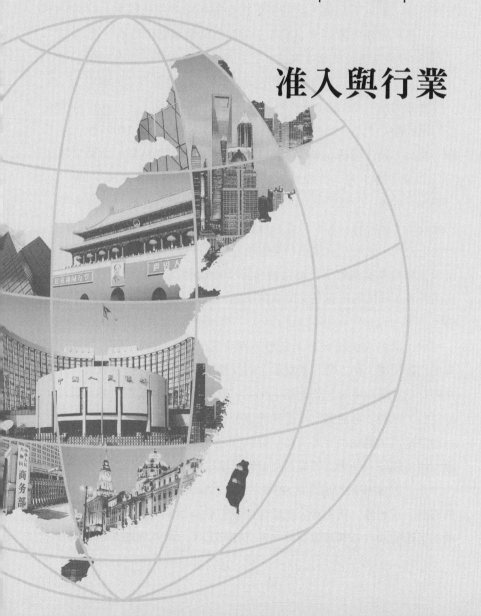

| 第一篇 |

准入與行業

【1】「外商投資產業指導目錄」介紹及其意義

做為指導外商直接投資中國的重要產業政策，「外商投資產業指導目錄」（以下簡稱「目錄」）從1995年首次頒布以來，每隔一段時間都將根據中國經濟發展及對外開放的需要進行修訂，至2012年1月30日最新實施的版本為止，已經是第五次修訂，旨在積極引導外商投資方向，以促進中國經濟結構調整和經濟發展方式的轉變。

根據國務院令第346號「指導外商投資方向規定」，外商投資項目分為鼓勵、允許、限制和禁止四類。與第四次修訂的2007版「目錄」相比，新「目錄」總條目473條，其中鼓勵類354條，比原來增加3條；限制類80條，比原來減少7條；禁止類39條比原來減少1條。同時，「目錄」取消了部分領域對外資的股比限制，鼓勵類和限制類中有股比要求的條目比原來減少11條。顯而易見，上述產業投資的傾向性，表明中國產業政策正在從傳統產業向技術、能源、節能、環保及現代服務業產業轉型。結合國務院[2010]9號文「關於進一步做好利用外資工作的若干意見」的有關精神，這些內容主要體現在以下方面：

一、將高端製造業做為鼓勵外商投資的重點領域，促進外商投資使用新技術、新工藝、新材料、新設備，改造和提升傳統產業。此次修訂在鼓勵類中增加了紡織、化工、機械製造等領域新產品、新技術條目。同時，考慮到汽車產業健康發展的要求，將汽車整車製造條目從鼓勵類中刪除；另外，為了抑制部分行業產能過剩和盲目重複建設，將多晶矽、煤化工等條目從鼓勵類刪除。

二、鼓勵外商投資節能環保、新一代信息技術、生物、高端裝備製造、新能源、新材料、新能源汽車等戰略性新興產業，在鼓勵類增加了新能源汽車關鍵零部件、基於IPv6的下一代互聯網系統設備等

條目，並將鼓勵類中液晶面板條目明確為六代以上。

　　三、鼓勵外商投資現代服務業，支持針對民生的服務業擴大利用外資，推進服務業開放進程。此次修訂，服務業增加了9項鼓勵類條目，包括機動車充電站、電池更換站建設及經營、創業投資企業、知識產權服務、家庭服務業、海上石油污染清理技術服務、節能技術開發與服務、職業技能培訓和再生水廠建設及運營等，且服務業條目在鼓勵類中的比重進一步增加；將外商投資醫療機構、金融租賃公司等從限制類調整為允許類。

　　四、進一步下放審批許可權，對於總投資3億美元以下的鼓勵類及允許類項目，除「政府核准的投資項目目錄」規定須由國務院有關部門核准之外，將由地方政府有關部門核准，同時並引導外資向中西部地區轉移和增資，對符合條件的西部地區外資企業繼續實行15%的企業所得稅優惠政策。

　　由於外商投資鼓勵類項目在進口設備及相關配套件時可以享受免徵進口關稅的優惠政策，因此對應「目錄」的調整，海關總署在2012年1月30日起施行的（2012）4號公告中，對於2012年1月30日前的外商投資項目，其設備進口的相關稅收政策如下執行：

外商投資項目批准時間	是否屬於2007版鼓勵類項目	是否屬於2012版鼓勵類項目	是否享受進口免關稅優惠
2011年12月24日（2012版「目錄」公布日）之前	是		是

外商投資項目批准時間	是否屬於2007版鼓勵類項目	是否屬於2012版鼓勵類項目	是否享受進口免關稅優惠
2011年12月24日至2012年1月29日	是	否	是,但須於2013年1月30日以前持投資主管部門出具的「項目確認書」向海關辦理減免稅備案手續,逾期不予受理。
	是	是	是,投資主管部門按照2012版「目錄」條目出具「項目確認書」
	否	是	是,可向投資主管部門補辦「項目確認書」;如進口設備已經徵稅的,不予退還。
2012年1月30日(2012版目錄生效執行日)及之後	是	是	

【2】外商投資製造業法律分析

外商投資製造業首先就要研讀「外商投資產業指導目錄」,「目錄」經過幾次變更,目前是2012版。這是中國政府主要針對引進外資指引產業投向的基本文件,「目錄」中將外商投資項目分為鼓勵類、限制類、禁止類項目,沒有列明在三類項目中的,均為允許類項目。

外商投資的產業如果屬於鼓勵類項目,可以在取得批准證書和營業執照後,向商務主管部門申請鼓勵類項目確認書,經過海關備案

後享受免關稅進口設備的待遇。此外，中國的「十二五」計畫、「關於進一步做好創業板推薦工作的指引」等都是中國政府引導投資的風向標，外商都可以進行關注，適時調整自己的行業投資方向，以享受到政府提供給鼓勵引導行業的優惠政策。

外商投資製造業，在中國選定投資地點時，要結合未來資金規劃、買地造廠、稅收優惠、人員聘用（也就是「人、錢、物」）等各方面因素考慮。

買地造廠是第一步（當然也可以租賃廠房進行生產）。中國土地所有權屬於國家和集體，外商投資企業只能取得土地使用權，儘管按照「土地管理法」的規定，外商投資企業只能取得國有土地使用權，但各地通常都會頒布地方性規定，允許外商投資企業在一定條件下取得集體建設用地使用權，比如外國投資者與當地集體經濟組織（如村鎮所屬的工貿公司就比較常見）合資創辦外商投資企業，從而使外商投資企業取得集體土地使用權。有些地方允許集體建設用地有限度流轉，由此外商投資企業也可取得集體建設用地使用權。

出於國家安全考慮，中國政府對國有土地的徵收使用建立一整套完備嚴格的管理制度，如土地儲備制度、招拍掛制度（指招標、拍賣、掛牌）等，政府按照每年用地指標進行一定面積的土地儲備，根據整體規劃對外公開「招拍掛」，外國投資者可以通過競標、競拍、摘牌等方式取得國有土地使用權。

在此過程中，需要注意保證金的問題，按照目前中國國家外匯管理局最新的規定，競標土地使用權應按規定通過保證類專用帳戶進行。外國投資者競標土地使用權的保證類專用帳戶名稱變更為「競標土地使用權的保證類專用外匯帳戶」。該帳戶的收入範圍調整為「存入以招標、拍賣、掛牌等方式轉讓土地使用權所收取的外匯保證金」；支出範圍調整為「經所在地外匯管理部門核准將原幣劃轉至外

國投資者後續成立的外商投資企業外匯資本金帳戶、按原路徑匯出境外，或憑原劃出核准件劃回原外商投資企業的外匯資本金帳戶」。土地保證金帳戶內資金不得結匯。

如果競標成功，外國投資者以外商投資企業名義與國土管理部門簽訂成交確認書，憑成交確認書經過環評、商務主管部門審批、工商登記，開立資本金帳戶，保證金和後續註冊資本金匯入資本金帳戶，再經過銀行審核結匯成人民幣直接支付給國土管理部門。國有土地出讓過程中，外商投資企業還須繳納契稅和印花稅。

對於購土建廠的外商投資企業，當地政府往往給予一定的土地款補貼或返還，儘管違規，但當地政府和外商投資企業彼此心照不宣。該補貼款或返還款的帳務處理需要注意，有的企業直接沖抵土地購入成本，這在未來申請IPO過程中會被會計師質疑：土地成本以支付給國土管理部門的全款入帳，返還款或補貼款應做為營業外收入處理。這樣，土地攤銷成本增加降低主營業務利潤，返還款或補貼款形成的利潤還要做為非經常性損益被扣除，不計入主營業務業績。

取得土地後企業須進行環評，根據企業生產可能造成污染的程度，環評標準由低到高分為三個等級：填報環境影響登記表、編制環境影響報告表、編制環境影響報告書。其中，環境影響評價報告須請專業的機構出具評估報告。環保部門一般先出具項目批文，項目投產前還要進行驗收。

外商投資企業設立時，應按照「關於中外合資經營企業註冊資本與投資總額比例的暫行規定」，儘量拉大投資總額，即拉大投資總額和註冊資本的差額，也就是外債額度。通過外債投入到外商投資企業的資金與註冊資本不同，註冊資本只有在外商投資企業清算或轉股時，外國投資者才能退出、收回資金，外債則可以通過償還方式隨時收回，如果向境外金融機構借款還可以使用境外低利率的資金，降低

企業經營成本。

隨著2008年中國頒布實施統一的「企業所得稅法」，外商投資企業和內資企業一樣適用25%的企業所得稅稅率，不過，在進行投資洽談時，可以向當地招商部門爭取地方政府的財政補貼，此時最好取得地方政府出具的「紅頭」文件，僅僅和地方政府簽訂「協議」往往日後變數很大。外商投資企業享受不到補貼待遇而埋怨當地政府不守信用，已屢見不鮮。

製造型企業往往需要投入大量的勞動力，人力成本也在外商投資製造業時的首要考慮因素之列。中國政府的最低工資制度、五險（養老保險、醫療保險、失業保險、工傷保險、生育保險）的社會保險制度、住房公積金制度、女職工保護制度（至少98天的產假讓不少外商驚呼中國對女員工保護過度）、外籍和台港澳員工社保費繳納制度，都是外商投資製造業要考慮的成本因素。

【3】外商投資貿易行業法律分析

對於投資貿易行業的外國投資者來說，2004年4月16日頒布實施的「外商投資商業領域管理辦法」就像一道分水嶺，在此之前，外國投資者只能在中國當時15個保稅區內設立貿易公司，通過具有進出口權的代理公司操作與中國國內的貿易業務；而「外商投資商業領域管理辦法」推行之後，外商可自2004年6月1日開始，在中國各個地區，以與內資企業相同的標準成立中外合資、中外合作貿易公司；自2004年12月11日開始，外商則可以與內資企業相同的標準成立外商獨資貿易公司。而對於已經設立的外商投資的非商業企業，則可以依照前述規定申請增加貿易經營範圍，取得分銷權。與此相輔相成，

2004年4月6日修訂的「對外貿易法」規定，自2004年7月1日開始，外商投資商業企業，可依法定程序取得外貿流通進出口經營權，無須再透過具有進出口權的代理公司操作進出口業務。以上兩個規定開闢了外商在中國投資貿易領域的新紀元，也吸引越來越多的外國投資者來華投資。

外國投資者可以多種方式投資貿易行業，對於已經在中國設立生產性企業的外國投資者來說，可以向企業設立時的商務審批機關申請在目前的經營範圍上增加貿易經營範圍，增加的經營範圍通常表述為「從事與自產產品同類商品的批發、進出口、傭金代理（拍賣除外）業務，並提供相關配套服務」。由此可見對於生產性企業來說，如要申請增加貿易的經營範圍，通常限定為「自產產品」的同類商品，但隨著貿易領域的逐漸開放，實務中也有部分地區已經可以將貿易經營範圍擴大到與自產產品非同類的商品領域。而對於在貿易領域開放早期設立的一大批保稅區內貿易公司來說，如有經營需要，也可向保稅區管理委員會申請增加分銷權，增加的經營範圍通常表述為「XX產品的批發、進出口、傭金代理（拍賣除外）業務，並提供相關配套服務」。增加了分銷權之後的保稅區貿易公司，可以以自身名義從事中國國內區外貿易業務及進出口貿易業務，也可在保稅區外設立分支機構，但在發票管理方面仍要接受保稅區交易市場統一管理，即企業無法自行開立增值稅專用發票，必須由保稅區交易市場統一開立。

除前述兩種方式外，對於外國投資者來說，也可新設貿易公司從事貿易業務，但須注意以下幾點：

第一、貿易公司的註冊地址應為辦公樓或商業性用房，住宅通常不得做為註冊地址進行登記。

第二、貿易公司的註冊資金不宜過低，須與經營規模相適應。

且貿易公司只有認定為一般納稅人後方能取得申領增值稅專用發票的資格，註冊資本金低於人民幣50萬元的貿易公司，在實務中認定為一般納稅人有一定難度。

　　第三、貿易公司成立後尚不能立即操作進出口業務，還須至海關辦理海關登記證書和電子口岸卡、操作員卡等，方可辦理貨物進出口報關手續。

　　就企業所得稅來說，目前無論以哪種方式從事貿易業務，企業所得稅稅率通常都為25%，但在出口退稅方面則存在很大區別。對於外商投資貿易公司來說，如以自身名義從事貨物出口業務，均可享受出口退稅優惠；但申請增加貿易經營範圍的生產性企業從事的出口貿易業務，只有視同自產產品出口的，才可以享受免抵退優惠，如出口產品被視為非自產產品，則依內銷方式處理。

【4】外商投資電子商務法律分析

　　簡單來說，電子商務是利用電腦技術、網路技術和遠端通信技術，實現整個商務買賣過程的電子化、數位化和網路化。電子商務的出現，使消費者足不出戶就可輕鬆採購到自己所需的商品或服務。而商家則從宣傳、銷售、結算、人員等各方面降低了經營成本，也實現了銷售管道的多元化和營業收入的大幅提高。

　　對經營者來說，電子商務中有兩個概念比較容易混淆，即網絡（台灣稱網路）商品經營者和網絡服務經營者。根據中國國家工商總局於2010年5月31日頒布的「網絡商品交易及有關服務行為管理暫行辦法」規定，通過網絡銷售商品的法人、其他經濟組織或者自然人，稱為「網絡商品經營者」；而通過網絡提供有關經營性服務的法人、

其他經濟組織或者自然人，以及提供網絡交易平台服務的網站經營者，稱為「網絡服務經營者」。對於想從事電子商務的外商來說，首先要分清這兩個概念。

就目前政策來講，外商投資做為網絡商品經營者開展電子商務相對比較簡單。根據商務部於2010年8月19日頒布實施的「關於外商投資互聯網、自動售貨機方式銷售項目審批管理有關問題的通知」（以下簡稱「272號文」）規定，經依法批准、註冊登記的外商投資生產性企業、商業企業可以直接從事網上銷售業務，但應依法向電信管理部門辦理ICP備案手續。也就是說，外商投資貿易公司如欲通過網絡銷售產品，除依法向商務審批部門提交申請增加「網上零售」的經營範圍外，還要向電信管理部門申請辦理ICP備案手續。但企業本質上還是普通的貿易公司，只是增加了網絡銷售這一特殊銷售方式而已，經營範圍通常描述為「某產品的批發、網上零售、傭金代理（拍賣除外）、進出口業務，並提供相關配套服務（不涉及國營貿易管理商品，涉及配額、許可證管理商品的，按國家有關規定辦理申請）」。

另一種常見的電子商務模式，例如淘寶、阿里巴巴，則是利用自身網絡平台為其他交易方提供網絡服務，也就是網絡服務經營者。這種電子商務模式，目前對外商來說還存在一定的限制。依照272號文的規定，外商投資企業利用企業自身網絡平台為其他交易方提供網絡服務，屬於增值電信業務，應向工業和信息化管理部門申請辦理增值電信業務經營許可證。而根據「外商投資電信業管理規定」，經營全國的或者跨省、自治區、直轄市範圍的增值電信業務的企業，註冊資本不得低於人民幣1,000萬元；經營省、自治區、直轄市範圍內的增值電信業務的企業，註冊資本不得低於人民幣100萬元。且同時對於外方投資者有一定的要求，不僅應當具有經營增值電信業務的良好

業績和運營經驗，且出資比例最終不得超過50%。

　　網絡服務經營涉及的第三方支付業務，目前則根本不對外資開放。根據2010年人民銀行發布的「非金融機構支付服務管理辦法」，對於外商投資支付機構的相關辦法，由中國人民銀行另行規定，報國務院批准。這意味著申請第三方支付牌照必須是百分之百內資公司，如有外資成分，則須等待央行另行發布管理辦法。

【5】外商從事特許經營法律分析

　　根據2007年2月6日國務院頒布的「商業特許經營管理條例」（以下簡稱「特許條例」），所謂「特許經營」是指擁有註冊商標、企業標誌、專利、專有技術等經營資源的企業（即特許人），以合同形式將其擁有的經營資源許可其他經營者（即被特許人）使用，被特許人按照合同約定在統一的經營模式下開展經營，並向特許人支付特許經營活動的經營費用。

　　結合「特許條例」及其他相關法律、法規，外商在中國從事上述特許經營活動中應當注意以下幾點：

　　首先，「特許條例」中僅規定「擁有註冊商標、企業標誌、專利、專有技術等經營資源的企業」可以從事特許經營，也就是說境外自然人不可以做為獨立的主體直接從事特許經營，境外公司在符合「特許條例」規定的條件後，可在中國境內從事特許經營。因此，目前在中國可以從事特許經營的外商，是指註冊在中國的外商投資企業和註冊境外的外國企業。

　　第二，「特許條例」雖然沒有限制外商從事特許經營活動的行業範圍，但外商在實際從事時還是須遵循「外商投資產業指導目錄」

的規定，不能從事禁止類產業的特許經營。例如，互聯網上網服務營業場所屬禁止類，故外商不可從事「網吧」（台灣稱網咖）的特許經營。

第三，外商在將其擁有的經營資源、經營模式在許可他人使用之前，自己必須已經在境內外開始了至少兩家直營店，且兩家直接直營店均已經營滿一年，即通常所說的「兩店一年」要求。之所以要對從事特許經營活動的特許人規定「兩店一年」的要求，實質是法律要求特許人證明其開發創建的獨特的經營資源、經營模式由實踐證明是可行的和成熟的，以保證特許人具備為被特許人持續提供經營指導、技術支持和業務培訓等服務的能力。

所謂「經營資源」，一般即是指外商所持有的「註冊商標、企業標誌、專利、專有技術等」知識產權。這裡須說明一點的是，對於前述的知識產權並不要求必須是外商所有，也就是說如果外商擁有的僅僅是使用權，也是可以做為經營資源進行特許。

所謂「經營模式」，可體現在各個方面，大到管理、促銷、品質控制等，小到店鋪的裝潢設計甚至標牌的設置等。

所謂「兩店」的形式，可以是外商投資企業本身的分公司，也可以是外商在境內外的兄弟公司、子公司、控股公司或具有其他關聯關係的公司。

外商在符合「兩店一年」的條件後，可向被特許人收取特許使用費以及商標等經營資源的權利金。若外商在尚未滿足「兩店一年」條件時，就開始從事特許經營活動，則會面臨沒收違法所得，處10萬元以上50萬元以下的罰款等處罰。

第四，外商在從事特許經營活動的過程中，應當根據「商業特許經營資訊披露管理辦法」的規定，在與被特許人訂立特許經營合同之日前至少30日，以書面形式向被特許人提供經營合同文本及相關的

12個方面的資訊。實務中比較容易被忽視披露的資訊有：

1. 如果外商是經營資源的使用權人，必須披露所有權人的基本資訊，並同時說明一旦解除與該所有權人的授權合同，如何處理該特許經營系統。

2. 經營資源涉及訴訟或仲裁的情況。

3. 保證金的收取、返還條件、返還時間和返還方式。

4. 被特許人在訂立特許經營合同前支付費用的用途以及退還的條件、方式。

5. 技術支持的具體內容，說明特許經營操作手冊的目錄及相關頁數。

若外商不按規定進行披露或進行虛假披露，則不僅被特許人可解除特許經營合同，且外商也會面臨最高10萬元的處罰。

最後，外商在開始從事特許經營活動，應當自簽署首份特許經營合同起15日內向如下中國商務主管部門進行備案：

1. 在省、自治區、直轄市範圍內從事特許經營活動，應當向所在地省、自治區、直轄市人民政府商務主管部門備案。

2. 跨省、自治區、直轄市範圍從事特許經營活動，應當向國務院商務主管部門備案。

需要提醒的是，外商投資企業在備案前，須向商務主管部門申請增加「以特許經營方式從事商業活動」的經營範圍，並取得「外商投資企業批准證書」。

【6】外商投資諮詢顧問業法律分析

諮詢業，是個包羅萬象的行業，根據諮詢內容的不同，可以設立不同類型的諮詢公司，如管理方面的諮詢公司、工程方面的諮詢公司、技術類諮詢公司等等。諮詢業是相對比較開放的行業，根據2011年新修訂的「外商投資產業指導目錄」，除了「法律諮詢」屬於限制類外，其他類型的諮詢都應當是屬於允許類的，其中，國際經濟、科技、環保、物流資訊的諮詢還屬於鼓勵類項目。但實務操作中，有些諮詢由於受限於政策變化也會暫時難以申請，如目前外資房地產諮詢公司、證券投資諮詢，基本上是不批的。

由於目前中國還有很多行業受限制，或者有很多的准入條件，實務中，為了間接進入這些行業，有些外國投資者會先設立一家諮詢公司，並以諮詢公司的名義實際從事受限制的行業。比如要設立一家幼稚教育機構，工商部門往往以非營利性而不予受理，而教育部門則提出很高的准入條件，如需要中外合作、須滿足一定的師資數量、場地方面的要求等，因此外國投資者為了避免此類麻煩，往往會改設一家教育資訊諮詢公司來從事。其他比如建築設計行業，由於目前對外國投資者的設計背景和資格要求比較高，因此投資方也會先設立一家設計諮詢公司。但這種打擦邊球的方法存在一定法律風險，外國投資者需要謹慎對待。

設立外資諮詢公司，需要注意以下幾點：

一、設立流程

由於諮詢行業通常不存在前置審批程序，也不像生產企業那樣需要進行環評，因此可以直接向商務主管部門辦理審批，向工商部門辦理執照登記，其所須提交的資料與一般公司的設立無多大差異。如果順利的話，從審批到取得工商執照，一般兩個月就可以完成，甚至

有些地方只要兩週就可以。

二、名稱

諮詢公司的名稱通常為「某某諮詢有限公司」，但不能脫離其經營範圍，實務中，審批部門和工商部門都要求公司的名稱與經營範圍第一句表述一致。

三、註冊資本

外資諮詢公司的設立門檻比較低，沒有投資總額和註冊資本方面的限制，一般只要符合公司法規定的人民幣3萬以上（獨資的需人民幣10萬）就可以，但實務操作中還是應當與公司實際營運所需資金互相匹配，否則商務主管部門在審批時會對註冊資本的合理性提出疑義。

四、經營範圍

外資諮詢公司的經營範圍，通常可以表述為：商務資訊諮詢、經濟資訊諮詢、科技資訊諮詢、投資諮詢、市場訊息諮詢、企業管理諮詢、物流管理諮詢、供應鏈管理諮詢、財稅諮詢、公關諮詢、品牌設計諮詢、市場營銷諮詢、技術諮詢、環保資訊諮詢、國際航運資訊諮詢、教育資訊諮詢、建築方案諮詢、城市規劃諮詢、機電設計方案諮詢、工程方案諮詢、室內裝潢方案諮詢、園林景觀工程諮詢、工程管理諮詢，等等。此外，諮詢公司也可以從事貿易活動，可以在經營範圍中加入如：電子產品、通訊設備、家具、文具的批發、進出口、傭金代理（拍賣除外），並提供相關配套服務。

目前工商部門已經注意到很多企業以諮詢公司名義從事受限制的業務，因此往往在經營範圍中加註一些限制條件，如工程諮詢會增加「涉及建築工程設計資質的除外」，如市場營銷諮詢會增加「廣告除外」，市場訊息諮詢會增加「不得從事社會調查」等等。

五、註冊地址

諮詢公司雖說比較靈活，但辦公場所還是需要的，做為註冊地址的房屋，應當是辦公、商業或綜合用房。

【7】外商投資餐飲業法律分析

餐飲行業屬於允許類外商投資產業，外商（外國公司、企業和其他經濟組織或者個人）在中國投資餐飲企業沒有法律上的障礙。境外投資者可以合資、合作或獨資的方式投資設立餐飲企業，也可以併購境內餐飲企業的方式投資餐飲業。

新設外資餐飲企業應具備相應的場地，必須以商業用途的房屋申請登記從事餐飲服務。由於餐飲業涉及到環境污染和公共衛生，因而設立餐飲企業的流程一般為：經過所在地工商部門核名、環保部門的環境評價和公安消防部門的消防驗收後，向衛生監督部門申領公共場所衛生許可證，由食品藥品監督管理部門經過對申請人提交的相關資料審查及對餐飲服務經營場所進行現場核查後，符合條件的，自受理申請之日起20個工作日內核發餐飲服務許可證，取得前置證照再向商務主管部門申請審批，獲得批覆和批准證書後辦理企業的工商登記及稅務登記證、組織機構代碼證等後續手續。

註冊資本方面，如果投資方為一自然人或法人的話，應符合公司法規定的最低註冊10萬元人民幣的要求。當然，商務主管部門在審批時還會考慮外資餐飲企業擬經營的實際情況，如果註冊資本較低，經營範圍也相應減少。

商務主管部門審批許可權方面，以上海為例，對於投資總額1億美元以下的外商投資餐飲企業的設立項目，或者投資總額1億美元以

下且併購交易金額1億美元以下、不涉及境內同一控制人返程投資和跨境換股的外資併購項目，由區縣商務主管部門受理；對於投資總額1億美元以上（含1億美元）的外商投資餐飲企業的設立項目，或併購交易金額1億美元以上的外資併購項目，由市商務委受理。

對於已經批准設立的外商投資餐飲企業而言，如果需要增設零售店鋪，必須滿足每年按時年檢且年檢合格及註冊資本全部繳清這些條件，獲得相關前置許可（與前述新設流程相同）後向總公司所在地商務主管部門提出申請，然後辦理分公司的營業執照。如跨省開設店鋪，還須徵求擬開設店鋪所在地商務主管部門的意見。

若餐飲企業以特許連鎖方式經營，須符合商務部頒布的「商業特許經營管理辦法」所規定的要求。比如：特許人從事特許經營活動應當擁有至少兩個直營店，並且經營時間超過一年。特許人應當自首次訂立特許經營合同之日起15日內，向商務主管部門備案。在省、自治區、直轄市範圍內從事特許經營活動，應當向所在地省、自治區、直轄市人民政府商務主管部門備案；跨省、自治區、直轄市範圍從事特許經營活動，應當向國務院商務主管部門備案。

財稅政策方面，餐飲企業涉及的稅種主要是營業稅和所得稅。餐飲業按照營業額徵收營業稅，適用的稅率為5%；按收入總額，減除不徵稅收入、免稅收入、各項扣除以及允許彌補的以前年度虧損後的餘額，徵收企業所得稅，稅率為25%。由於地方政府招商引資需要，故會以徵收稅款地方留存部分中給予外商投資企業一定比例的返還。這種地方財政返還所形成的稅收優惠政策，可以做為餐飲企業在選擇公司註冊登記地時的考慮因素。

外國投資者除了以設立公司的形式投資餐飲業外，也可以設立個體工商戶。2004年6月1日起，中國允許香港、澳門永久性居民中的中國公民設立個體工商戶從事餐飲服務（除特許經營外），但營業

面積不超過300平方米。2012年1月1日起,中國已開放台灣居民在部
分省市(首批開放北京、上海、廣東、福建、江蘇、浙江、湖北、四
川、重慶 九個省市)申請設立個體工商戶投資餐飲業。

【8】外商投資美容美髮行業法律分析

　　美容美髮行業屬於對外資開放的行業,目前外資美容美髮店在
中國已經非常普遍,並又細分為美髮店、美容店、美甲店、美體瘦身
店和綜合性美髮美容店等,雖然如此,但開設一家美容美髮店並不是
那麼簡單。

一、名稱和經營範圍

　　公司的名稱通常可以為「某某美容有限公司、某某美容美髮有
限公司」,經營範圍可以表述為:美容、護膚及相關諮詢服務;美容
護膚品的進出口、批發及零售。

二、註冊資本

　　美容公司的設立門檻比較低,沒有投資總額和註冊資本方面的
限制,一般只要符合公司法規定的人民幣3萬以上(獨資的需人民幣
10萬)就可以,但實務操作中還是應當與公司實際營運所需資金相匹
配,比如租金、人員工資、設施設備所需資金等,否則商務主管部門
在審批時會對註冊資本的合理性提出疑義。

三、註冊地址

　　提供美容美髮服務的,註冊地址必須是商業用房,並根據不同
的美容服務內容而有不同的面積、層高等要求,如按照上海的要求,
美髮店面積不少於20平方米,美容店面積不少於50平方米。層高

需 2 米 6 以上，同時還必須具有獨立的衛生間、上下水管，周邊環境也要適宜美容美髮店的開設。

四、前置審批

設立美容美髮公司，需要在辦理商務主管部門的審批和工商登記前，先辦理衛生許可證和消防許可證。

以上海為例，辦理衛生許可證，應向企業所在地衛生管理部門提供如下資料：

1. 法定代表人、業主或負責人資格及身分證明。

2. 企業名稱預先核准通知書。

3. 房產證及（或）房屋租賃合同。

4. 建築設計的衛生審核資料或經營場所的地形圖、平面圖及衛生防護設施圖。

5. 主要設備和設施的資料。

在取得「衛生許可證」後的兩個月內，還須提交檢測報告、從業人員（包括臨時工）的名單和健康合格證等資料。

辦理消防許可證，應向企業所在地公安消防部門提供如下資料：

1. 消防安全檢查申報表。

2. 企業名稱預先核准通知書。

3. 依法取得的建設工程消防驗收或者備案的法律文件影本。

4. 消防安全制度、滅火和應急疏散預案。

5. 員工職前消防安全教育培訓紀錄和自動消防系統操作人員取得的消防行業特有工種職業資格證書影本。

五、特許經營問題

美容行業普遍採取特許加盟模式，按照「商業特許經營管理條

例」的規定:「特許人從事特許經營活動應當擁有至少2個直營店,並且經營時間超過1年」,即「2+1」條件。當然特許人並非僅指在中國註冊的公司,境外公司也可以做為特許人。另外,在中國開展連鎖加盟業務必須在首次訂立特許經營合同之日起15日內,向商務主管部門備案,如只在一個省市內開展連鎖加盟業務,在該省市的商務主管部門辦理備案登記;如果擬開展跨省市連鎖加盟業務,須到商務部辦理備案,並提交以下資料:1.商業特許經營基本情況。2.中國境內全部被特許人的店鋪分布情況。3.特許人的市場計畫書。4.企業法人營業執照影本。5.與特許經營活動相關的商標權、專利權及其他經營資源的註冊證書影本。6.由設區的市級商務主管部門開具的符合「2+1」條件的證明文件;直營店位於境外的,提供直營店營業證明(須公證認證)。7.特許經營合同樣本。8.特許經營操作手冊的目錄。9.相關主管部門的批准文件。10.經法定代表人簽字蓋章的特許人承諾。

【9】外商投資娛樂場所經營行業法律分析

根據「娛樂場所管理條例」(以下簡稱「條例」)規定,娛樂場所是指以營利為目的,並向公眾開放,消費者自娛自樂的歌舞、遊藝等場所,主要包括舞廳、卡拉OK廳、卡拉OK包房、音樂茶座、遊藝機房、電子遊樂場、棋牌室等。娛樂場所經營屬於外商投資限制類行業,外國投資者可以與中國投資者依法設立中外合資經營、中外合作經營的娛樂場所,但不得設立外商獨資經營的娛樂場所。外商投資的娛樂場所經營企業,註冊資本沒有特別限制,只要符合其經營規模即可,但娛樂場所的投資者、從業人員以及營業場地等,則必須符合

法律規定的特別要求：

一、投資者及從業人員要求

「條例」對娛樂場所的投資者及從業人員有嚴格的限制，按規定，有下列情形之一者，不得開辦娛樂場所或者在娛樂場所內從業：

1. 曾犯有組織、強迫、引誘、容留、介紹賣淫罪，製作、販賣、傳播淫穢物品罪，走私、販賣、運輸、製造毒品罪，強姦罪，強制猥褻、侮辱婦女罪，賭博罪，洗錢罪，組織、領導、參加黑社會性質組織罪。

2. 因犯罪曾被剝奪政治權利。

3. 因吸食、注射毒品曾被強制戒毒。

4. 因賣淫、嫖娼曾被處以行政拘留。

另外，國家機關及其工作人員、與文化主管部門、公安部門的工作人員有夫妻關係、直系血親關係、三代以內旁系血親關係以及近姻親關係的親屬，亦不得開辦娛樂場所，不得參與或者變相參與娛樂場所的經營活動。

二、營業場地及配套設施要求

由於涉及到公眾安全及消防、環保等問題，相關法規對娛樂場所營業場地及配套設施的規定也很嚴格。

首先，如下地點禁止開辦娛樂場所：

1. 居民樓（含商住兩用樓）、博物館、圖書館、美術館、陵園、公墓、學校、幼稚園、少年兒童活動場所，和被核定為文物保護單位的建築物內。

2. 居民住宅區和學校、醫院、機關周圍。

3. 車站、機場等人群密集的場所。

4. 建築物地下一層以下。

5. 與危險化學品倉庫毗連的區域。

其次，針對不同的經營項目，不同地區對營業場地的要求也不一樣，以上海為例，經營如棋牌室、音樂茶座等，一般要求營業場地的面積在40平方米以上即可，舞廳的營業場地面積不得少於200平方米，遊藝機房的營業場地面積不得少於800平方米。

最後，娛樂場所的配套設施也需要符合法定要求，例如開辦舞廳的，舞廳須設有衣物寄放室，有必要的照明設備和停電應急措施，場所建築結構必須安全合理，消防設施齊全有效，出入口設置明顯指示牌，門向外開啟，必須設置兩個以上的出入通道等。再如，開辦卡拉OK包房的，包房應當安裝能夠展現室內整體環境的透明門窗，包房內不得設置內鎖裝置，洗手間不得設置隔斷（形成隔間效果的室內裝潢）等等，不一而足。

三、設立程序

根據相關規定，設立中外合資經營、中外合作經營的娛樂場所，應當向所在地省級人民政府文化主管部門提出申請，即向省級文化主管部門申請娛樂經營許可證（各地名稱不同，如上海市叫「文化經營許可證」）是設立外資娛樂場所經營企業的前置程序，取得娛樂經營許可證後，外國投資者才能向當地商務主管部門提出設立申請，獲得批准後再辦理相應的工商登記手續。最後，娛樂場所取得營業執照後，還應當在15日內向所在地區縣級公安部門備案。

設立外商投資娛樂場所經營企業應注意如下事項：

1. 申請娛樂經營許可證前，就其營業場地，須先取得公安消防部門出具的公眾聚集場所消防安全檢查合格證明文件，及環境保護行政主管部門或環境雜訊監測部門出具的，符合國家規定的環境雜訊排放標準的證明文件。

2. 設立娛樂場所經營企業，申請娛樂經營許可證需要舉行聽證

程序，一般由街道辦事處或鄉、鎮政府組織聽證程序，由娛樂場所周圍的居民參加聽證，文化主管部門須根據聽證筆錄以及實地檢查情況做出是否批准的決定。

【10】外商投資廣告業法律分析

2011年6月起實施的「產業結構調整指導目錄（2011年）」把「廣告創意、廣告策劃、廣告設計、廣告製作」列為鼓勵類，首次對廣告行業予以鼓勵。2011年10月上海市工商局、發改委聯合發布的「關於進一步促進本市廣告業發展指導意見的通知」中，明確提出「力爭到2015年，將上海建設成為亞太地區的廣告創意設計中心、廣告資源交易中心、廣告人才培育中心、廣告科技創新高地和跨國廣告企業總部基地」。由此看來，未來幾年將是中國廣告業高速發展時期。

外商投資經營廣告業務，可以通過中外合資、中外合作或者外商獨資的方式經營（中外合資經營與中外合作經營以下統稱「中外合營」）。設立中外合營廣告企業，除符合有關法律、法規規定的條件外，還應具備以下條件：1. 合營各方應是經營廣告業務的企業；2. 合營各方須成立並運營二年以上；3. 有廣告經營業績。

設立外商獨資廣告企業，除符合有關法律、法規規定的條件外，還應具備以下條件：1. 投資方應是以經營廣告業務為主的企業；2. 投資方應成立並運營三年以上。

由此可見，無論以合資合作還是獨資方式設立外資廣告企業，投資方均須有廣告方面的業績經驗。對於已經設立的外資廣告企業來說，在註冊資本全部繳清及年廣告營業額達到人民幣2,000萬元的情

況下，也可以申請設立分支機構。

外商投資廣告企業須辦理前置許可手續，投資方取得「名稱預先核准通知書」後，應首先向擬設立企業所在地工商行政管理局主管廣告企業審批的部門提出申請，由工商行政管理局提出初審意見，報國家工商行政管理總局授權的省級工商行政管理局審定，或經省、自治區、直轄市及計畫單列市工商行政管理局核轉，報國家工商行政管理總局審定，最終取得「外商投資廣告企業項目審定意見書」。

在向工商行政管理局提出申請時，投資方須提交的資料包括：1. 設立申請書；2. 企業名稱預先核准通知書；3. 合營各方股東會（董事會）決議；4. 設立中外合營廣告企業的項目建議書及合營各方共同編制的可行性研究報告；5. 合營各方的登記註冊證明；6. 合營各方的資信證明；7. 廣告管理制度。需要注意的是，工商機關在進行審核時，尤其重視投資方的同業經驗，一般需要提交投資方在廣告業務方面的相關資料，比如承接廣告業務的各種合同、能反映廣告業務收入的審計報告以及相關財務報表等。如果無法提供這方面資料，可能無法取得「外商投資廣告企業項目審定意見書」。

取得國家工商行政管理總局或其授權的省級工商行政管理局頒發的「外商投資廣告企業項目審定意見書」後，投資方應向擬設立企業所在地商務主管部門提交文件申請企業設立核准，並取得商務審批部門出具的同意企業設立的批覆及「外商投資企業批准證書」。投資者持「外商投資廣告企業項目審定意見書」、「外商投資企業批准證書」等文件，向國家工商行政管理總局或有外商投資企業核准登記權的地方工商行政管理局辦理企業登記註冊手續，取得企業法人營業執照，並辦理後續稅務、財政等登記手續。

【11】外商投資旅遊業法律分析

隨著中國加入WTO及現代服務業的發展，外商投資中國旅遊業的准入條件亦經歷了由高到低的開放過程。根據2009年5月施行的「旅行社條例」，目前外商投資旅行社已可採取中外合資經營旅行社、中外合作經營旅行社和外資旅行社等多種形式。

一、應具備的條件

外商投資設立旅行社，經營國內旅遊業務和入境旅遊業務的，應當具備下列條件：

（一）有固定的經營場所

1. 申請者擁有產權的營業用房，或者申請者租用的、租期不少於一年的營業用房。

2. 營業用房應當滿足申請者業務經營的需要。

（二）有必要的營業設施

1. 兩部以上的直線固定電話。

2. 傳真機、影印機。

3. 具備有與旅遊行政管理部門、及其他旅遊經營業者聯網條件的電腦。

（三）有不少於30萬元的註冊資本

同時，自取得旅行社業務經營許可證之日起三個工作日內，在中國國家旅遊局指定的銀行開設專門的品質保證金帳戶，存入品質保證金，或者向國家旅遊局提出銀行擔保。

經營國內旅遊業務和入境旅遊業務的旅行社，應當存入品質保證金20萬元；經營出境旅遊業務的旅行社，應當增存品質保證金120萬元。

但須注意的是，對於前來投資旅行社的外商來說，其更擅長的

出境旅遊業務尚受到限制,無法從事。根據「旅行社條例」的規定,外商投資的旅行社不得經營中國居民出國旅遊業務以及赴港、澳、台旅遊的業務,但是國務院決定,與中國簽署的自由貿易協定或內地與港、澳關於建立更加緊密經貿關係的安排另有規定的除外,這在一定程度上限制了外商投資旅行社的積極性。

二、外商投資設立旅行社的程序

1. 向國家旅遊局申請外商投資旅行社業務許可審定意見書

設立外商投資旅行社,由投資者向國務院旅遊行政主管部門(國家旅遊局)提出申請。國務院旅遊行政主管部門應當自受理申請之日起30個工作日內審查完畢。同意設立的,出具外商投資旅行社業務許可審定意見書。

2. 向國務院商務部申請外商投資企業批准證書

申請人持外商投資旅行社業務許可審定意見書、章程及合資、合作雙方簽訂的合同,向商務部提出設立外商投資企業的申請。商務部經審核予以同意的,頒發外商投資企業批准證書。

3. 向國家旅遊局領取旅行社業務經營許可證

申請人獲得商務部頒發的外商投資企業批准證書後,可以向國家旅遊局領取旅行社業務經營許可證。

4. 辦理工商登記手續,領取工商營業執照

申請人獲得旅行社業務經營許可證後,憑旅行社業務經營許可證以及外商投資企業批准證書,向工商行政管理部門辦理登記,工商管理部門予以同意的,頒發企業法人工商營業執照。

三、旅行社分社及服務網點的設立

旅行社設立分社,應當向分社所在地的工商管理部門辦理設立登記。分社的設立不受地域限制,但經營範圍不得超過總公司的經營

範圍。

　　服務網點是指為旅行社招徠旅遊者，並以旅行社的名義與旅遊者簽訂旅遊合同的門市部等機構。設立服務網點，應當向工商管理部門辦理設立手續。旅行社服務網點的區域範圍，應當在設立社所在地的設區的市的行政區劃內。旅行社分社及旅行社服務網點不具有法人資格，其從事的經營活動的責任和後果由旅行社承擔。

【12】外商投資房地產行業法律分析

　　近年來中國房地產行業整體呈急劇上升趨勢，由此吸引了不少外國投資者進入中國房地產市場。為了加強對房地產行業的宏觀調控，將房地產市場的發展納入良性有序的軌道，中國政府陸續頒布了多項法令，從市場准入、項目審批及外匯管理等方面對外商投資中國房地產行業進行了嚴格規定。這些規定專門針對房地產行業，與其他外商投資項目通行的規定皆不同，下文將具體闡述。

一、市場准入

　　1. 外商投資房地產行業應遵循商業存在原則，即應依法申請設立外商投資房地產企業，並在核准的經營範圍內開展經營活動。除外商投資房地產企業外，其他任何外商投資企業均不得以資本金結匯所得人民幣資金購買非自用境內房地產。

　　2. 高檔賓館、高檔辦公大樓和國際會展中心的建設、經營為限制類項目，高爾夫球場、別墅的開發經營為禁止類項目。各地對高檔房地產有不同的認定標準，比如上海市高檔房地產是指單位建設成本比上海平均單位建設成本高出兩倍以上的房地產項目。需要注意的是，高檔賓館允許外商獨資，通常高檔賓館是指賓館建設的硬體標準

達到4星級以上的賓館。

3. 外商投資設立房地產企業，投資總額在1,000萬美元以上（含1,000萬美元）的，其註冊資本不得低於投資總額的50%。這一「投注差」比例限制，比普通外商投資企業更加嚴苛，通常外商投資企業的投資總額在1,000萬美元以上至3,000萬美元（含3,000萬美元）的，其註冊資本只要不低於投資總額的2/5即可；投資總額在3,000萬美元以上的，其註冊資本只要不低於投資總額的1/3即可。

4. 外商投資房地產行業的中外投資各方，不得以任何形式在合同、章程、股權轉讓協議及其他文件中，訂立保證任何一方固定回報或變相固定回報的條款。這是為了防止以外商投資房地產企業的形式變相貸款或租賃土地。

二、項目審批

1. 外商投資房地產行業應遵循項目公司原則，即設立房地產企業的目的就是為了完成某一具體項目的開發，項目與企業並存。主要體現在以下兩方面：

  （1）必須先行取得土地使用權、房地產建築物所有權，或已與土地管理部門、土地開發商／房地產建築物所有人簽訂土地使用權或房產權的預約出讓／購買協議，否則，審批部門不予批准。

  （2）已設立外商投資企業新增房地產開發或經營業務，以及外商投資房地產企業從事新的房地產項目開發經營，應向審批部門申請辦理增加經營範圍或擴大經營規模的相關手續。

2. 外商投資設立房地產企業，審批機關及工商登記機關在企業設立之初只頒發一年有效期的批准證書和營業執照，待付清土地使用權出讓金並取得「國有土地使用證」後，才能換發正式的批准證書和

營業執照。

　　3. 外商投資房地產企業設立、增資、股權轉讓及外資併購境內房地產企業，均須透過地方審批部門向商務部備案。備案時，新設和增資的房地產企業須列明資金的用途，未經商務部備案不得辦理資本項目結匯。

三、外匯管理

　　1. 對2007年6月1日以後取得批准證書且通過商務部備案的外商投資房地產企業（包括新設和增資），將不得舉借外債，這也使得之前提到的外商投資企業的投注差失去了意義，實際上迫使外商提高其註冊資本，從而大大提高了外商進入中國房地產市場的門檻，與此同時也關閉了外商利用境外低息貸款炒作中國房地產的通路。

　　2. 目前，按照最新的中國外匯管理局的規定，開發前購買土地、競標土地使用權，應按規定通過保證類專用帳戶進行。外國投資者競標土地使用權的保證類專用帳戶名稱，變更為「競標土地使用權的保證類專用外匯帳戶」。該帳戶的收入範圍調整為「存入以招標、拍賣、掛牌等方式轉讓土地使用權所收取的外匯保證金」；支出範圍調整為「經所在地外匯管理部門核准將原幣劃轉至外國投資者後續成立的外商投資企業外匯資本金帳戶、按原路徑匯出境外，或憑原劃出核准件劃回原外商投資企業的外匯資本金帳戶」。土地保證金帳戶內資金不得結匯。

【13】外商投資建築行業法律分析

　　外商投資建築行業不但需要依法取得外商投資企業批准證書和辦理工商註冊登記，還須取得建設行政主管部門頒發的建築業企業資

質證書。

外商投資建築業企業，對中、外投資者都有要求。具體而言，對外方投資者要求：外國及香港、澳門、台灣的公司法人、其他經濟組織或自然人，可申請設立三級以下資質的建築業企業，上述投資者並具有相應建築業資歷及境內委託單項建築工程業績的，可申請設立二級以上資質的建築業企業；對中方投資者要求：有相應建築業資質及建築工程業績的中國的企業或者其他經濟組織。

外商投資建築業企業設立與資質的申請和審批，實行分級、分類管理。

1. 申請施工總承包序列特級和一級、專業承包序列一級資質的，應向擬設立企業所在地的省級商務委員會提出設立申請，省級商務委員會在受理申請之日起30日內完成初審，初審同意後，報商務部，商務部在收到初審資料之日起10日內將申請資料送國家住建部徵求意見。國家住建部在收到徵求意見函之日起30日內提出意見。商務部在收到國家住建部書面意見之日起30日內，做出批准或者不批准的書面決定。

2. 申請施工總承包序列和專業承包序列二級及二級以下、勞務分包序列資質的，一般由申請者向省級商務委員會提出設立申請，省級商務委員會在受理申請後組織同級的建設局或建委進行會審，會審通過後，各部門按職能完成各自職責範圍內的審批工作。省級建設局或建委審批的外商投資建築業企業資質，應當在批准之日起30日內報國家住建部備案。

儘管在資質認定方面，外商投資建築企業享受與內資企業相同的待遇，但是在股本結構上還是有一定的限制：對於設立中外合資經營建築業企業、中外合作經營建築業企業的，中方合營者的出資總額不得低於註冊資本的25%，在工商部門設立後應當在其資質等級許可

的範圍內承包工程。

　　新設立的外商投資建築業企業，一般除收購已具備相當資質的內資建築企業外，其資質等級應當按照最低等級（如房屋建築工程施工總承包企業資質中的三級）核定，並設一年的暫定期；當企業連續三年（含暫定期）年檢合格後，方可申請晉升上一個資質等級。

　　但是，對於已經在中國境內承包工程的外國企業，其新設立的外商投資建築業企業，除具備建築業企業資質標準規定條件外，另具備以下條件的可以直接申請二級及二級以上建築業企業資質：

　　1. 根據原建設部令第32號令「在中國境內承包工程的外國企業資質管理暫行辦法」之規定，於2003年9月30日前取得建設行政主管部門頒發的外國企業資質證書或承包工程批准證書。

　　2. 申請中外合資、中外合作經營建築業企業資質，外國企業在中國境內的工程承包業績與中方合營者的工程承包業績總和，應當滿足所申請建築業企業資質要求的工程承包業績標準。

　　3. 申請外資建築業企業資質，外國企業在中國境內的工程承包業績滿足所申請建築業企業資質要求的工程承包業績標準。

　　此外，應當注意的是，外國投資者在中國境外完成的工程承包業績，可做為在中國境內新設立企業申請資質的業績。外國投資者申報資質時應當提供相應業績的證明資料，由資質管理部門按照建築業企業資質標準進行審查確認。

　　對於外國企業投資入股內資建築業企業，企業性質變更為中外合資經營建築業企業或中外合作經營建築業企業，或者外國企業全部收購內資建築業企業，企業性質變更為外資建築業企業，企業資質按照其實際達到的標準重新核定。

【14】外商投資工程設計、監理行業法律分析

外商投資工程設計、監理行業，既可以外商獨資形式設立，也可以中外合資經營或中外合作經營形式進行。不過，應當注意的是，如果選擇中外合資經營或中外合作經營方式設立工程設計公司，那麼中方合營者的出資總額不得低於註冊資本的25%。

除資本比例要求之外，對外方投資者本身也有一定的條件要求。投資工程設計行業的外方投資者應當是在其本國從事建設工程設計的企業或者註冊建築師、註冊工程師；此外，外方投資者應具備兩項及以上在中國境外完成的工程設計業績，而且其中至少一項工程設計業績是在其所在國或地區完成的。投資工程監理行業的外方投資者，則應當是在其所在國從事工程監理的企業、其他經濟組織或者註冊專業技術人員。

工程設計、監理行業均屬許可經營行業，外商須分別取得相應類別和等級的「工程設計資質證書」或「工程監理資質證書」，方可從事工程設計、監理行業的經營活動。不過，未取得上述資質證書，不影響公司的設立，也就是工程設計、監理資質不屬前置審批。

一、設立程序

設立建設工程設計、監理公司的程序說明如下：

1. 外商投資者首先應向擬設立企業所在地的省級商務主管部門提出設立申請。

2. 省級商務主管部門會同同級建設行政主管部門會審，或書面徵詢同級建設行政主管部門意見，會審或取得同級建設行政主管部門書面意見後做出是否批准的決定，批准設立的，頒發外商投資企業批准證書，不予批准的，書面說明原因。

3. 取得外商投資企業批准證書的，應當在30日內到工商行政管

理部門辦理企業登記註冊。

4. 取得企業法人營業執照後，外商投資者應向建設行政主管部門申請建設工程設計企業資質。

二、申請和審批的分級、分類管理

應當注意的是，中國對工程設計、監理資質的申請和審批，實行分級、分類管理。具體而言：

1. 工程設計資質：申請外商投資建築工程設計甲級資質及其他建設工程設計甲、乙級資質，由中國國務院建設行政主管部門審批；申請外商投資建築工程設計乙級資質、其他建設工程設計丙級及以下等級資質，由省級建設行政主管部門審批。

2. 工程監理資質：申請外商投資建設工程監理企業甲級資質的，由國務院建設主管部門審批；申請外商投資建設工程監理企業乙級或者乙級以下資質的，由省級建設主管部門審批。

三、服務人數的限制

此外，外商投資建設工程設計企業申請建設工程設計企業資質，應當符合以下建設工程設計企業資質分級標準要求的條件：

1. 外資建設工程設計企業申請建設工程設計企業資質，其取得中國註冊建築師、註冊工程師資格的外國服務提供者人數，應當各不少於資質分級標準規定的註冊執業人員總數的1/4；具有相關專業設計經歷的外國服務提供者人數，應當不少於資質分級標準規定的技術骨幹總人數的1/4。

2. 中外合資經營、中外合作經營建設工程設計企業申請建設工程設計企業資質，其取得中國註冊建築師、註冊工程師資格的外國服務提供者人數，應當各不少於資質分級標準規定的註冊執業人員總數的1/8；具有相關專業設計經歷的外國服務提供者人數，應當不少於

資質分級標準規定的技術骨幹總人數的1/8。

還應注意的是，外商投資建設工程設計企業不得申請涉及中國國家安全、保密等特殊行業、專業或專項的工程設計業務範圍及其相應資質。

【15】外商投資人才仲介行業法律分析

原則上，外商不得獨資設立人才仲介機構，所以常見外商投資人才仲介公司均是中外合資企業，其中外方出資比例不得低於25%，中方出資比例不得低於51%。不過也有例外，中國允許香港、澳門服務提供者設立外商獨資人才仲介機構，並且對外資比例沒有強制要求。還有一些地方，在外資比例上也有特殊規定，比如在浦東新區設立外資人才仲介公司，外資比例可達70%。

至於外商投資人才仲介行業的設立條件、業務範圍、審批流程等，具體介紹如下：

一、設立條件

除上述外資股權比例限制以外，設立外商投資人才仲介公司，還應滿足以下條件：

1. 中方投資者應當是成立三年以上的人才仲介機構，外方出資者也應當是從事三年以上人才仲介服務的外國公司、企業和其他經濟組織，合資各方具有良好的信譽。

2. 有健全的組織機構，有熟悉人力資源管理業務的人員，其中必須有5名以上具有大專以上學歷並取得人才仲介服務資格證書的專職人員。

3. 有與其申請的業務相適應的固定場所、資金和辦公設施，註

冊資本金不少於30萬美元。

4. 有健全可行的機構章程、管理制度、工作規則，有明確的業務範圍。

5. 能夠獨立享有民事權利，承擔民事責任。

6. 必須取得人力資源和社會保障部門出具的「人才仲介服務許可證」。

二、業務範圍

外商投資人才仲介機構，可以從事的業務包括：人才供求資訊的收集、整理、儲存、發布和諮詢服務、人才推薦、人才招聘、人才測評、中國境內的人才培訓。

三、審批流程

外商投資人才仲介機構，在向商務主管部門申請辦理批准手續之前，應首先向省級人力資源和社會保障部門提出申請，並取得「人才仲介服務許可證」。

一般來說，省級人力資源和社會保障部門應於接到設立中外合資人才仲介機構的申請報告之日起20日內審核完畢。如果20日內不能做出決定，經本機關負責人批准，可以延長10日，但應當將延長期限的理由告知申請人。批准同意的，發給「人才仲介服務許可證」，並報國務院人力資源和社會保障部備案。

如果是由國務院人力資源和社會保障部許可設立的人才仲介機構與外方合資設立中外合資人才仲介機構，應徵得國務院人力資源和社會保障部的書面同意。

申請者自獲得「人才仲介服務許可證」之日起30日內，依法向商務主管部門辦理批准手續。自批准證書簽發之日起30日內，依法向工商行政管理部門申請辦理登記手續。

申請設立投資總額超過 3 億美元的外商投資人才仲介機構，由省級商務主管部門初審後，報商務部審批；申請設立投資總額 3 億美元以下的外商投資人才仲介機構，原則上應由省級商務主管部門受理和審批，但各地都有不同程度許可權下放，以上海市為例，投資總額 3 億美元以下的，由上海市商務委員會受理和審批；投資總額 1 億美元以下的，由區縣外資主管部門受理和審批；投資總額3,000萬美元以下的，由綜合保稅區管理委員會受理和審批。

【16】外商投資教育培訓行業法律分析

根據2011版「外商投資產業指導目錄」的規定，外商投資教育培訓行業僅限於合資或合作形式，不得獨資經營。具體而言，高等教育機構屬於鼓勵類投資項目，普通高中教育機構屬於限制類投資項目，而義務教育機構、軍事、員警、政治和黨校等特殊領域教育機構則屬於禁止類投資項目。此外，外商在投資教育培訓行業時，還應注意以下幾點：

一、設立條件

1. 境內外投資者均應是具有相應投資和管理能力的教育培訓機構，且應具有法人資格。

2. 境內外投資者均可以用資金、實物、土地使用權、知識產權以及其他財產做為辦學投入，但知識產權投入不得超過各自投入的1/3（接受國務院教育行政部門、勞動行政部門或者省級人民政府邀請前來中國合作辦學的外國教育機構不受此限制）。

3. 境內外投資者須申請並取得「中外合作辦學許可證」。

二、審批許可權

外商在投資教育培訓行業過程中，將會涉及的審批部門包括教育行政部門、勞動行政部門以及地方人民政府，具體而言：

1. 申請設立實施本科以上高等學歷教育的中外合作辦學機構，由擬設立機構所在地的省級人民政府提出意見後，報國務院教育行政部門審批。

2. 申請設立實施高等專科教育和非學歷高等教育的中外合作辦學機構，由省級人民政府審批。

3. 申請設立實施中等學歷教育和自學考試助學、文化補習、學前教育等的中外合作辦學機構，由擬設立機構所在地的省、自治區、直轄市人民政府教育行政部門審批。

4. 申請設立實施職業技能培訓的中外合作辦學機構，由擬設立機構所在地的省、自治區、直轄市人民政府勞動行政部門審批。

三、審批流程

一般來說，設立中外合作辦學機構，分為籌備設立和正式設立兩個步驟。不過，如果一開始就已經具備了場地、人員、資金等各項辦學條件，達到設置標準的，也可以直接申請正式設立。

1. 籌備設立

外商在申請籌備設立時，主要須向審批機關提交中外雙方簽訂的合作協議、不低於中外合作辦學者資金投入15%的啟動資金到位證明、資產來源、資金數額及載明產權的有效證明文件，此外，如果是屬捐贈性質的校產，還須提交捐贈協議，協議應載明捐贈人的姓名、所捐資產的數額、用途和管理辦法及相關有效證明文件。

審批機關同意外商籌備設立中外合作辦學機構的，應發給籌備設立批准書。經批准籌備設立的中外合作辦學機構應當自批准之日起三年內提出正式設立申請，否則，中外合作辦學者應當重新申報。籌備設立期內，中外合作辦學機構尚未正式成立，因此不得對外招生。

2. 正式設立

申請正式設立實施非學歷教育的中外合作辦學機構，審批機關應當自受理申請之日起三個月內做出是否批准的決定；申請正式設立實施學歷教育的中外合作辦學機構，審批機關應當自受理申請之日起六個月內做出是否批准的決定。審批機關批准正式設立，應頒發統一格式、統一編號的「中外合作辦學許可證」。

中外合作辦學機構取得中外合作辦學許可證後，應向省級商務主管部門提交申請資料，省級商務主管部門批准設立後，頒發「外商投資批准證書」或「台港澳僑投資企業批准證書」。

【17】外商投資股權投資行業法律分析

外商投資股權投資企業，是指以非公開方式向包括境外投資者在內的特定對象募集資金，對境內非上市企業進行股權投資為主要經營業務，並向企業提供技術、管理和市場等加值服務的新型態金融機構。

2011年1月23日，上海市金融辦公室、上海市商務委員會和上海市工商局聯合頒布的「關於本市開展外商投資股權投資企業試點工作的實施辦法」（以下簡稱「實施辦法」）正式實施，這標誌著外商投資股權投資企業試點正式啟動，也意味著外幣將可直接結匯成人民幣進行股權投資。

根據「實施辦法」的規定，上海將成立外資股權投資企業試點工作聯席會議（以下簡稱「聯席會議」），負責對外資股權投資企業在設立、開戶、結匯、投資等方面實施全程管理。具體而言，市金融辦承擔聯席會議的日常工作，負責組織認定合格境外投資者，對外資

股權投資企業的設立出具審查意見並實施備案管理等；市商務委員會負責外商投資股權投資企業在滬投資審批工作；市工商局負責外商投資股權投資企業註冊登記工作；中國國家外匯管理局上海市分局負責外匯管理事宜；其他聯席會議成員單位依其各自職責負責相關試點工作。

至於外商投資股權投資企業的組織形式、出資方式、設立條件、審批流程、業務範圍等，具體介紹如下：

一、組織形式和出資方式

1. 外商投資股權投資企業將可以採用合夥制等組織形式。

2. 外國投資者用於出資的貨幣須為可自由兌換的貨幣，或其在中國境內獲得的人民幣利潤，或因轉股、清算等活動獲得的人民幣合法收益；中國投資者以人民幣出資。

二、設立條件

1. 外商投資股權投資企業的境外投資者應主要由境外主權基金、養老基金、捐贈基金、慈善基金、投資基金的基金（FOF）、保險公司、銀行、證券公司以及聯席會議認可的其他境外機構投資者組成。

2. 在其申請前的上一會計年度，具備自有資產規模不低於5億美元或者管理資產規模不低於10億美元。

3. 有健全的治理結構和完善的內控制度，近二年未受到司法機關和相關監管機構的處罰。

4. 境外投資者或其關聯實體應當具有五年以上相關投資經歷。

三、審批流程

申請試點的外商投資股權投資企業，應通過其執行事務合夥人向市金融辦遞交試點申請。該合夥人或其關聯實體須具備三年以上直

接或間接投資於中國境內企業的良好投資經歷。市金融辦自收到全部申請文件之日起五個工作日內決定是否受理；在受理後十個工作日內，召集聯席會議相關單位進行評審，審定試點企業。經評審符合試點要求，由市金融辦書面通知申請人，並抄送聯席會議有關單位和試點企業的託管銀行。獲准試點的外商投資股權投資企業須在通過審核之日起六個月內，按以下程序完成工商登記註冊手續：

1. 市工商局自收到全部申請文件之日起五個工作日內，書面徵求市金融辦意見。

2. 市金融辦自收到市工商局徵詢函和企業全部申請文件之日起10個工作日內書面回覆意見。

3. 市工商局在接到市金融辦書面意見之日起五個工作日內，做出是否登記的決定。

4. 合夥制的外商投資股權投資企業，須及時憑工商登記註冊等資料至外匯管理部門上海市分局辦理外匯登記、核准開戶等相關外匯管理手續。

四、業務範圍

外商投資股權投資企業的主要業務，就是在中國允許的範圍內以全部自有資金進行股權投資，並為所投資企業提供管理諮詢。具體投資方式包括新設企業、向已設立企業投資、接受已設立企業投資者股權轉讓等。

應當注意的是，「實施辦法」明確規定外商投資股權投資企業不得從事下列業務：禁止外商投資的領域投資、在二級市場進行股票和企業債券交易（但所投資企業上市後，外商投資股權投資企業所持股份不在此列）、期貨等金融衍生品交易、直接或間接投資於非自用不動產、挪用非自有資金進行投資、向他人提供貸款或擔保等。

【18】外商投資投資性公司法律分析

顧名思義，投資性公司是指從事直接投資的有限責任公司，又稱為「控股公司」，既可以由外商獨資設立，也可以中外合資形式設立。投資性公司與其投資設立的子公司甚至「孫公司」之間，組成一個相互關聯的公司網，就像一把打開的傘，因而投資性公司在中國也有「傘型公司」之說。

舉辦投資性公司，對外商而言主要須滿足以下兩個條件：

1. 申請前一年該投資者的資產總額不低於4億美元，且該投資者在中國境內已設立了外商投資企業，其實際繳付的註冊資本的出資額超過1,000萬美元，並有三個以上擬投資項目，或者該投資者在中國境內已設立了10個以上外商投資企業，其實際繳付的註冊資本的出資額超過3,000萬美元。

2. 投資性公司的註冊資本不低於3,000萬美元。自營業執照簽發之日起二年內出資應不低於3,000萬美元，註冊資本中剩餘部分出資應在營業執照簽發之日起五年內繳清。

這裡應當指出的是，由於設立投資性公司主要是對外投資，所以法律對其註冊資本的用途也有特別的規定，即投資性公司的註冊資本中至少應有3,000萬美元做為向其投資新設立的外商投資企業的出資，或做為向其母公司或關聯公司已投資設立外商投資企業（已依法辦理完畢股權轉讓手續）未繳付完畢的出資額的出資，或增資部分的出資，或用於設立研發中心等機構的投資，或用於購買中國境內公司股東的股權（不包括投資性公司母公司或其關聯公司已繳付完畢的出資額形成的股權）。

中國政府給予投資性公司一系列優惠政策，比如可以在中國允許外商投資的領域依法進行投資，其對外投資不僅不受50%註冊資本

的限制，而且，如果投資性公司註冊資本超過3,000萬美元，那麼其對外投資（含自身經營）的資金規模最高可以達到其已繳付註冊資本額的四倍；如果註冊資本超過1億美元，那麼其對外投資（含自身經營）的資金規模最高可以達到其已繳付註冊資本額的六倍；更有甚者，如果投資性公司因經營需要，貸款額度超過上述規定，還可以報商務部獲得額外批准。

除此以外，最令外商看重的就是投資性公司可以在國內外市場以經銷的方式銷售其所投資企業生產的產品。但是，外商為享受這些優惠政策，需要投入巨額的資金，門檻很高，只有少數資金實力雄厚的外商符合准入條件。在2004年「外商投資商業領域管理辦法」實施後，外商要享受上述優惠政策，只須依法設立外資貿易公司即可，不僅資本投入少，而且獲准的經營範圍更大，根本沒有必要再花費巨額資金設立投資性公司。因此，儘管中國政府仍不斷給予投資性公司更大、更多的優惠政策，但事實上，自「外商投資商業領域管理辦法」實施以後，外商設立投資性公司明顯減少。

最後，符合條件的投資性公司可申請被認定為跨國公司地區總部。地區總部又分為地方級別的地區總部和國家級別的地區總部。相比而言，地方級別的地區總部申請條件較低，優惠政策也更靈活、務實。以上海為例，上海政府對新註冊及新遷入的投資性公司資助開辦費500萬元人民幣；對在上海市經商務部認定為國家級跨國公司地區總部，自認定年度起的年營業額首次超過10億元人民幣的投資性公司，給予1,000萬元人民幣的一次性獎勵；給予高額租房補貼；對跨國公司地區總部高級管理人員進行獎勵；鼓勵投資性公司設立財務公司提供集中財務管理服務；簡化入境手續、就業手續等，以方便引進人才。

【19】外商投資創業投資企業法律分析

所謂創業投資（以下簡稱「創投」），是指主要向未上市高新技術企業進行股權投資，並為之提供創業管理服務，以期獲取資本增值收益的一種投資方式。創投是一種高收益伴隨高風險的行業，因此創投企業的組織形式、設立條件、經營範圍、審批許可權等都有其獨特之處，具體介紹如下。

一、組織形式

外商投資創投企業的組織形式比較靈活，既可以採取非法人制，也可以採取公司制。

1. 這裡所說的非法人制，通常表現為有限合夥制企業和不具有法人資格的中外合作企業，其主要特點是投資者對創投企業的債務承擔連帶責任。不過，投資者也可以通過合同約定，在非法人制創投企業資產不足以清償債務時，由必備投資者承擔連帶責任，其他投資者以其認繳的出資額為限承擔責任。

2. 而採用公司制的創投企業投資者則以其各自認繳的出資額為限，對創投企業承擔責任。

二、設立條件

外商投資創投企業，在投資者人數、投資額、從業人員等方面應滿足如下條件：

1. 投資人數在2人以上50人以下，且至少擁有一個必備投資者。

2. 非法人制創投企業投資者認繳出資總額不低於1,000萬美元；公司制創投企業投資者認繳資本總額不低於500萬美元。除必備投資者外，其他每個投資者的認繳出資額不得低於100萬美元。

3. 除了將本企業經營活動授予一家創業投資管理公司進行管理

的情形外，創投企業應有三名以上具備創投從業經驗的專業人員。

此外，外商投資創投企業還應具備明確、合法的組織形式和投資方向。至於上文提到的所謂「必備投資者」，是指具備以下條件的投資者：

1. 以創業投資為主營業務。

2. 在申請前三年其管理的資本累計不低於1億美元，且其中至少5,000萬美元已經用於進行創業投資。若必備投資者為中國投資者，則要求在申請前三年其管理的資本累計不低於1億元人民幣，且其中至少5,000萬元人民幣已經用於進行創業投資。

3. 擁有三名以上具有三年以上創投從業經驗的專業管理人員。

4. 如果某一投資者的關聯實體滿足上述條件，則該投資者可以申請成為必備投資者。這裡所說的關聯實體，是指該投資者控制的某一實體，或控制該投資者的某一實體，或與該投資者共同受控於某一實體的另一實體。

5. 必備投資者及其上述關聯實體均應未被所在國司法機關和其他相關監管機構禁止從事創業投資或投資諮詢業務，或以欺詐等原因進行處罰。

6. 非法人制創投企業的必備投資者，對創投企業的認繳出資及實際出資分別不低於投資者認繳出資總額及實際出資總額的1%，且應對創投企業的債務承擔連帶責任；公司制創投企業的必備投資者，對創投企業的認繳出資及實際出資分別不低於投資者認繳出資總額及實際出資總額的30%。

三、經營範圍

外商投資創投企業的業務範圍包括：以全部自有資金進行股權投資，具體投資方式包括新設企業、向已設立企業投資、接受已設立企業投資者股權轉讓以及中國法律法規允許的其他方式；提供創業投

資諮詢；為所投資企業提供管理諮詢。

四、審批許可權

根據商務部「關於外商投資創業投資企業、創業投資管理企業審批事項的通知」（商資函[2009]9號）的規定，設立資本總額1億美元以下（含1億美元）的外商投資創投企業，由省級商務主管部門和國家級經濟技術開發區負責審核。省級商務主管部門和國家級經濟技術開發區應書面徵求同級科學技術管理部門意見，並在收到全部上報資料之日起30天內做出批准或不批准的書面決定。

資本總額超過1億美元，由省級商務主管部門和國家級經濟技術開發區初審後轉報商務部。商務部應於收到全部上報資料之日起45天內，經商科學技術部同意後，做出批准或不批准的書面決定。

【20】外商投資汽車銷售行業法律分析

外商投資汽車銷售行業，應首先區分銷售的是新車還是二手車，因為兩者在審批時的法律適用和設立的條件均有所不同。

外商投資企業如果經銷的是新車，應適用「汽車品牌銷售管理實施辦法」（以下簡稱「辦法」）的規定。「辦法」把汽車經銷商分為總經銷商和品牌經銷商兩種，兩者都要具備企業法人資格，不同的是：

1. 總經銷商的設立條件相對較高，首先須獲得汽車生產企業的書面授權，獨自擁有對特定品牌汽車進行分銷的權利，且具備專業化企業營銷能力；此外，總經銷商做為汽車生產企業在某個國別或地區的第一手銷售商，通常應制定汽車品牌銷售和服務網路規劃，具體而言包括經營預測、網店布局方案、網路建設進度及建店、軟體和硬

體、售後服務標準等。

2. 品牌經銷商則相對單純一些，只須獲得汽車生產企業或總經銷商的品牌汽車銷售授權即可，使用的店鋪名稱、標識及商標與汽車供應商授權的相一致，且具備相應的場地、設施及專業人員即可。品牌經銷商一般不拘泥於只銷售特定汽車品牌，更易獲得交叉銷售其他品牌的授權，因此更具靈活性，也更為外商投資者所青睞。

外商投資設立汽車總經銷商、品牌經銷商，應分別將符合上述總經銷商、品牌經銷商設立條件的相關資料，報送擬設立汽車總經銷商、品牌經銷商所在地省級商務委員會。省級商務委員會對報送資料進行初審後，應自收到全部申請資料一個月以內上報商務部。如果合資中方有國家計畫單列企業集團，可不經省級商務委員會初審，直接將申請資料報送商務部。商務部應自收到全部申請資料三個月內，會同工商總局做出是否予以批准的決定。

應當注意的是，由於審批許可權下放，目前設立投資總額5,000萬美元以下的外商投資汽車總經銷商、品牌經銷商，可直接由省級商務委員會會同同級工商行政管理局做出是否批准的決定，而不必再次上報商務部。但設立投資總額5,000萬美元以上的汽車總經銷商、品牌經銷商，仍須按前述省級商務委員會初審、商務部終審的程序辦理。

此外，擬從事品牌汽車銷售的企業，在取得汽車供應商授權後，應到中國國家工商行政管理總局備案，備案完成後才可以寫入經營範圍，未經備案不得經營。經過國家工商行政管理總局及地方工商行政管理機關兩級審核後，由國家工商行政管理總局公布品牌汽車經銷商名單，各地工商行政管理機關根據公布的品牌汽車經銷商名單，對其營業執照的經營範圍進行變更，統一核定為取得授權的「某某品牌汽車銷售」。品牌汽車經銷商，包括二級經銷商或非法人分支機

構，以及汽車連鎖經營企業，須經國家工商行政管理總局核准備案後，方可從事品牌汽車經營活動。

外商投資二手車的分銷業務，應適用「二手車流通管理辦法」，根據該規定，外商投資二手車經銷企業，只要符合「外商投資商業領域管理辦法」的有關規定，並具有法人資格即可；而實際上，「外商投資商業領域管理辦法」也沒有就設立這種企業的門檻做出具體規定，所以設立起來方便很多，審批流程上只要經省級商務主管部門審批即可。另外關於二手車的經銷，也沒有所謂的備案管理制度，所以在日常的管理上也沒有嚴苛的要求。

關於提交審批的文件，除了新設企業要提交的常規文件，比如申請報告、投資者公認證明、投資者資信證明、可行性研究報告、企業章程、董事委派書等，申請汽車分銷總經銷商還應該提交汽車生產企業出具的「汽車總經銷商授權書」，申請汽車分銷品牌經銷商的企業還應該提交汽車供應商出具的「汽車品牌經銷商授權書」。而申請二手車分銷業務，要求的資料簡單得多，與其他類型外商投資企業設立提交的文件大體相同。

【21】外商投資融資租賃行業法律分析

所謂「融資租賃」，是指出租人根據承租人對出賣人、租賃物的選擇，向出賣人購買租賃財產，提供給承租人使用，並向承租人收取租金的業務。其實質是以租賃的方式實現融資的目的，因為融資租賃行業具有金融行業高風險的特點，也有人認為融資租賃行業屬於金融行業。因此，中國在引入外商投資融資租賃行業時，對其條件設置、經營範圍、審批流程和監管上的要求相對較高。

一、設立條件

從設立條件上來看，外商投資融資租賃行業應滿足以下條件：外國投資者的總資產不得低於500萬美元；註冊資本不低於1,000萬美元；有限責任公司形式的外商投資融資租賃公司的經營期限，一般不超過30年；擁有相應的專業人員，高級管理人員應具有相應專業資質和不少於三年的從業經驗。

由此可見，外商投資融資租賃行業不但對投資者的經濟實力有明確要求，對融資租賃公司的註冊資本、經營期限及從業人員的資質都有限制。

二、經營範圍

從經營範圍上來看，外商投資融資租賃公司可以經營下列業務：融資租賃業務、租賃業務、向國內外購買租賃財產、租賃財產的殘值處理及維修、租賃交易諮詢和擔保及經審批部門批准的其他業務。具體而言，可以採取直接租賃、轉租賃、回租賃、槓桿租賃、委託租賃、聯合租賃等不同形式，開展融資租賃業務。

融資租賃的財產範圍也僅限於：生產設備、通信設備、醫療設備、科研設備、檢驗檢測設備、工程機械設備、辦公設備等各類動產；飛機、汽車、船舶等各類交通工具；上述動產和交通工具附帶的軟體、技術等無形資產，但附帶的無形資產價值不得超過租賃財產價值的1/2。

三、審批流程

根據「外商投資租賃業管理辦法」（商務部令2005年第5號）第十一條的規定：「設立外商投資融資租賃公司，應由投資者向擬設立企業所在地的省級商務主管部門報送申請資料，省級商務主管部門對報送的申請文件進行初審後，自收到全部申請文件之日起15個工作日內將申請文件和初審意見上報商務部。商務部應自收到全部申請文件

之日起45個工作日內做出是否批准的決定，批准設立的，頒發『外商投資企業批准證書』，不予批准的，應書面說明原因。」

不過2009年2月，商務部發布了「關於由省級商務主管部門和國家級經濟技術開發區負責審核管理部分服務業外商投資企業審批事項的通知」（商資函[2009]2號），將總投資 1 億美元以下鼓勵類、允許類及總投資5,000萬美元以下限制類的外商投資國際貨物運輸代理（經營範圍涉及「國際快遞業務」）、融資租賃、營業性演出經紀、保險經紀、獨資船務公司的審批許可權，由原商務部批准設立，變更為由省級商務主管部門和國家級經濟技術開發區依法審批。

因此，目前5,000萬美元以下的融資租賃公司的設立，由省級商務主管部門和國家級經濟技術開發區依法審批，超過5,000萬美元的融資租賃公司仍由商務部批准設立。

四、監管

最後，為防範風險、保障經營安全，外商投資融資租賃公司的風險資產一般不得超過淨資產總額的10倍。這裡所說的「風險資產」，是指企業的總資產減去現金、銀行存款、國債和委託租賃資產後的剩餘資產總額。

此外，外商投資融資租賃公司應該在每年3月31日之前，向商務部報送上一年業務經營情況報告和上一年經會計師事務所審計的財務報告。

【22】外商投資保理行業法律分析

保理又稱托收保付，簡單來說就是保理商折價購買應收帳款，並承擔遲延付款的風險和壞帳損失。當然，在這一過程中，保理商還

會提供諸如資金融通、進口商資信評估、銷售帳戶管理、信用風險擔保、帳款催收等一系列服務的綜合金融服務。出口商通過保理服務，可以有效避免收匯風險。

目前，中國保理業經營者仍以銀行為主，銀行經營保理業務無論從政策層面還是實務角度都比較成熟，而非銀行保理經營者尚屬新生事物。近年來，儘管以天津為代表的一些地方，通過各種扶持政策，鼓勵發展了一些非銀行保理經營者，但數量屈指可數，其中外資保理公司更是僅有瀛寰東潤（中國）國際保理有限公司、嘉融信（天津）國際保理有限公司、高銀保理（中國）發展有限公司等少數幾家。

2012年6月，商務部發布「關於商業保理試點有關工作的通知」，同意在天津濱海新區、上海浦東新區開展商業保理試點，但實施辦法還有待試點地區制定並報商務部評審後施行。結合已經設立的幾家外資保理公司的情況來看，可以確定的是：

1. 申請設立外資保理公司無須中國銀行業監督管理委員會或其他任何主管部門的前置審批，僅須按一般外資企業的設立流程，向商務主管部門申請即可。以上海為例，註冊資本在1億美元以下，由浦東新區商務委員會負責審批；註冊資本在1億美元以上，由上海市商務委員會負責審批。

2. 外資保理公司只能經營出口保理，不得經營進口保理。所謂出口保理是指保理商與供應商位於同一國家，保理商為供應商因出口而產生的應收帳款提供保理服務；相對的，進口保理是指保理商與債務人位於同一國家，保理商為供應商因出口而產生的應收帳款提供保理服務。

3. 由於中國實行外匯管制，所以外資保理公司須與國內銀行合作，通過銀行結算監管帳戶，接收從境外匯入的外匯回款。一般來

說，根據境外回款的不同方式，國際通行的作法主要有以下兩種模式：一是國外回款匯至出口保理商帳戶，即直接付款；二是國外回款匯至出口企業帳戶，即間接付款。無論採取哪種模式，都需要銀行對監管帳戶資金的支出和劃入，實行逐筆監測。

目前，在中國從事保理業務量最大的銀行是中國銀行，以下以中國銀行在辦理保理業務中處理外匯核銷問題的方法舉例介紹。出口企業向保理公司申請出口保理並獲取融資時，保理公司須先向銀行提供與出口商簽訂的保理協議及相關業務的背景資料。銀行在審核後，將保理融資款項從其資本金帳戶中通過其開立在銀行的外匯結算監管帳戶，劃轉至出口企業在銀行開立的待核查帳戶。銀行會在匯劃憑證上備註：出口保理融資款——無追索權買斷或有追索權。

此外，由於國際保理行業涉及跨境貨款支付，而外資保理公司僅限於經營出口保理，所以外資保理公司需要在債務人所在國尋覓可靠的保理商進行合作。可是，由於各國保理法規之間存在極大差異，為促進保理行業的全球合作和接軌，於是催生了國際性的保理組織，這些保理組織有統一的操作準則和規範，其會員將共同遵守這些準則和規範，從而更為便捷、有效地實現全球合作。

目前最大的也是國際上最具影響力的保理組織是國際保理商聯合會（Factors Chain International，簡稱FCI），成立於1968年，總部設在荷蘭阿姆斯特丹，擁有來自69個國家的250個保理商會員。僅在中國，FCI就擁有23個會員，不過主要以國有及商業股份制銀行為主，外資保理公司僅有嘉融信（天津）國際保理有限公司一家。而做為世界上第一家保理商組織，國際保理商組織（International Factors Group，簡稱IFG），成立於1963年，總部設在比利時布魯塞爾，擁有來自50個國家超過160名會員。在中國，IFG擁有 8 名會員，主要以商業保理公司為主。

【23】外商投資小額貸款行業法律分析

小額貸款公司指由自然人、企業法人與其他社會組織投資設立，不吸收公眾存款，只經營小額貸款業務的有限責任公司或股份有限公司。與商業銀行相比，小額貸款公司只放貸，不做存款業務，且放貸對象主要為中小企業、個體工商戶和三農企業。中國人民銀行於2008年初頒布「關於小額貸款公司試點的指導意見」（下稱「意見」），首次明確就小額貸款公司（下稱「小貸公司」）的性質、設立條件進行規定，之後上海提出了「關於本市開展小額貸款公司試點工作的實施辦法」，對在上海設立小貸公司的程序做出細分化解釋，其他如天津等地也陸續頒布了地方性解釋，但江蘇省的細則至今尚未提出。

一、外資准入

就小貸行業是否對外資開放這一問題，雖然實務中鮮有外資小貸公司獲批設立的例子，但可以確定的是，小貸公司不在外商投資產業指導目錄限制類的名單之列，中央頒布的「意見」和地方性解釋也均未明文排斥外資。特別是進入2012年，國務院常務會議明確提出「適當放寬民間資本、外資和國際組織資金參股設立小金融機構」，地方上如上海市在「進一步促進台資企業發展的若干舉措」中也提出了「支持台資企業在上海設立小額貸款公司」，這些政策動向標誌中國逐步傾向鼓勵外資投資設立小貸公司。

二、設立條件

「意見」明確指出，小額貸款公司的形式可以是有限責任公司，也可以是股份有限公司，設立小貸公司除須滿足公司法的普遍性規定外，還須注意以下幾個主要條件：

　　1. 註冊資本：小貸公司的註冊資本必須全部為實收貨幣資本，股東不得採取實物、土地使用權或知識產權等形式出資；註冊資本由出資人或發起人一次足額繳納。其中，有限責任公司的註冊資本不得低於500萬元，股份有限公司的註冊資本不得低於1,000萬元。

　　2. 持股比例：單一自然人、企業法人、其他社會組織及其關聯方持有的股份，不得超過小額貸款公司註冊資本總額的10%。

　　3. 對高管要求：出資設立小額貸款公司的股東，擬任小額貸款公司董事、監事和高級管理人員的自然人，應無犯罪紀錄和不良信用紀錄。

　　4. 從業人員：具備相應專業知識和從業經驗的工作人員。

　　需要提示的是，在「意見」確定了小額貸款設立的條件之後，各地提出的地方性解釋中均抬高了設立門檻，並對設立人的條件等提出更高要求，最明顯的是在最低註冊資本這一項上，上海要求小貸公司有限責任公司初始註冊資本不得低於2,000萬元，股份有限公司初始註冊資本不得低於5,000萬元，天津甚至要求股份制小貸公司註冊資金須在1億元以上。另外上海還提出了小額貸款公司主要發起人必須為企業法人，註冊地且住所在試點區（縣），管理有規範、信用良好、實力雄厚，淨資產不低於5,000萬元，資產負債率不高於70%，連續三年盈利且利潤總額在1,500萬元以上的要求。天津則要求小額貸款公司的主發起人所持股份，自小額貸款公司成立之日起三年內不得轉讓，其他股東所持股份二年內不得轉讓。

三、設立流程

　　「意見」稱申請設立小額貸款公司，應向省級政府下屬金融辦提出正式申請，經批准後，到當地工商行政管理部門申請辦理註冊登記手續並領取營業執照。取得營業執照後，還應在五個工作日內向當地公安機關、銀監局和人民銀行備案。實務中，有些地區如上海，均

進一步明確，設立小額貸款公司必須由區、縣的政府做為申請人向市級金融辦提起申請，由政府承諾承擔風險防範與處置責任。申請書中除須列明公司設立申請須載明的擬用名稱、註冊資本、股東名稱、出資比例、業務範圍等外，還須說明公司設立方案，其內容包括業務管理制度、財務管理制度、風險監控制度、資訊披露制度等。這就等於是投資設立小貸公司首先需要獲得區、縣政府的支持並通過其審查，才有機會上報省／市金融辦。

【24】外商投資軟體業法律分析

自上世紀九〇年代起，中國政府一直將軟體產業做為戰略性新興產業重點發展，持續給予一系列財稅優惠政策予以扶持，並列入外商投資鼓勵類產業，支持外國投資者以獨資或合資等各種形式投資。

一、優惠政策

對於軟體企業的鼓勵政策主要體現在國務院於2000年印發的「鼓勵軟體產業和集成電路產業發展的若干政策」（國發[18]號），和2011年頒布的「關於印發進一步鼓勵軟體產業和集成電路產業發展的若干政策的通知」（國發[2011]4號）兩個文件中。18號文側重對軟體製造企業的扶持，在增值稅、營業稅、所得稅等均給予企業優惠政策，而新政4號文則適應目前軟體業「從產品向服務轉型」的行業發展背景，新增對扶持軟體服務型企業的免徵營業稅等政策。現綜合新舊政策整理軟體企業可享受的稅收優惠如下：

1. 增值稅方面

銷售自行開發生產的軟體產品，按17%法定稅率徵收增值稅，對實際稅負超過3%的部分即徵即退。但政策同時要求企業退稅款須用

於研究開發軟體產品、集成電路產品或擴大再生產。

2. 營業稅方面

18號文提出，對企業和個人從事技術轉讓、技術開發業務和與之相關的技術諮詢、技術服務業務取得的收入，免徵營業稅、所得稅優惠。新政在此基礎上增加規定：軟體企業從事軟體發展與測試，資訊系統集成、諮詢和運營維護，集成電路設計等業務，免徵營業稅。

3. 所得稅方面

經認定的軟體企業自獲利年度起，享受企業所得稅「兩免三減半」優惠政策。

4. 進口關稅和增值稅方面

經認定的軟體生產企業進口所需的自用設備，以及按照合同隨設備進口的技術（含軟體）及配套件、備件，不須出具確認書、不占用投資總額，免徵關稅和進口環節增值稅。

除國家層面的優惠政策外，各地軟體園區也對區內新設企業有扶持政策，企業可以根據自身情況予以比較。

二、軟體企業的認定程序和標準

軟體企業並非一經設立即自動享受各類鼓勵政策，而是需要經過法定認證程序，取得相應證書才可享受稅收等優惠政策。結合18號文及工信部等四部委聯合發布的「軟體企業認定標準及管理辦法（試行）」，只要企業擁有自行開發並能正常運行的軟體產品，不管數量多少，都可以申請「軟體產品登記」；另，申請「軟體產品登記」前，必須先到國家版權保護中心辦理「軟體著作權登記」，再到工業和資訊產業部所授權的軟體檢測機構進行檢測，最後向企業所在地的省級認定機構網路申報「軟體產品登記」和「軟體企業認定」，如果通過認定，便會頒發「軟體產品登記證書」和「軟體企業認定證書」。這裡所指的認定機構，一般是指軟體行業協會或信息化委員

會，在上海承擔認定職能的是市經濟和信息化委員會；而江蘇省的認定機構，則是江蘇省軟體行業協會。

另外，企業要申請「軟體企業認定」，須先滿足以下條件：

1. 企業須以電腦軟體的發展、生產、系統集成、應用服務和其他相應技術服務，做為主營業務收入。

2. 具有一種以上由企業自行開發，或是由企業自行擁有知識產權的軟體產品，也可以提供通過資質認定的電腦資訊系統集成技術服務。

3. 從事軟體產品開發和技術服務的技術人員，須占企業職工總數50%以上。

4. 軟體技術及產品研究開發經費，占企業年軟體收入8%以上。

這裡需要重申的是，上述認定條件和流程並非新設軟體企業的前置條件，對於擬投資從事電腦軟體研發、生產的外商而言，即便在企業籌備時暫不滿足條件，一樣可以依正常外資企業設立流程先設立公司，待條件成熟後再依流程申請認定為軟體企業，享受優惠政策。

【25】外商投資研發中心法律分析

隨著現代化企業管理分工越來越細分化，企業將研發功能抽離出來成立研發部門或者獨立的研發公司，不但可以提高企業營運效率，還可以享受到稅收優惠政策。

一、研發機構的組織形式及經營範圍

外商在中國設立研發中心可採取的組織形式包括獨立法人（獨資、合資均可）、分支機構和內設部門三種形式。根據外經貿部（現商務部）2000年頒布的「關於外商投資設立研發中心有關問題的通

知」（外經貿資發[2000]第218號，下稱「218號文」）等文件的規定，研發中心是從事自然科學及其相關科技領域的研究開發和實驗發展的機構，可以從事的經營項目包括與企業有關技術、產品的研發和試生產；將研發成果進行技術轉讓；及與轉讓技術相關的技術諮詢、技術服務。但須注意的是，研發科目不得包括「外商投資產業指導目錄」禁止類項目。

二、設立條件

218號文頒布後，各地又紛紛提出地方性規定，對在本地設立外資研發中心的投資額、人員配備、科研條件等要求一一細分化，現將上海、蘇州和昆山等地對研發機構的設立條件匯總如下：

	上海	蘇州	昆山
設立條件	一、獨立外資研發機構 1. 研究開發的方向符合國家技術政策和產業政策。 2. 研發中心用於研發的投資應不低於200萬美元。 3. 具有相當本科以上學歷的直接從事研發活動人員占研發中心總人數的比例應不低於80%。 4. 有固定的場所和組織機構。 5. 有必要的科研經費、實驗設備和科研條件。	一、獨立外資研發機構 1. 研究開發的方向應符合國家、省、市技術政策和產業政策。 2. 研發中心的投資額應不低於200萬美元。 3. 研發經費應占年度總收入的40%以上。 4. 研發機構總人數25名以上，其中具有本科以上學歷的科技人員人數占機構總人數的比例達40%以上，從事研究開發活動人員人數占機構總人數的比例達70%以上。 5. 有固定的場所和組織機構、先進的實驗設備等研發條件。	1. 經營狀況良好，具有高效的管理運行機制，財務會計核算制度合乎規範，經濟上對研發機構的建立、完善和正常運行具有實際承受能力，有中長期的開發目標和發展規劃。 2. 研發機構有固定的場所、儀器設備及其他必要的科研條件，科研用房100平方米以上，資產總額500萬元以上（其中儀器設備不低於70%，軟體類研發機構資產100萬元以上）。

	上海	蘇州	昆山
設立條件	二、非獨立外資研發機構 1. 研究開發的方向符合國家技術政策和產業政策。 2. 有必要的實驗設備等科研條件。 3. 直接從事研發活動人員不低於10名，占研發中心總人數不低於80%。 4. 用於研發的投資不低於200萬美元。	6. 確認部門規定的其他條件。 二、非獨立外資研發機構 1. 符合國家、省、市的技術政策和產業政策。 2. 每年投入的研發經費應達到200萬元以上，或其研發經費占企業銷售收入的5%以上。 3. 研發機構總人數10名以上，其科技人員占企業科技人員總數的比例達20%以上。	3. 獨立法人的研發機構研發人員不少於25名，企業內部的研發機構研發人員不少於10名，其中兼職人員不超過20%，本科以上學歷及中級以上技術職稱人員占總人數的比例不低於40%，從事研發活動人員數占機構總人數的比例不低於60%。 4. 有固定的場所和組織機構、必要的實驗設備等科研條件。 5. 研發機構年技術性收入占總收入60%以上；具有獨立法人資格的研發機構，研發費用應占總收入20%以上；非獨立法人研發機構，每年投入的研發經費應達到200萬元或占企業產品銷售收入的3%以上。

三、研發中心可以享受的稅收優惠政策

各地對經確認的研發中心在營業稅、所得稅上都有不同程度的優惠，詳見下表。

	上海	蘇州	昆山
稅收優惠	1. 關稅：投資總額內進口國內不能生產或性能不能滿足需要的自用科研設備、技術及配件、備件，免徵關稅。 2. 營業稅：自行研發技術的轉讓收入、技術開發收入以及相關的技術諮詢、技術服務的收入，免徵營業稅。 3. 研發費：研發費加計抵扣；開發新技術、新產品、新工藝發生的研究開發費用計入當期損益未形成無形資產的，允許再按其當年研發費用實際發生額的50%，直接抵扣當年的應納稅所得額。 4. 費用分攤及加速折舊：企業新購進的用於研究開發的儀器和設備，單位價值在30萬元以下的，可一次或分次計入成本費用，在企業所得稅稅前扣除。 單位價值在30萬元以上的，允許其採取雙倍餘額遞減法或年數總和法，實行加速折舊。	1. 所得稅：蘇州園區、蘇州新區（以下簡稱「兩區」）內外資研發機構減按15%稅率徵收企業所得稅，並從獲利年度起，享受兩免三減半政策。外資研發機構被認定為先進技術企業，兩免三減半期滿後仍為先進技術企業的，可延長三年減按10%徵收企業所得稅。 2. 所得稅：對設在本市「兩區」外的研發機構，給予蘇州市科技專項資金資助。凡經蘇州市確認的研發機構，從盈利年度起，可以參照其實際交納的企業所得稅地方留成部分的一定比例（前五年為全額，後三年為50%），享受先納稅後政府財政給予補助的優惠。 經確認的研發機構，還可享其他稅收優惠： 3. 其從事技術開發、技術轉讓以及與之相關的技術諮詢、技術服務業務取得的收入，免徵營業稅。 4. 銷售經國家版權局註冊登記的電腦軟體時，將著作權、所有權一併轉讓的，徵收營業稅，不徵收增值稅。 5. 研發費加計抵扣。 6. 進口用於自身研發的儀器、設備及配套技術、配件等，免徵關稅。 7. 具備條件的研發機構可向有關部門申請進出口經營權，並享受出口產品退稅及其他相應優惠政策。	1. 營業稅、所得稅：從事技術開發、技術轉讓及與之相關的技術諮詢、技術服務取得的收入，免徵營業稅。技術性年收入在30萬元以下者，可免徵企業所得稅。 2. 增值稅：銷售經國家版權局註冊登記的電腦軟體時，也將著作權、所有權一併轉讓的，徵營業稅，不徵增值稅。 3. 研發費：研發費加價抵扣。 4. 關稅：進口用於自身研發的儀器、設備及配套技術、配件等，免徵關稅。 5. 費用分攤：為開發新技術、研製新產品所購置的試製用關鍵設備、測試儀器，單台價值在10萬元以下，可一次或分次攤入管理費用，其中達到固定資產標準的應單獨管理，不再提取折舊。

四、設立流程

　　外資設立獨立法人研發中心的,由省級審批機關(商務委)進行審批,企業內部設立研發中心的,由企業設立原審批機構批准。此外,如在上海浦東新區設立研發中心,審理申請由浦東新區商務委員會或張江高科園區管委會受理。

【26】外商投資集成電路行業法律分析

　　集成電路企業主要可以分為設計、生產和封裝測試等兩類。從外商投資的角度來看,這兩類企業都屬於鼓勵類行業,允許外商以獨資方式設立運營;關於具體的設立條件,相關部門並未提出特別性規定予以限制,審批機關根據投資者是否具備從事與生產或設計相適應的資金、場所等常規要求,對設立申請進行審查。由於集成電路行業是中國重點發展的高科產業,國家給予特殊財政扶持政策。與軟體企業相似,集成電路企業只有在經過有關部門審查認定後,才可以享受中國國家給予的優惠政策,而集成電路製造、設計這兩類企業在認定的適用規定、主管部門、認證條件和流程上又有所差別,具體詳見下表。

集成電路設計、生產和封裝測試企業認定比較表

	集成電路設計企業	集成電路生產、封裝測試企業
法律依據	1.「集成電路設計企業及產品認定管理辦法」。 2.「集成電路設計企業及產品備案審查實施細則」。	1.「國家鼓勵的集成電路企業認定管理辦法(試行)」。 2.「國家鼓勵的集成電路企業認定管理辦法(試行)」。

	集成電路設計企業	集成電路生產、封裝測試企業
條件	1. 是依法成立的以集成電路設計為主營業務的企業。 2. 具有與集成電路設計開發相適應的生產經營場所、軟硬體設施和人員等基本條件，其生產過程符合集成電路設計的基本流程、管理規範，具有保證設計產品品質的手段與能力。 3. 集成電路設計企業自主設計產品的收入及接受委託設計產品的收入，占企業當年總收入的30%以上。	1. 是依法成立的從事集成電路晶片製造、封裝、測試以及6英寸（含）以上矽單晶材料生產的法人單位。 2. 具有與集成電路產品生產相適應的生產經營場所、軟硬體設施和人員等基本條件，其生產過程符合集成電路產品生產的基本流程、管理規範，具有保證產品生產的手段與能力。 3. 自產（含代工）集成電路產品銷售收入占企業當年總收入的60%以上（新建企業除外）。 4. 企業主管稅務部門認定企業無惡意欠稅或偷稅騙稅等違法行為。
認定主管部門	工信部、國家稅務總局	國家發改會、工信部、國家稅務總局和海關總署
認定機構	半導體行業協會	半導體行業協會
認定流程	由企業向其所在地主管稅務部門提出申請，主管稅務部門審核後，逐級上報國家稅務總局。 由國家稅務總局和信息產業部共同委託認定機構進行認定；企業向主管稅務部門提出申請的同時，應將有關資料送交中國半導體行業協會（或經信息產業部授權的地方半導體行業協會）備案。	由企業向認定機構提出申請。 認定機構審理後於15個工作日內向主管部門提出認定意見及相關資料。 國家發改員會同工信部及國家稅務總局、海關總署，於45個工作日內聯合發文確定或將否定意見告知認定機構。

需要進一步提示的是，經認證的集成電路企業每年都要進行企業年審，沒有通過年度審查的，將不能繼續享受優惠政策。此外，經認定的集成電路企業發生調整、分立、合併、重組等變更情況時，須在做出變更決定之日起30日內，向原認定機構辦理變更認定或重新申報手續。未經批准同意變更認定的，也會被取消企業的認定資格，停止享受有關優惠政策。

經認定的集成電路企業主要可以享受以下稅收優惠：

1. 增值稅方面

對增值稅一般納稅人銷售其自行生產的集成電路產品，按17%的法定稅率徵收增值稅後，集成電路設計企業對其增值稅實際稅負超過3%的部分，實行即徵即退政策；集成電路生產、封裝測試企業對其增值稅實際稅負超過6%的部分，實行即徵即退。但企業退稅款須用於研究開發集成電路產品或擴大再生產。

2. 營業稅方面

集成電路設計企業從事軟體發展與測試，資訊系統集成、諮詢和運營維護以及集成電路設計等業務，免徵營業稅。

3. 所得稅方面

新辦集成電路設計企業經認定後，自獲利年度起，享受企業所得稅「兩免三減半」優惠政策，即自獲利年度起，第一年至第二年免徵企業所得稅，第三年至第五年按照25%的法定稅率減半徵收企業所得稅。

對集成電路線寬小於0.8微米（含）的集成電路生產企業，也實行「兩免三減半」優惠政策。

對集成電路線寬小於0.25微米或投資額超過80億元的集成電路生產企業，減按15%的稅率徵收企業所得稅，其中經營期在15年以上的，實行「五免五減半」優惠政策，即自獲利年度起，第一年至第五

年免徵企業所得稅，第 6 年至第10年按照25%的法定稅率減半徵收企業所得稅。

4. 進口關稅和增值稅方面

對經認定的軟體生產企業進口所需的自用設備，以及按照合同隨設備進口的技術（含軟體）及配套件、備件，不須出具確認書，不占用投資總額，除國務院國發[1997]37號文件規定的「外商投資項目不予免稅的進口商品目錄」和「國內投資項目不予免稅的進口商品目錄」所列商品外，免徵關稅和進口環節增值稅。

【27】外商投資增值電信服務業法律分析

增值電信業務是針對基礎電信業務而言，利用已有的電信網路基礎設施提供並實現網路資源增值的業務，因此稱之為增值電信業務。舉例來說，最初的公眾電話網是以傳輸話音為目的而建設的，但是由於業務的需求，營運商利用電話線路為用戶提供連線網際網路的服務，電話網絡資源因此而獲得了增值，因此網際網路連線服務就是一種典型的增值電信業務。

目前的增值電信業務主要有如下業務：

1. 第一類增值電信業務：（1）線上資料處理與交易處理業務：交易處理業務、網路／電子設備資料處理、電子資料交換業務；（2）國內多方通信服務業務：國內多方電話服務、國內視訊電話會議服務、國內網際網路會議電視及圖像服務；（3）國內網際網路虛擬專用網業務；（4）網際網路資料中心業務。

2. 第二類增值電信業務：（1）存儲轉發類業務：語音信箱；X.400電子郵件業務；傳真存儲轉發業務；（2）呼叫中心業務；

（3）網際網路連線服務業務；（4）資訊服務業務。

此外，中國有關規定還提出了一些比照增值電信業務進行管理的基礎電信業務，包括以下幾種：（1）模擬集群通信業務；（2）無線尋呼業務；（3）國內甚小口徑終端地球站（VSAT）通信業務；（4）第二類資料通信業務（含固定網國內資料傳送業務和無線資料傳送業務）；（5）用戶駐地網業務；（6）網路託管業務。

商務部辦公廳於2010年頒布的「關於外商投資互聯網、自動售貨機方式銷售項目審批管理有關問題的通知」（商資字[2010]272號）明確指出，新興的電子商務中的網絡服務經營者利用企業自身網路平台為其他交易方提供網路服務，如淘寶、阿里巴巴等電子交易模式，也被視為增值電信服務。

外商投資增值電信業務的規定主要見於國務院2008年提出的「外商投資電信企業管理規定」（以下簡稱「規定」），按照該規定，目前外商投資增值電信企業時需要注意的事項主要如下：

一、外商投資增值電信企業的註冊資本

1.經營全國的或者跨省、自治區、直轄市範圍的增值電信業務，其註冊資本最低限額為1,000萬元人民幣。

2.經營省、自治區、直轄市範圍內的增值電信業務，其註冊資本最低限額為100萬元人民幣。

二、外方投資者的出資比例及條件

（一）出資比例

經營增值電信業務（包括基礎電信業務中的無線尋呼業務）的外商投資電信企業的外方投資者，在企業中的出資比例，最終不得超過50%。

（二）外方條件

外方的條件主要針對在外方全體投資者中出資數額最多，且占全體外方投資者總額30%以上的出資者。

1. 經營增值電信業務的外商投資電信企業的外方，必須為法人（即排除自然人投資）。

2. 經營增值電信業務的外商投資電信企業的外方主要投資者，應當具有經營增值電信業務的良好業績和運營經驗。

三、審批基本流程

按照有關規定，外商投資設立從事增值電信業務，須前置取得「外商投資經營電信業務審定意見書」後，再依照外商投資企業設立的基本流程向商務主管部門取得「外商投資企業批准證書」，審批須經工業和信息化主管部門和商務主管部門分別審批，審批流程依企業擬經營的地域範圍大小而有所差異。

1. 外商投資跨省、自治區、直轄市範圍增值電信業務，由中方主要投資者將項目建議書、可行性研究報告等，通過省級通信管理部門報送國家工業和信息化部審查，該部門應該在90日內審查完畢，做出批准或者不予批准的決定。予以批准的，頒發「外商投資經營電信業務審定意見書」。

2. 外商投資經營省、自治區、直轄市範圍內增值電信業務，由中方主要投資者向省、自治區、直轄市電信管理機構提出申請並報送可行性研究報告等文件，省、自治區、直轄市通信管理機構應當自收到申請之日起60日內簽署意見。同意的，轉報國務院信息產業主管部門；不同意的，應當書面通知申請人並說明理由。國務院信息產業主管部門應當自收到省、自治區、直轄市電信管理機構簽署同意的申請文件之日起30日內審查完畢，做出批准或者不予批准的決定。予以批准的，頒發「外商投資經營電信業務審定意見書」。

設立完成後，如果企業經營增值電信業務覆蓋範圍在兩個以上

省、自治區、直轄市，須經國務院信息產業主管部門審查批准，取得「跨地區增值電信業務經營許可證」；業務覆蓋範圍在一個省、自治區、直轄市內，則須經省、自治區、直轄市電信管理機構審查批准，取得「增值電信業務經營許可證」。

【28】外商投資包裝印刷行業法律分析

中國「印刷業管理條例」將印刷品定義為出版物、包裝裝潢印刷品和其他印刷品三類，其中出版物包括報紙、期刊、書籍、地圖、年畫、圖片、掛曆、畫冊及影音製品、電子出版物的裝幀封面；包裝裝潢印刷品指商標標識、廣告宣傳品及做為產品包裝設計的紙、金屬、塑膠等的印刷品；而其他印刷品則包括文件、資料、圖表、票證、證件、名片等。

「設立外商投資印刷企業暫定規定」（下稱「規定」）及「外商投資產業指導目錄」等規定明確，以上三類印刷企業中，包裝裝潢印刷和其他印刷品屬於外商投資允許類，允許外商獨資的方式投資運營；而出版印刷品則歸屬於限制類，只能以中外合營印刷企業的形式設立經營，且須由中方控股。

一、外方投資方的資質條件

「規定」明確表示，外方投資者不得是外籍個人，必須是能夠獨立承擔民事責任的法人，且具有直接或間接從事印刷經營管理的經驗。除此之外，投資人還應符合下列要求之一：

1. 能夠提供國際先進的印刷經營管理模式及經驗。
2. 能夠提供國際領先水平的印刷技術和設備。
3. 能夠提供較為雄厚的資金。

　　其中關於「具有直接或間接從事印刷經營管理的經驗」的認定，由新聞出版行政部門根據投資人在設立申請時提供的有關從業經歷證明和書面說明資料予以判斷。

二、外商投資印刷企業設立條件

　　「規定」對於外商投資印刷企業的公司性質、最低註冊資本、經營期限等也提出了相應的要求，具體如下：

　　1. 申請設立外商投資印刷企業的形式為有限責任公司。

　　2. 從事出版物、包裝裝潢印刷品印刷經營活動的外商投資印刷企業註冊資本，不得低於1,000萬元人民幣；從事其他印刷品印刷經營活動的外商投資印刷企業註冊資本，不得低於500萬元人民幣。

　　3. 從事出版物、其他印刷品印刷經營活動的中外合營印刷企業須中方控股，並中方擔任董事長，董事會成員中方應占多數。

　　4. 經營期限一般不得超過30年。

　　5. 外商投資印刷企業不得設置分支機構。

　　6. 以中外合營方式設立的印刷企業，且中方投資者具國有資產背景，則其作價出資或合作條件還須由國有資產主管部門批准，並經國有資產評估管理的有關規定對其投資進行評估。

三、審批流程

　　申請設立外資印刷企業需要經新聞出版行政部門前置審批，自2004年起，中國新聞出版總署已將相關審批權下放到各省新聞出版局。目前各地對於審批的流程規定還有差異，江蘇要求投資者先向所在地市一級的新聞出版局提出申請，經初審通過後，再報送省級新聞出版局批准，審批時間需兩個月左右。而上海則採用一級審批，外資印刷企業設立直接由上海市新聞出版局收件審批，審批時間因此比江蘇更短。

新聞出版局審批通過後，投資方再依照常規設立外商投資企業的流程向各級商務主管部門提出企業設立申請。上海明確規定，投資總額1億美元以下的從事包裝裝潢外資印刷企業設立事項，由區、縣商務主管部門受理，投資總額3億美元以下的，直接報送市商務主管部門；而對於設立出版物、其他印刷品印刷經營活動的中外合營企業，投資總額3,000萬美元以上的，則直接保送上海市商務委員會初審，並須再上報商務部批准。

【29】外商投資物流運輸行業法律分析

中國將物流行業細分為貨物運輸代理、快遞、貨物倉儲等多個行業，由多個不同政府部門進行監管。外國投資者進入中國市場從事物流業務，通常選擇經營範圍同時涵蓋國際貨物運輸代理和道路運輸這兩個交通運輸行業領域，以保障所從事業務可以滿足大型跨國公司原材料及產品全球化流轉的需求。國際貨物運輸代理企業可以接受進口貨物收貨人、發貨人的委託，為委託人辦理國際貨物運輸及相關業務，即企業可以接受境內外客戶委託為到岸或離岸貨物代為辦理國際貨物運輸相關的裝卸、倉儲、報關、中轉、短途運輸等業務；但如果企業還想從事中國境內部分的貨物運輸及倉儲等相關輔助性服務，則須經交通主管部門批准，取得道路運輸經營許可證。上述兩類業務原先均屬於外資限制類領域，外商只能以中外合資或合作的形式進行投資，但自2005年後，因兌現加入WTO時關於市場開放的承諾，中國已允許世貿組織成員的企業或個人採用獨資的方式設立運營相關物流業務企業。現對擬從事前述兩類業務的外資物流企業設立之要求及流程闡述如下。

一、設立國際貨物運輸代理企業

外商投資設立國際貨物運輸代理企業，除須符合有關外商投資企業的法律法規外，主要應還須滿足商務部於2005年頒布的「外商投資國際貨物運輸代理企業管理辦法」的要求。

1. 外商投資設立國際貨物運輸代理企業註冊資本最低限額為500萬元人民幣。

2. 經營期限一般最高為20年。

3. 經營範圍可以包括下列服務：

（1）訂艙（船租、包機、包艙）、托運、倉儲、包裝。

（2）貨運的監裝、監卸、集裝箱拼裝拆裝、分撥、中轉及相關的短途運輸服務。

（3）代理報關、報驗、報檢、保險。

（4）繕制有關單證、交付運費、結算及交付雜費。

（5）國際展品、私人物品及過境貨物運輸代理。

（6）國際多式聯運、集運（含集裝箱拼箱）。

（7）國際快遞（不含私人信函和縣級以上黨政機關公文的寄遞業務）。

（8）諮詢及其他國際貨運代理業務。

在審批流程上，設立經營國際貨物運輸代理企業，由省級商務主管部門負責審批；如其中經營範圍包含國際快遞業務，須向省級郵政管理部門申請「快遞業務經營許可證」，並報中國商務部審批。

二、設立道路運輸企業

外商投資設立道路運輸企業或擴大經營範圍從事道路運輸業，需要按照交通部、商務部頒布的「外商投資道路運輸業管理規定」（2001第9號）及交通部在之後頒布的兩份補充規定辦理。根據有關規定，擬投資設立貨物道路運輸的企業（不含旅客運輸業務）：

1. 投資道路運輸業應當符合交通部制定的道路運輸發展政策，並符合擬設立外商投資道路運輸企業所在地的交通主管部門制定的道路運輸業發展規劃的要求。

2. 投資各方應以自有資產投資並具有良好信譽。

3. 經營期限一般不超過12年。

擬設立道路運輸企業，在向商務主管部門報送企業設立文件之前，須先向企業設立所在地的市（設區的市）級交通主管部門提出申請，經其初審後還須報國家交通部審核批准。

有關規定還特別規定，對於已經設立的其他外商投資企業擬擴大經營範圍從事道路貨物運輸，須向交通主管部門及原審批機關提出申請，並滿足其註冊資本已經全部繳齊滿一年這一條件，才能被允許從事道路運輸、道路貨物搬運裝卸、道路貨物倉儲及維修業務。

【30】外商投資會展行業法律分析

為促進會展業的發展，中國鼓勵引進國際上具先進組織會議展覽和專業交流方面專有技術的外國投資者，設立外商投資會議展覽公司；且相關規定對外資持股比例也沒有限制，允許外商以獨資形式設立會展公司。外資會展公司依法成立後，在中國境內主辦經濟技術展覽會或在境外舉辦國際經濟貿易展覽會，須向商務委等主管部門按照一事一批的原則申請批准。

一、投資形式

商務部令[2004]第1號「設立外商投資會議展覽公司暫行規定」（以下簡稱「1號文」）明確規定，允許以外商獨資、合資、合作的形式設立外商投資會議展覽公司。

二、投資者條件

根據 1 號文的要求，申請設立外商投資會議展覽公司的外國投資者應有展覽行業的專業背景，具備主辦國際博覽會、專業展覽會或國際會議的經歷和業績。雖然規定並未明確排除外籍個人不得做為投資者投資設立會展公司，但實務中，上海、江蘇等地的主管部門均明確要求境外投資者的身分須具備法人資格，且其主營業務為展會組織。

三、經營範圍

1 號文規定，經批准設立的外商投資會議展覽公司可以經營以下業務：

1. 在中國境內主辦、承辦各類經濟技術展覽會和會議。

2. 在境外舉辦會議。

外商投資展覽公司擬從事上述第 2 項至境外舉辦會展業務，根據「出國舉辦經濟貿易展覽會審批管理辦法」的要求，其淨資產不低於300萬元人民幣，資產負債率不高於50%。

四、註冊資本

1 號文沒有對最低註冊資本做出要求，理論上，設立外商投資展覽公司的註冊資本，只需要達到「公司法」規定的最低 3 萬元人民幣即可滿足條件，但實務中，上海的商務主管部門對於擬在境外舉辦會展的新設外商投資展覽公司，要求其註冊資本一般不低於30萬美元。

五、審批流程

外國投資者擬申請設立外商投資展覽公司，除需要提交外商投資企業設立的常規文件之外，還須提供能證明其具有主辦國際博覽會、專業展覽會或國際會議經歷的證明。

申請文件首先向企業所在地具有外商投資企業設立審批權的

縣、市商務主管部門或省級及省級以上開發區初審後，報省級商務主管部門，由其在收件後30日做出准或不批准的決定。

六、辦展審查

中國對部分境內國際展覽和出國辦展按規模實行審查管理，外商投資展覽公司若主辦此類展覽須依法履行申報手續。

1. 在中國境內主辦的國際科技類、教育類展會的審查

綜合1號文、中國國家科技部、外交部、海關總署、中國國家工商行政管理總局聯合頒布「國際科學技術會議於展覽管理暫行辦法」和中國國家教育部「關於加強對在華舉辦國際教育展覽管理工作的通知」，舉辦科技類和教育類國際展覽，須由舉辦地省級科委、教委、外經貿委等行政部門依法定授權審查。其中，展覽面積在1,000平方米以下的國際展覽項目實行備案管理，由主辦單位按展覽項目類別須事前報主管部門備案。海關憑備案部門證明辦理相關手續。展覽面積在1,000平方米以上的國際展覽項目實行審批制，由主管部門批准。另舉辦為期在六個月以上的長期展覽，主辦單位須事先報海關總署審核，經海關總署同意後，按展覽分類分別報商務部、科技部或教育部審批。

需要特別提示的是，設計海峽兩岸科技會展、教育會展同意由中央一級主管部門（如科技部）審批。

2. 出國辦展審批

展覽公司招收境內企業和組織派出人員在境外展覽場地上展出商品和服務，需要事先審批或備核。根據商務部頒布的「出國舉辦經濟貿易展覽會審批管理辦法」的規定，出國辦展須經中國國際貿易促進委員會審批，並經商務部會簽。項目經批准後方可組織招商等，且組展單位應當在提出申請前已和國外組展商簽租賃協議。

另外在送審時間上，組展單位可在每年2月、5月、8月、11月的

最後一個工作日前，向中國貿促會遞交項目申請。每年3月、6月、9月、12月的第一個工作日，為貿促會受理的起算日。項目開幕日期距受理起算日不足六個月的，不予受理。

【31】外商投資醫療行業法律分析

　　根據2007年版的「外商投資產業指導目錄」（下稱「目錄」）以及「關於中外合資、合作醫療機構管理暫行辦法」的有關規定，不允許外商獨資設立醫療機構，外方只能通過與中國的醫療機構、公司和其他經濟組織以合資或合作形式設立醫療機構，且不允許中外合資、合作醫療機構設置分支機構。最新2011年版目錄將外商投資醫療機構從限制類調整到允許類，外商在中國設立獨資醫院將成為現實。

一、設立外商投資醫療機構的資質和條件

　　1. 投資總額不得低於2,000萬元人民幣。

　　2. 外方必須是能夠獨立承擔民事責任的法人，且必須具備直接或間接從事醫療衛生行業的經營。

　　3. 外方能夠提供國際先進的醫療機構管理經驗、管理模式和服務模式。

　　4. 外方能夠提供國際領先水平的醫學技術和設備。

二、申請流程

　　申請設立外商投資醫療機構的流程，因其性質是合資還是獨資而有所差異，其中設立外商獨資醫療機構，須經國家衛生部和商務部批准，具體流程表見下頁。

　　如果外商投資的醫院包括中醫服務，則無論其是獨資還是合資，均須經當地中醫藥管理部門報中國國家中醫藥管理局審核後，轉

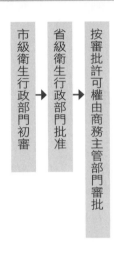

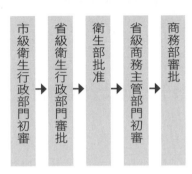

| 設立合資、合作醫療機構 | | | 設立外商獨資醫療機構 | | | | |

市級衛生行政部門初審 → 省級衛生行政部門批准 → 按審批許可權由商務主管部門審批

市級衛生行政部門初審 → 省級衛生行政部門審批 → 衛生部批准 → 省級商務主管部門初審 → 商務部審批

報衛生部批准。

三、台商投資設立醫療機構

　　早在2011年初，隨著「海峽兩岸經濟合作框架協議」（ECFA）及中國衛生部和商務部共同印發的「台灣服務提供商在大陸設立獨資醫院管理暫行辦法」（下稱「辦法」）先後生效實施，台灣服務提供者已早於其他境外投資者獲許在大陸設立台資獨資醫院。相比其他類型的外國投資者，「辦法」明確對台商投資設立醫療機構提出了下列特別要求：

　　1. 須取得台灣醫療服務提供商證明書

　　按照「辦法」規定，台商設立的外商獨資醫院的投資人須為台灣法人，且須取得台灣醫療服務提供商證明書。結合ECFA規定，可申領台灣醫療服務提供商證明書的法人必須同時滿足以下條件，依據台灣法令在台灣設立。

　　該法人屬以下類型之一：（1）醫療機構；（2）醫療機構的設

置人；（3）醫療機構設置的特定目的公司。該法人在台灣已經存續滿三年。至於第（2）、（3）類法人，三年的限制是否針對醫療機構本身還是其設置人或特定目的公司，則沒有進一步明確。

根據台灣經濟部制定規則，在申請台灣醫療服務提供商證明書時，須提交以下資料：

（1）法人登記或商業登記證明文件影本。

（2）最近3年的完稅證明影本。

（3）最近3年經會計師簽證的財務報表。

（4）所有或租用經營場所的證明文件或其影本。

（5）提供服務性質和範圍的相關證明文件或其影本。

台灣經濟部核發的證明書，有效期一般為三年，如同時申請醫療以外行業，就每個行業分別核發證明書。

2. 設立條件

台資獨資醫院不得低於二級醫院基本標準，其中二級醫院投資總額不低於2,000萬元人民幣，三級醫院投資總額不低於5,000萬元人民幣。

【32】外商投資出版物發行行業法律分析

根據「出版物市場管理規定」，出版物發行是指圖書、報紙、期刊、影音製品、電子出版物等的總發行、批發、零售以及出租、展銷等活動。從事出版物發行須向新聞出版單位申請取得「出版物經營許可證」，未經取得許可，不得從事出版物發行活動。

一、外商投資發行企業的形式

中國允許設立從事圖書、報紙、期刊、電子出版物發行活動的

中外合資經營企業、中外合作經營企業和外資企業。其中，從事連鎖經營業務，連鎖門店超過30家的，不允許外資控股。對同一香港、澳門服務提供者從事圖書、報紙、期刊連鎖經營，允許其控股，但出資比例不得超過65%。

允許設立從事影音製品發行活動的中外合作經營企業；允許香港、澳門服務提供者以獨資、合資形式提供影音製品的發行業務。

二、各種類型發行企業的申請條件

（一）申請設立總發行企業或其他單位從事出版物總發行業務

1. 有確定的企業名稱和經營範圍。

2. 以出版物發行為主營業務。

3. 有與出版物總發行業務相適應的組織機構和發行人員，至少一名負責人應當具有高級以上出版物發行員職業資格，或者新聞出版總署認可的與出版物發行專業相關的中級以上專業技術資格。

4. 有與出版物總發行業務相適應的設備和固定的經營場所，經營場所的營業面積不少於1,000平方米。

5. 註冊資本不少於2,000萬元。

6. 具備健全的管理制度並具有符合行業標準的資訊管理系統。

7. 最近三年內未受到新聞出版行政部門行政處罰，無其他嚴重違法紀錄。

除出版物總發行企業依法設立的從事總發行業務的分公司外，總發行單位應為公司制法人。

（二）設立出版物批發企業或者其他單位從事出版物批發業務

1. 有確定的企業名稱和經營範圍。

2. 有與出版物批發業務相適應的組織機構和發行人員，至少一名負責人應當具有中級以上出版物發行員職業資格，或者新聞出版總署認可的與出版物發行專業相關的中級以上專業技術資格。

3. 有與出版物批發業務相適應的設備和固定的經營場所，其中進入出版物批發市場的單店營業面積不少於50平方米，獨立設置經營場所的營業面積不少於200平方米。

4. 註冊資本不少於500萬元。

5. 具備健全的管理制度並具有符合行業標準的資訊管理系統。

6. 最近三年內未受到新聞出版行政部門行政處罰，無其他嚴重違法紀錄。

除出版物發行企業依法設立的從事批發業務的分公司外，批發單位應為公司制法人。

（三）設立出版物零售企業或者其他單位、個人從事出版物零售業務

1. 有確定的名稱和經營範圍。

2. 至少一名負責人應具有初級以上出版物發行員職業資格，或新聞出版總署認可的與出版物發行專業相關的初級以上專業技術資格。

3. 有固定的經營場所。

（四）設立出版物連鎖經營企業或者其他連鎖經營企業從事出版物連鎖經營業務

1. 有確定的企業名稱和經營範圍。

2. 符合連鎖經營的組織形式和經營方式。

3. 註冊資本不少於300萬元，其中從事全國性連鎖經營的不少於1,000萬元。

4. 有10個以上的直營連鎖門店。

5. 有與出版物連鎖業務相適應的組織機構和發行人員，至少一名負責人應當具有中級以上出版物發行員職業資格，或者新聞出版總署認可的與出版物發行專業相關的中級以上專業技術資格。

6. 有與出版物連鎖業務相適應的設備和固定的經營場所，其中

樣本店的經營面積不少於500平方米。

　　7. 具備健全的管理制度並具有符合行業標準的資訊管理系統。

　　8. 最近三年內未受到新聞出版行政部門行政處罰，無其他嚴重違法紀錄。

【33】外商投資演出經紀行業法律分析

　　演出經紀機構是指從事下列活動的經營單位：1. 演出組織、製作、營銷等經營活動；2. 演出居間、代理、行紀等經紀活動；3. 演員簽約、推廣、代理等經紀活動。

　　根據「外商投資產業指導目錄」（2011年修訂）的規定，外商投資演出經紀行業在中國屬於限制類行業，一般須中方控股，但對香港、澳門投資者另有規定。

　　「營業性演出管理條例」和「營業性演出管理條例實施細則」對外國投資者在中國設立演出經紀行業的投資形式、條件和辦理程序具體規定如下：

一、投資形式

　　外國投資者可以與中國投資者依法設立中外合資經營、中外合作經營的演出經紀機構；設立中外合資經營的演出經紀機構，中國合營者的投資比例應當不低於51%；設立中外合作經營的演出經紀機構，中國合作者應當擁有經營主導權。

　　香港特別行政區、澳門特別行政區的投資者可以在內地投資設立合資、合作、獨資經營的演出經紀機構；香港特別行政區、澳門特別行政區的演出經紀機構可以在內地設立分支機構。

　　台灣地區的投資者可以在內地投資設立合資、合作經營的演出

經紀機構，但內地合營者的投資比例應當不低於51%，內地合作者應當擁有經營主導權；不得設立獨資經營的演出經紀機構。

二、申請條件

1. 設立演出經紀機構，應當有三名以上專職演出經紀人員和與其業務相適應的資金。

2. 中外合資、合作經營演出經紀機構的董事長或者聯合委員會的主任應當由中方代表擔任，並且中方代表應當在董事會或者聯合委員會中居多數。

三、設立獨資、合資、合作演出經紀機構所需資料

獨資、合資、合作演出經紀機構，投資者須向文化部和商務主管部門報送資料主要有：1. 申請書；2. 名稱預先核准通知書；3. 文化部的批准文件；4. 合資合同、章程（獨資企業無需合資合同）；5. 投資方主體資格證明及資信證明；6. 投資方出具的董事會成員或聯合管理委員會人選、監事成員委派書、董監事身分證明；7. 房屋租賃合同及產權證明；8. 其他審批部門要求的文件。

四、港澳演出經紀公司分支機構設立條件、程序、主要申請資料

香港特別行政區、澳門特別行政區的演出經紀機構經批准可以在內地設立分支機構，分支機構不具有企業法人資格。

香港特別行政區、澳門特別行政區演出經紀機構在內地的分支機構可以依法從事營業性演出的居間、代理活動，但不得從事其他演出經營活動。香港特別行政區、澳門特別行政區的演出經紀機構對其分支機構的經營活動承擔民事責任。

香港特別行政區、澳門特別行政區的演出經紀機構在內地設立分支機構，必須在內地指定負責該分支機構的負責人，並向該分支機構撥付與其所從事的經營活動相適應的資金。

香港特別行政區、澳門特別行政區的演出經紀機構在內地設立分支機構須向文化部及商務主管部門提交的資料主要有：1. 申請書；2. 分支機構的核名通知；3. 演出經紀機構在港、澳的合法開業證明；4. 演出經紀機構章程、分支機構章程；5. 分支機構負責人任職書及身分證明；6. 演出經紀人員的資格證明；7. 演出經紀機構的資金證明及向分支機構撥付經營資金的數額及期限證明；8. 其他依法需要提交的文件。

五、辦理程序

設立合資、合作、獨資經營的演出經營主體或者香港、澳門演出經紀機構設立分支機構，在取得文化部頒發的批准文件後，應當在90日內持批准文件通過所在地省級商務主管部門向商務部提出申請，辦理有關手續，並依法到工商行政管理部門辦理註冊登記，領取營業執照後，到文化部領取營業性演出許可證。

【34】外商投資電影行業法律分析

電影行業主要包括電影製作、電影發行、電影院線、電影院、電影技術等。電影製作指的是攝製影片及製作影片拷貝。電影發行指的是出售、出租、宣傳推廣影片。院線主要是指以若干家影院為依託，由一個電影發行主體和若干電影院組合形成，實行統一品牌、統一排片、統一經營、統一管理的發行放映機制。

根據「外商投資產業指導目錄」（2011年修訂版），中國禁止外商投資電影製作公司、發行公司、院線公司。而對於電影院、電影技術公司，外商投資也屬於限制類。

根據中國「電影管理條例」、「外商投資電影院暫行規定」、

「電影企業經營資格准入暫行規定」等法律法規，對外商投資電影院、電影技術公司相關規定如下：

一、投資形式、申請條件

（一）外商投資電影院

1. 不允許外商獨資設立電影院，但允許香港、澳門服務提供者以獨資形式設立電影院。

2. 外商投資電影院可以經營以下業務：新建及改造電影院、從事電影放映業務。

3. 外商投資電影院還應當符合以下條件：

（1）符合當地文化設施的布局與規劃。

（2）註冊資本不少於600萬元人民幣。

（3）有固定的營業（放映）場所。

（4）中外合資電影院，合營中方在註冊資本中的投資比例不得低於51%；對全國試點城市：北京、上海、廣州、成都、西安、武漢、南京市中外合資電影院，合營外方在註冊資本中的投資比例最高不得超過75%；不得開設非獨立法人的電影院。

（5）允許香港、澳門服務提供者在內地以合資、合作或獨資的形式新建、改造及經營電影院；允許香港、澳門服務提供者在內地設立的獨資公司，在多個地點新建或改建多間電影院，經營電影放映業務。

（6）合資、合作期限不超過30年。

（二）外商投資電影技術公司

1. 外商投資的電影技術公司可經營下列業務：改造電影製片、放映基礎設施和技術設備。

2. 外商投資的電影技術公司還應當符合以下條件：

（1）註冊資本不少於500萬元人民幣。

（2）外方在註冊資本的比例不得超過49%，經中國國家批准的
　　　省市可以控股。

二、辦理程序

（一）外商投資電影院

首先，合營中方（或擬投資設立獨資公司的香港、澳門投資
方）須先向所在地省級商務行政部門提出申請，所在地省級商務行政
部門在徵得省級電影行政部門同意後，依照中國國家有關外商投資的
法律、法規進行審批，而後報商務部、國家廣播電影電視總局、文化
部備案。其次，獲批准設立的外商投資電影院，應自收到「外商投資
企業批准證書」之日起一個月內，持「外商投資企業批准證書」到省
級工商行政部門辦理註冊登記手續。另外，須注意的是，外商投資電
影院完成建設、改造任務後，經有關部門驗收合格，持「外商投資企
業批准證書」、「營業執照」向省級電影行政部門申領「電影放映經
營許可證」，方可從事電影放映業務。

（二）外商投資電影技術公司

首先，合營中方投資者向廣電總局提交申請，廣電總局依法予
以審核。經審核合格，出具核准文件。其次，由中方持廣電總局出具
的核准文件向所在地省級商務主管部門提出申請，省級商務主管部門
初審後報商務部審批，商務部依法做出批准或不批准的決定。經批准
的，頒發「外商投資企業批准證書」；不予批准的，書面回覆理由。
最後，申報單位持廣電總局、商務部的批准文件，到所在地工商行政
管理部門辦理相關手續。

【35】外商投資認證行業法律分析

　　認證是指由認證機構證明產品、服務、管理體系符合相關技術規範、相關技術規範的強制性要求或者標準的合格評定活動。認證行業通常由認證機構、認證培訓機構、認證諮詢機構三部分機構組成。

　　根據「認證認可條例」、「認證機構及認證培訓、諮詢機構審批登記與監督管理辦法」、「關於對『認證機構及認證培訓、諮詢機構審批登記與監督管理辦法』審批條件若干解釋的通知」及「認證培訓機構管理辦法」等相關法律法規的規定，外商投資認證相關機構的形式、條件、程序如下：

一、投資形式

　　外國投資者可以中外合資、中外合作、外商獨資形式，投資設立認證機構及認證培訓、諮詢機構。

二、申請條件

　　1. 外商投資的認證機構及認證培訓、諮詢機構應為有限責任公司，註冊資本不得低於35萬美元。

　　2. 外方投資者應當在所在國取得國家認可資格或者承認，並具有3年以上的相關服務經驗。

　　3. 設立認證機構還應當具備以下條件：

　　（1）有固定的經營場所。

　　（2）有與其從事認證業務相適應的註冊資本（金）、辦公條件、人力資源和技術資源。其中，從事管理體系認證的認證機構，要具有10名以上（含）專職國家註冊審核員（其中至少 5 名是國家註冊高級審核員）或同等的認證人員。從事產品認證的機構具有10名以上（含）專職國家註冊檢

查員（其中至少五名是國家註冊高級檢查員）或同等的認
證人員。

（3）符合有關認證機構要求的品質管制體系文件。

（4）法律法規及國家認監委依法規定的其他條件。

4. 設立認證培訓機構應當具備以下條件：

（1）有固定的經營場所。

（2）有與其從事業務相適應的註冊資本（金）、培訓教學設
施、人力資源和辦公條件；其中人力資源方面須具有四名
以上（含）具有培訓教師資格的專職教師，每項課程（指
品質管制體系培訓、環境管理體系培訓、職業健康安全管
理體系培訓、產品認證等）的專職教師不得少於兩名。

（3）符合有關認證培訓機構要求的品質管制體系文件。

（4）擁有自有（授權）的知識產權培訓課程。

（5）法律法規及國家認監委依法規定的其他條件。

5. 設立認證諮詢機構應當具備以下條件：

（1）有固定的經營場所。

（2）有與其從事業務相適應的註冊資本（金）、辦公條件、人
力資源和技術資源，其中，人力資源方面須具有五名以上
專職國家註冊諮詢師或審核員（其中至少兩人為高級諮詢
師或高級審核員）或同等資格的諮詢人員。

（3）符合有關認證諮詢機構要求的品質管制體系文件。

（4）法律法規及國家認監委依法規定的其他條件。

三、辦理程序

1. 外商投資認證機構和認證培訓機構

投資方須先向中國國家認證認可監督管理委員會提出申請，由
國家認證認可監督管理委員會做出是否批准的決定，決定批准的，出

具批准文件。投資方在獲得國家認證認可監督管理委員會批准文件後，向省級商務主管部門提出設立申請審批，審批通過後，憑國家認證認可監督管理委員會批准文件和商務主管部門的批准證書，向工商部門申請設立登記。

2. 外商投資認證諮詢機構

投資方先向擬設立機構所在地直屬出入境檢驗檢疫局提出申請，通過直屬出入境檢驗檢疫局向國家認證認可監督管理委員會報送初審文件。獲得國家認證認可監督管理委員會批准文件後，再向省級商務主管部門提出設立申請審批，審批通過後，憑國家認證認可監督管理委員會批准文件和商務主管部門的批准證書，向工商部門申請設立登記。

【36】外商投資藥品製造行業法律分析

根據「外商投資產業指導目錄」（2011年修訂）的規定，外商投資藥品製造行業分為鼓勵類、允許類、限制類和禁止類。

一、各類的具體內容

限制類包括：

1. 氯黴素、青黴素、潔黴素、慶大黴素、雙氫鏈黴素、丁胺卡那黴素、鹽酸四環素、土黴素、麥迪黴素、柱晶白黴素、環丙氟呱酸、氟呱酸、氟嗪酸生產。

2. 安乃近、撲熱息痛、維生素B1、維生素B2、維生素C、維生素E、多種維生素製劑和口服鈣劑生產。

3. 納入國家免疫規劃的疫苗品種生產。

4. 麻醉藥品及一類精神藥品原料藥生產。

5. 血液製品的生產。

禁止類包括：

1. 列入「野生藥材資源保護條例」和「中國珍稀、瀕危保護植物名錄」的中藥材加工。

2. 中藥飲片的蒸、炒、灸、煆等炮製技術的應用及中成藥保密處方產品的生產。

除了限制和禁止類項目，其他項目都屬於鼓勵和允許類。

二、投資形式

根據「外商投資產業指導目錄」（2011年修訂），禁止類的項目，無論外商以何種形式皆不可進行投資。除限制類中的麻醉藥品及一類精神藥品原料藥生產須中方控股，即外商的比例不得高於50%，其他限制類和鼓勵類、允許類項目外商皆可以中外合資、中外合作、獨資的形式進行投資。

三、投資者條件

法律沒有對外國投資者投資藥品製造行業的資質進行限制，外國公司、企業和其他經濟組織或個人都可以成為投資者。

四、設立條件

開辦藥品生產企業，必須具備以下條件：

1. 具有依法經過資格認定的藥學技術人員、工程技術人員及相應的技術工人。

2. 具有與其藥品生產相適應的廠房、設施和衛生環境。

3. 具有能對所生產藥品進行品質管制和質量檢驗的機構、人員以及必要的儀器設備。

4. 具有保證藥品品質的規章制度。

對於上述條件比如技術人員的人數、學歷及生產廠房的具體要

求，不同地方的食品藥品監督管理部門要求不同，因此，在設立藥品生產企業之前須先向所在地省級食品藥品監督管理部門進行確認。

五、審批部門

地市級商務主管部門負責投資總額1億美元以下的鼓勵類、允許類的審批。省級商務主管部門負責投資總額3億美元以下的鼓勵類、允許類，以及5,000萬美元以下限制類的審批。商務部負責投資總額3億美元以上的鼓勵類、允許類，以及5,000萬美元以上的限制類的審批。

六、藥品生產許可證

新設立藥品生產企業，須向省、自治區、直轄市藥品監督管理部門申請「藥品生產許可證」，「藥品生產許可證」屬於前置審批項目，企業只有在取得該證後，方可辦理營業執照，如企業沒有取得該證，不得生產藥品。

七、藥品註冊證

另外，須注意的是，擬上市銷售的藥品均須取得國家食品藥品監督管理部門核發的註冊證後，方可進行生產或進口。

藥品註冊申請分為新藥申請、仿製藥申請、進口藥品申請及其補充申請和再註冊申請。其中，新藥申請，是指未曾在中國境內上市銷售的藥品的註冊申請；仿製藥申請，是指生產國家食品藥品監督管理局已批准上市的、已有國家標準的藥品的註冊申請；進口藥品申請，是指境外生產的藥品在中國境內上市銷售的註冊申請；補充申請，是指新藥申請、仿製藥申請或者進口藥品申請經批准後，改變、增加或者取消原批准事項或者內容的註冊申請；再註冊申請，是指藥品批准證明文件有效期滿後，申請人擬繼續生產或者進口該藥品的註冊申請。除藥品再註冊申請由省級食品藥品監督管理部門審批外，新

藥、仿製藥及進口藥品申請、補充申請均須國家食品藥品監督管理部
門審批。

由於藥品涉及民生，事關重大，中國對於藥品註冊管理採取嚴
格的方式進行，不僅須進行臨床檢驗、還須抽現場檢查、抽取樣品檢
核等，手續非常複雜，一般申請新藥、仿製藥、進口藥品註冊申請至
少需要二年左右的時間。

【37】外商投資成品油經營企業的法律分析之一
（成品油批發、倉儲企業）

成品油是指汽油、煤油、柴油及其他符合中國國家產品品質標
準、具有相同用途的乙醇汽油和生物柴油等替代燃料。成品油經營企
業主要包括成品油批發企業、零售企業、倉儲企業。本文主要介紹批
發、倉儲企業的相關規定，零售企業相關規定另在下一章單獨介紹。

一、外商投資的形式

外商從事成品油批發，須由中方控股，外方的比例不得高於
49%。

外商投資成品油倉儲企業，對於投資形式沒有限制，外商可以
獨資、合資、合作形式進行投資。

二、申請條件

（一）申請成品油批發企業，須具備以下條件：

1. 具有長期、穩定的成品油供應渠道

（1）擁有符合中國國家產業政策、原油一次加工能力100萬噸以
上、符合中國國家產品質量標準的汽油和柴油，年生產量
在50萬噸以上的煉油企業。

（2）具有成品油進口經營資格的進口企業。

（3）與具有成品油批發經營資格且成品油年經營量在20萬噸以上的企業，簽訂一年以上與其經營規模相適應的成品油供油協議。

（4）與成品油年進口量在10萬噸以上的進口企業，簽訂一年以上與其經營規模相適應的成品油供油協議。

2. 申請主體應具有中國企業法人資格，且註冊資本不低於3,000萬元人民幣。

3. 申請主體為中國企業法人分支機構，其法人應具有成品油批發經營資格。

4. 擁有庫容不低於10,000立方米的成品油油庫，油庫建設符合城鄉規劃、油庫布局規劃；並通過國土資源、規劃建設、安全監管、公安消防、環境保護、氣象、質檢等部門的驗收。

5. 擁有接卸成品油的輸送管道，或鐵路專用線，或公路運輸車輛，或1萬噸以上的成品油水運碼頭等設施。

（二）申請成品油倉儲經營資格的企業，應當具備下列條件：

1. 擁有庫容不低於10,000立方米的成品油油庫，油庫建設符合城鄉規劃、油庫布局規劃；並通過國土資源、規劃建設、安全監管、公安消防、環境保護、氣象、質檢等部門的驗收。

2. 申請主體應具有中國企業法人資格，且註冊資本不低於1,000萬元人民幣。

3. 擁有接卸成品油的輸送管道，或鐵路專用線，或公路運輸車輛，或1萬噸以上的成品油水運碼頭等設施。

4. 申請主體為中國企業法人分支機構，其法人應具有成品油倉儲經營資格。

三、設立審批流程

外商投資成品油批發和倉儲企業，須由省級商務主管部門進行初審，由商務部複審，最終做出是否批准的決定。

由於「成品油經營許可證」申請屬於前置審批事項，故企業須在取得商務部批准證書後向相關部門申請「成品油經營許可證」，只有在取得「成品油經營許可證」後，方可向所在地工商行政管理機關辦理公司設立登記。

四、成品油經營許可證

根據「成品油市場管理辦法」規定，申請成品油批發、倉儲經營資格的企業，須向所在地省級商務主管部門提出初審申請，省級商務主管部門審查後，將初步審查意見及申請資料上報商務部，由商務部決定是否給予成品油批發、倉儲經營許可。不過須注意的是，在上海，負責成品油經營許可證的初審機關是上海市經濟與信息化委員會，而非上海市商務委員會。

【38】外商投資成品油經營企業的法律分析之二（成品油零售企業）

前文已介紹過外商投資成品油批發、倉儲企業的相關規定，本文主要介紹外商投資成品油零售企業相關規定。

一、外商投資的形式

若外商從事成品油零售經營超過30座及以上加油站，銷售來自多個供應商的不同種類和品牌成品油，須由中方控股，外方的比例不得高於49%。

二、申請條件

1. 符合當地加油站行業發展規劃和相關技術規範要求。

2. 具有長期、穩定的成品油供應渠道，與具有成品油批發經營資格的企業簽訂三年以上與其經營規模相適應的成品油供油協議。

3. 加油站的設計、施工符合相應的國家標準，並通過國土資源、規劃建設、安全監管、公安消防、環境保護、氣象、質檢等部門的驗收。

4. 具有成品油檢驗、計量、儲運、消防、安全生產等專業技術人員。

5. 從事船用成品油供應經營的水上加油站（船）和岸基加油站（點），除符合上述規定外，還應當符合港口、水上交通安全和防止水域污染等有關規定。

6. 針對農村、只銷售柴油的加油點，省級人民政府商務主管部門可根據本辦法規定具體的設立條件。

不同的省分，對於本轄區內加油站行業發展規劃及技術規範各有不同，比如上海市目前鼓勵在高速公路及沿線、郊區新建幹線公路、新城及重點城鎮等區域，新增設加油站，而對於除楊浦區江灣新城外的中心城區浦西範圍內，原則上不再批准新增加油站。另外，中心城區現有對鄰近居民區存在嚴重影響的加油站，要逐步遷建到規劃選址範圍內。

同時，對於加油站設置的間距要求，原則上為：內環線以內同方向兩座加油站設置間距不得少於 3 公里，內環線以外區域兩座加油站間距不得少於 5 公里，適當考慮服務半徑因素；高速公路服務區加油站根據服務區的設置間距為30～50公里；郊區新城、新市鎮（中心鎮和一般鎮）內加油站按服務半徑0.9～1.2公里為間距。

而江蘇省對於加油站設置指標要求為：省轄市、縣（市）城區

加油站設置的服務半徑不少於1.5公里；國道、省道及縣、鄉道路加油站的設置間距不少於15公里，與緊鄰的該道路沿線城區型、鄉鎮型加油站間距不低於 3 公里；高速公路加油站的設置應在高速公路服務區內，每百公里兩對。特殊情況下，可根據國家和省交通部門對服務區設置的要求，最多不超過三對；鄉鎮區內應設置一個加油站，設置兩個以上加油站的，其服務半徑應不少於1.5公里。

三、設立審批流程

設立外商投資成品油零售經營企業的審批流程與外商投資成品油批發、倉儲企業，須由省級商務主管部門進行初審，由商務部複審。在取得商務部批准證書後，並向相關部門申請「成品油經營許可證」，而後向所在地工商行政管理機關辦理公司設立登記。

四、成品油經營許可證

根據「成品油市場管理辦法」規定，申請從事成品油零售經營資格的企業，向所在地市級商務主管部門提出申請，地市級商務主管部門審查後，將初步審查意見及申請資料報省級商務主管部門，由省級商務主管部門決定是否給予成品油零售經營許可。不過在上海，並非由上海市商務委員會審批核發成品油零售的「成品油經營許可證」，而是由上海市經濟與信息化委員會審批。

【39】外商投資房地產經紀行業及 房地產經紀人資格取得的法律分析

房地產經紀公司是指為促成房地產交易，為房地產的開發、轉讓、抵押、租賃的當事人（以下簡稱當事人）有償提供居間介紹、代理、諮詢等服務的經營機構。房地產經紀人員是指從事房地產經紀活

動的人員。

　　根據「外商投資產業指導目錄」（2011年修訂版），外商可以獨資、合資、合作的形式成立房地產經紀公司。

　　不同的城市對於所轄區域內的房地產經紀公司成立有不同的具體要求，本文主要介紹上海、蘇州兩市的外商投資房地產經紀公司及經紀人資格取得的相關事項。

一、上海市

　　根據「房地產經紀管理辦法」、「上海市房地產經紀人管理暫行規定」，在上海成立房地產經紀公司應具備如下條件：

　　1. 有五名以上取得「房地產經紀人員資格證」的人員。

　　2. 有10萬元以上人民幣資金。需要說明的是，10萬元註冊資本是內資房地產經紀公司的成立條件，對於外商投資的房地產經紀公司，根據實務操作經驗，一般以註冊資本10萬美元或等值人民幣為宜。

　　3. 有經營宗旨明確的組織章程。

　　4. 有固定的經營場所。

二、蘇州市

　　根據「蘇州市房地產經紀管理辦法」，在蘇州市成立房地產經紀公司須符合以下條件：

　　1. 有自己的名稱、組織機構。

　　2. 有不少於15平方米的合法固定經營場所。

　　3. 有與業務範圍相適應的財產和經費。

　　4. 有三名以上具有房地產經紀執業資格的專業人員。

三、辦理程序

　　鑑於房地產經紀公司是限制外商投資的行業，故須由省級商務

主管部門進行設立審批，獲得批覆和批准證書後，向所在地的工商行政管理部門辦理設立登記手續，領取營業執照。但須注意的是，房地產經紀公司應在取得營業執照後30天內，向所在地的房地產主管部門進行備案。

四、房地產經紀人資格

根據人事部、建設部「房地產經紀人執業資格考試實施辦法」規定，凡中華人民共和國公民，遵守國家法律、法規，已取得房地產經紀人協理資格並具備以下條件之一者，方可申請參加房地產經紀人執業資格考試：

1. 取得大專學歷，工作滿六年，其中從事房地產經紀業務工作滿三年。

2. 取得大學本科學歷，工作滿四年，其中從事房地產經紀業務工作滿二年。

3. 取得雙學士學位或研究生班畢業，工作滿三年，其中從事房地產經紀業務工作滿一年。

4. 取得碩士學位，工作滿二年，其中從事房地產經紀業務工作滿一年。

5. 取得博士學位，從事房地產經紀業務工作滿一年。

但根據「上海市2011年度全國房地產估價師、房地產經紀人執業資格考試考務工作安排」及「江蘇省直報名點關於2011年度全國房地產估價師、房地產經紀人執業資格考試報名工作的通知」，無論是上海市還是江蘇省，對於房地產經紀人報名條件都取消了必須先取得房地產經紀人協理資格這一先決條件。

另外，根據原人事部「關於做好香港、澳門居民參加內地統一舉行的專業技術人員資格考試有關問題的通知」（國人部發〔2005〕9號），和原人事部、國務院台灣事務辦公室「關於向台灣

居民開放部分專業技術人員資格考試有關問題的通知」（國人部發
〔2007〕78號），符合報名條件的香港、澳門和台灣居民也可以參
加中國內地的房地產經紀人執業資格考試。

【40】外商投資農、林、牧、漁業法律分析

根據「外商投資產業指導目錄」（2011年修訂）的規定，針對
外商投資農、林、牧、漁業分為鼓勵類、允許類、限制類和禁止類，
其中限制類包括：

1. 農作物新品種選育和種子生產；2. 珍貴樹種原木加工；3. 棉
花（籽棉）加工；4. 糧食收購，糧食、棉花、植物油、農藥、農
膜、化肥的批發、零售、配送。

禁止類包括：

1. 中國稀有和特有的珍貴優良品種的研發、養殖、種植以及相
關繁殖材料的生產（包括種植業、畜牧業、水產業的優良基因）；
2. 轉基因生物研發和轉基因農作物種子、種畜禽、水產苗種生產；3.
中國管轄海域及內陸水域水產品捕撈。

一、外商投資形式

鼓勵類和允許類：一般可以外商獨資、中外合資、中外合作的
形式投資。但中藥材種植、養殖只能限於合資、合作的形式進行投
資，而不能以獨資的形式投資。

限制類：限制類中的農作物新品種選育、種子生產及糧食、棉
花、植物油、農藥、農膜、化肥的批發、零售、配送（設立超過30家
分店，銷售來自多個供應商的不同種類和品牌商品的連鎖店）須由中
方控股，外商的比例不得高於50%；珍貴樹種原木加工限於合資、合

作的方式進行，但對於外商投資比例則沒有具體要求。

禁止類：無論以合資還是合作方式，外商都不得進行投資。

二、投資者條件

除農作物種子企業外，一般的外商投資農、林、牧、漁業，法律對於外國投資者的資格沒有特別的要求，外國公司、企業和其他經濟組織或個人都可以成為投資者。

三、審批部門

地市級商務主管部門負責投資總額1億美元以下農、林、牧、漁鼓勵類、允許類項目的審批。

省級商務主管部門負責投資總額3億美元以下的鼓勵類、允許類，以及5,000萬美元以下限制類項目的審批。

商務部負責投資總額3億美元以上的鼓勵類、允許類以及5,000萬美元以上的限制類項目的審批。

根據「關於設立外商投資農作物種子企業審批和登記管理的規定」，中國對於外商投資農作物種子企業有一些特殊要求，具體為：

1. 投資形式：外商投資農作物種子企業只能以中外合資的形式成立，目前還不允許設立外商投資經營銷售型農作物種子企業和外商獨資農作物種子企業。

2. 投資方要求：

（1）申請設立外商投資農作物種子企業的中方，應是具備農作物種子生產經營資格並經其主管部門審核同意的企業；外方應是具有較高的科研育種、種子生產技術和企業管理水平，有良好信譽的企業；（2）能夠引進或採用國（境）外優良品種（種質資源）、先進種子技術和設備；（3）糧、棉、油作物種子企業的註冊資本不低於200萬美元；其他農作物種子企業的註冊資本不低於50萬美元；

（4）設立糧、棉、油作物種子企業，中方投資比例應大於50%。

　　3.辦理程序為：投資方須向省級商務主管部門報送審批資料，省級商務主管部門在批准之前，應徵求省級以上農業行政主管部門的審查意見。設立糧、棉、油作物種子企業，由省級農業行政主管部門初審後，報農業部出具審查意見。未經農業行政主管部門審查同意的，不得批准。

　　另，根據「台灣農民在海峽兩岸農業合作試驗區和台灣農民創業園申辦個體工商戶登記管理工作的若干意見」的規定，台灣農民可申報個體工商戶在大陸的海峽兩岸農業合作試驗區和台灣農民創業園從事農業合作項目。申請登記的經營範圍有種植業、飼養業、養殖業、農產品及農副產品加工業、農產品等自產產品零售業（不包括菸草零售和特許經營）、農產品和農業技術進出口、農業科技交流和推廣。組成形式僅限於個人經營，其從業人員不超過八人，經營場所的面積不超過300平方米，但從事種植業、飼養業或養殖業的不受此限制。投資資金按照申請人申報的人民幣資金數額予以核定。申報個體工商戶由經營所在地工商行政管理機關直接登記，無須經過外資主管部門審批。

【41】外商投資地方性總部企業法律分析

　　除國家層面的跨國公司地區總部外，各地也紛紛推出地方性的總部企業政策以吸引更多優質企業落戶當地。對於無法達到國家層面的跨國公司地區總部認定條件的公司，可積極申請認定條件比較低的地方性總部企業，並由此取得當地政府優惠政策。本文在此主要介紹蘇州和昆山花橋兩地的認定和鼓勵政策。

一、蘇州市總部企業認定條件及鼓勵政策

（一）認定條件

根據「蘇州市總部企業認定辦法」，在蘇州無論新設公司還是已設立的公司均可申請認定為總部企業，申請總部企業認定的企業，應具備以下基本條件：

1. 在蘇州大市範圍註冊，具有獨立法人資格，實行統一核算，依法誠信經營。

2. 符合蘇州市產業發展政策。

3. 本市外全資或控股的分支機構不少於三個，且對其負有管理和服務職能，統一開票或匯總（部分）繳納稅收；或者，與本企業隸屬於同一實際控制人，並由本企業提供專屬職能服務的關聯企業不少於三個，且本企業營業收入的30%以上來自前述關聯企業。

4. 到帳註冊資金不低於1,000萬元人民幣。新設立企業正式營運後在本市年度入庫稅收（指企業在本地繳納的增值稅、營業稅、企業所得稅形成的地方收入）不低於1,000萬元人民幣，現有企業前兩個年度在本市入庫稅收（口徑同上）均不低於1,000萬元人民幣。

新設立企業可實行總部企業預認定制度。新設立企業可依據驗資報告、企業設立批准文件或營業執照、項目可行性研究報告等文件，預計企業正式運營後符合總部企業認定條件的，先預認定為總部企業。預計認定總部企業須在二年內通過正式的總部企業認定，否則取消預認定資格。

（二）鼓勵政策

1. 新引進總部企業落戶補助。經認定為總部企業，按註冊資金分別給予1%～3%的一次性開辦補助，補助金額最高不超過6,000萬元。

2. 新引進總部企業辦公用房補助：經認定為總部企業，其本部

租用或新建、購置自用辦公房產，給予租金和房產稅補助。每家總部企業享受的辦公用房補助最高累計不超過500萬元。

3. 總部企業經營貢獻獎：按對本地的增值稅、營業稅和企業所得稅稅收貢獻額（該企業納稅中蘇州本地留成部分），前 3 年給予100%獎勵，後 3 年給予50%獎勵。

4. 突出人才補助及獎勵：對在總部企業任職的管理和技術領軍人才，給予住房和生活補助。

二、昆山花橋總部企業認定條件及鼓勵政策

（一）認定條件

根據「昆山花橋經濟開發區關於促進總部經濟發展的若干政策」（試行）的規定，花橋總部經濟認定條件如下：

1. 具有獨立法人資格。

2. 母公司資產總額不低於 1 億美元（或等值人民幣）。

3. 母公司在中國投資總額累計不低於 1 億元人民幣。

4. 在中國境內外投資或許可證管理和服務的企業不少於三個，對其負有管理和服務職能。

5. 註冊在區內的企業總部經營期限須滿五年以上。

6. 在區內擁有不少於1,000平方米的產權辦公用房。

7. 實行統一核算，並在本地匯總繳納企業所得稅。

（二）鼓勵政策

1. 一次性補貼：根據到位註冊資本的不同，給予500～1,500萬元的一次性補貼；另外如被認定為全球性、亞太區或者中國總部，給予不超過人民幣500萬元的補貼；如被認定為具有行業領軍優勢的總部企業，也可給予不超過人民幣200萬元的補貼。

2. 稅收優惠：對年營業收入超過 5 億元人民幣（含 5 億），增值稅、營業稅、所得稅地方留成部分，前五年給予100%獎勵，後五年

給予50%獎勵。

　　3. 辦公用房補貼：無論租用或自建辦公用房，給予租金及房產稅、契稅補貼。

　　4. 人才補助：對於總部企業的高級管理人員，對於個人所得稅、住房方面給予獎勵補貼。

【42】上海市跨國公司地區總部認定法律分析

　　跨國公司地區總部，是指在境外註冊的母公司在中國設立，對一個國家以上區域內的企業履行管理和服務職能的唯一總機構。跨國公司地區總部一般分為投資性和管理性兩種形式。北京、南京、廣州、深圳等城市都有各自跨國公司地區總部認定的政策，本文在此主要介紹上海跨國公司地區總部認定的相關規定。

一、投資形式

　　根據「上海市鼓勵跨國公司設立地區總部的規定」，跨國公司可以獨資的投資性公司、管理性公司等具有獨立法人資格的企業組織形式，在上海設立地區總部。投資性公司是指跨國公司設立從事直接投資的公司。管理性公司是指跨國公司為整合管理、研發、資金管理、銷售、物流及支援服務等營運職能而設立的公司。

二、申請條件

　　（一）投資性地區總部

　　已在上海設立的外商投資性公司，無須再滿足其他條件，可以直接申請認定為地區總部。

　　（二）管理性地區總部

　　管理性公司申請認定地區總部，應當符合下列條件：

1. 母公司的資產總額不低於 4 億美元。

2. 母公司已在中國境內投資累計繳付的註冊資本總額不低於1,000萬美元，且母公司授權管理的中國境內外企業不少於三個；或者母公司授權管理的中國境內外企業不少於六個（該點是母公司在中國境內投資累計繳付的註冊資本總額低於1,000萬美元情況下須符合的條件）。

（3）管理性公司的註冊資本不低於200萬美元。

三、地區總部公司可從事業務

地區總部按照中國國家和上海市本市有關規定，可以從事下列經營、管理和服務活動：

1. 投資經營決策。

2. 資金運作和財務管理。

3. 研究開發和技術支持。

4. 國內分銷及進出口。

5. 貨物分撥等物流運作。

6. 承接本公司集團內部的共用服務及境外公司的服務外包。

7. 員工培訓與管理。

四、認定流程

可以在投資性公司或管理性公司成立後，再獨立申請跨國公司地區總部認定，也可以在投資性公司和管理性公司設立的同時申請地區總部認定。投資方須向上海市商務委員會提出認定申請，由上海市商務委員會做出認定或者不予認定的決定。予以認定的，應當頒發認定證書。

五、地區總部的獎勵與資助

根據「關於『上海市鼓勵跨國公司設立地區總部的規定』若干

實施意見」，對於在上海的地區總部，上海市政府將給予一定的資助和獎勵：

1. 開辦資助：政府將給予500萬元人民幣開辦資助，自註冊或遷入上海的年度起，分三年發放。對於原本註冊在本區域的企業後被認定為地區總部的，是否發放開辦資助，每個區域有自己不同的理解，需要具體案件具體分析確定。

2. 租房資助：自用辦公用房的，按1,000平方米辦公面積、每平方米每天8元人民幣租金的30%標準，每年給予租房資助，資助期為三年；購建自用辦公用房的，按租房資助的同等標準的三年總額給予一次性資金資助。

3. 跨國公司地區總部的獎勵：被認定為國家級跨國公司地區總部，且自認定年度起的年營業額首次超過10億元人民幣的投資性公司，給予1,000萬元人民幣的一次性獎勵；自認定年度起的年營業額首次超過5億元人民幣的管理性公司地區總部，給予500萬元人民幣的一次性獎勵。獎勵分三年按40%、30%、30%的比例發放。

4. 對跨國公司地區總部高級管理人員的獎勵：政策尚在制訂中。

除此之外，上海市政府還從資金管理、人員流動、通關便利的角度等多方面給予地區總部提供方便。

【43】外國投資者併購境內企業
安全審查制度及實務

根據中國2007年頒布的「反壟斷法」的規定：「對外資併購境內企業或者以其他方式參與經營者集中，涉及國家安全的，除依照本法規定進行經營者集中審查外，還應當按照國家有關規定進行國家安

全審查。」規定提到的國家安全審查制度，是國際上處理外資併購境內企業的一個通行作法。但對於國家安全審查的範圍和內容，該法並未予以明確，對於外資併購安全審查的工作機制和審批等也未涉及。直到2011年中國國務院以及商務部先後發布了「國務院關於建立外國投資者併購境內企業安全審查制度的通知」（以下簡稱「通知」）與「商務部實施外國投資者併購境內企業安全審查制度的規定」（以下簡稱「規定」），才釐清了安全審查的有關問題。

一、安全審查的範圍

根據通知，外資併購安全審查的範圍主要包括兩大類，第一大類是境內軍工及軍工配套企業，重點、敏感軍事設施周邊企業，以及關係國防安全的其他單位；第二大類是併購境內關係國家安全的重要農產品、重要能源和資源、重要基礎設施、重要運輸服務、關鍵技術、重大裝備製造等企業，且實際控制權可能被外國投資者取得者。除了上述通知劃定的範圍以外，商務部同時提出了一份「安全審查行業表」，該表共列舉了57項行業，凡列入此表的行業，在外資併購時均需要進行安全審查。

外商在中國進行投資或併購，之前更熟悉的是根據「外商投資產業指導目錄」進行操作。外商須注意不要把「外商投資產業指導目錄」規定的行業與「安全審查行業表」所列的行業相混淆。「外商投資產業指導目錄」（2011年版）中將外商投資的產業分為「鼓勵類」、「限制類」以及「禁止類」，目錄之外的行業均為「允許類」。從這兩份行業目錄來看，屬於安全審查的行業多數為「限制類」，但部分屬於「允許類」、「鼓勵類」的行業也同樣面臨安全審查。比如「穀物及其他作物的種植」、「批發」、「零售」屬於「允許類」，但須經併購安全審查；又如「天然氣的風險勘探、開發（限於合資、合作）」屬於「鼓勵類」，但是「天然氣開採」須經併購安

全審查。因此，外商在進行併購活動前，不僅要依據「外商投資產業指導目錄」確定所併購的行業是否允許外商投資，也應依據「安全審查行業表」確定所併購行業是否須經安全審查。

二、安全審查的主管部門

　　負責安全審查的部門為中國商務部，地方商務主管部門無權進行審查。地方商務主管部門在受理屬於安全審查範圍內的併購交易申請時，將暫停辦理審批工作，同時要求申請人向商務部進行併購安全審查申請。由於通知和規定的實施時間還較短，目前實務中，各地商務主管部門對於安全審查範圍的理解與拿捏尺度存在寬嚴不一的情況，由商務部直接進行安全審查的情況並不多見。由於一旦由商務部進行安全審查，整個併購的時間將會比正常併購程序延長很多，甚至可能直接影響交易的正常進行，因此外商在進行此類併購活動前，應諮詢相關專業的律師或者與地方商務主管部門確認。

三、安全審查後的處理

　　根據規定，商務部經過安全審查後，會根據影響國家安全的程度做出三種不同的處理結果。第一種情形是商務部認為併購不影響國家安全，外國投資者即可以到具有相應管理許可權的相關主管部門辦理併購交易手續；第二種情形是商務部認為併購活動可能會影響國家安全並且併購交易尚未實施，商務部會要求交易雙方終止交易，在沒有調整併購交易、修改申報文件並經重新審查前，不得申請並實施併購交易。第三種情形是商務部認為外國投資者併購境內企業行為對國家安全已經造成或可能造成重大影響，商務部將會同有關部門終止當事人的交易，或採取轉讓相關股權、資產或其他有效措施，以消除該併購行為對國家安全的影響。在這種情形下，商務部對已經完成的交易具有採取措施消除影響的權力，但是並沒有規定可以撤銷多久之前的交易，具有一定程度的不確定性。

| 第二篇 |

類型與架構

【44】中國「公司法」簡介

「公司法」於1993年公布，2005年10月27日進行了第三次修訂並於2006年1月1日起施行。該法從公司設立和資本制度、法人治理結構、股東尤其是中小股東的利益、股權轉讓等方面進行了規定，現簡要概括公司設立及營運時應注意的相關事項。

一、公司形態

「公司法」規定了有限公司和股份公司兩種形態。與個體工商戶或合夥企業等其他經濟組織所承擔的無限責任不同，「公司法」確定的公司類型，為有限責任公司和股份有限公司，公司均以其全部財產對公司的債務承擔責任，股東則以其認繳的出資額或認購的股份為限對公司承擔責任。

二、股東人數

修訂後的「公司法」順應了國際通行的作法，允許設立一人有限公司，即股東只有一個自然人或一個法人，但最低註冊資金須滿10萬元且一次性繳足方可。實際上，對於外商投資企業來說，中國則一直允許一人有限公司的存在，即一個自然人或一個法人的外國投資者，均可在中國設立外商獨資公司。有限公司因其具有人合與資合的性質，相對具有封閉性，股東人數上限不得超過50人。股份公司的廣泛性和公開性則要求應當有2人以上200人以下為發起人，且其中半數以上的發起人在中國境內有住所，但公開招募股份之後則對股東人數的上限沒有要求。

三、註冊資金、出資方式和出資期限

有限公司註冊資本的最低限額為人民幣3萬元，股份公司則為500萬元。股東可以用貨幣出資，也可以用實物、知識產權、土地使

用權等可以用貨幣估價並可以依法轉讓的非貨幣財產作價出資，但全體股東的貨幣出資金額不得低於公司註冊資本的30%。而在2012年2月16日，中國國家工商總局發布的「關於支持上海『十二五』時期創新驅動、轉型發展的意見」中，更鼓勵將出資方式拓寬到股權、商標權、功能變數名稱權等多種形式。在出資期限上，股東和發起人的首次出資不得低於註冊資本的20%，其餘部分在公司成立之日起二年內繳足，投資公司則可以在五年內繳足。

四、法人治理結構

　　不管是有限公司，還是股份公司，其法人治理結構均須設立股東（會）、董事（會）及監事（會）這三個機構。股東（會）是公司的最高權力機構，決定公司的重大問題；董事（會）是受股東會委託在公司日常經營期間的最高決策機構，對股東（會）負責；監事（會）則是公司內部的專職監督機構，對股東（會）負責。其中，對有限公司來說，由於允許一人有限公司的存在從而可以有股東行使股東會的職權，而股份公司因其股東人數眾多而應組成股東大會。對於規模較小的有限公司來說，可以不設立三人以上的董事會而只設一名執行董事，但股份公司因其所有權與經營權較為分離，因此必須設立5人以上19人以下的董事會，上市公司的董事會成員中至少應包含1/3以上獨立董事，即不在公司擔任除董事外的其他職務，並與受聘的上市公司及其主要股東不存在可能妨礙其進行獨立客觀判斷的關係的董事。監事（會）則是受股東委託，對董事及其他高級管理人員是否忠實、勤勉盡職履行職務及維護股東權益等行為進行監督的機構，因此董事及高級管理人員不得兼任監事。規模較小的有限公司可以不設監事會而設立一至二名監事，股份公司則必須設立不少於三人的監事會，且應當包括股東代表和適當比例的職工代表。

五、強調對中小股東權益的保護

例如規定股東可查閱及複製股東會會議紀錄、公司章程、公司財務會計報告、董事會會議、監事會會議、會計帳簿等資料；持有全部股東表決權10%以上的股東在公司經營管理發生嚴重困難，如繼續存續會使股東利益受到重大損失，通過其他途徑不能解決時，則可以請求人民法院解散公司；股東發現董事、高級管理人員或監事（會）執行公司職務時違反規定，為公司造成損失，可以書面請求監事（會）或董事（會）向人民法院提起訴訟。

【45】有限公司和股份公司的區別

有限公司和股份公司，是中國「公司法」規定的兩種公司形態。兩者均為有限責任公司，即與「無限責任」相對應，股東以其出資額或所持股份為限對公司承擔責任，公司以其全部資產為限對公司的債務承擔責任。不過，除卻對外承擔有限責任的共同性之外，兩者股東之間合資的基礎截然不同：有限公司的股東之間建立在相互信任的基礎上，既是人與人的合作也是資本之間的結合；而股份公司則是完全的資本結合。

這種結合起因的不同，將會在公司的經營管理、股權轉讓、表決方式等方面體現出來：

1. 設立方式不同：有限責任公司只能以發起方式設立，而股份有限公司既可以發起方式設立，也可以募集方式設立。所謂發起設立，是指由發起人認購公司應發行的全部股份而設立公司，而募集設立是指由發起人認購公司應發行股份的一部分，其餘股份向社會公開募集或者向特定對象募集而設立公司。有限公司因其人合性質對於股

東有特定要求，公司的經營管理、生產及財務資訊也相對封閉而無須公開；而股份公司因股東流動頻繁，因此須向社會公開其經營狀況。

2. 股東人數限制不同：有限公司的股東人數為 1 人以上50人以下，而股份有限公司的發起人人數為 2 人以上200人以下，且半數以上在中國境內有住所，但上市公開發行股票的股份公司，其股東人數並沒有上限，也由此說明了股份公司股東的廣泛性和不確定性，印證了股份公司的資合特性。

須注意的是，對於外國投資者來說，如果不是出於上市目的，無論是中外合資、中外合作或外資公司，其設立時可採用的公司形式一般為有限公司。當然，如果外商初始即擬以股份公司的形式出現，則必須符合其股東中「半數以上在中國境內有住所」的規定，也就是外商投資股份公司的前提一定必須是中外合資企業，即有中方股東方可成立股份公司。這個中方股東，根據「中外合資經營企業法」的規定，不能是自然人而只能是法人或其他經濟組織，外商投資企業做為中國法人，也可以以中方股東的身分成為股份公司的發起人。

3. 股權轉讓的自由度不同：有限公司的人合性質決定了其股份在向股東以外的人轉讓時要受到嚴格限制。根據「公司法」的規定，有限公司股東的股權證明是以紙面記名方式的出資證明書，其股份轉讓時必須經全體股東過半數同意方可，在同等條件下，其他股東有優先購買權。而股份公司中，其股份的表現形式為紙面或無紙化的股票，可以記名，也可以無記名。一般來說，股票與持有者人身並無特定聯繫，除非發起人或董監事及高管人員的股份轉讓受到時間及條件的限制，其他股東向股東以外的人轉讓出資並無限制，可以自由轉讓。

4. 審批的寬嚴程度不同：除非註冊資金超過一定規模，外商投資的有限公司因其封閉性與人合性，設立審批程序相對簡單，一般經

區縣級商務主管部門前置審批後直接到工商部門進行登記即可；而「公司法」對股份公司的設立規定了系列法定條件，且須經省級商務主管部門批准後方能申領營業執照。

5. 組織機構不同：有限公司可以設立股東會、董事會及監事會，但一人有限公司其股東會職權由股東行使。股東人數較少或者規模較小的有限責任公司，可以設一名執行董事，不設立董事會及可以不設立監事會，只設一至二名監事即可。股東之間對於事項的決議首先取決於公司章程的規定，只有涉及公司章程修改、增加或減少註冊資本、合併、分立解散或變更公司形式的特別決議，必須經過代表2/3以上有表決權的股東通過。而股份有限公司的普通決議事項，必須經過出席會議的股東所持表決權過半數通過。對前述有限公司須特別決議的事項，則必須經出席會議的股東所持表決權的2/3以上通過。

除此外，有限公司與股份公司在註冊資金、股東大會及董事會制度、所有權與經營權的分離程度等方面均有所區別，限於篇幅，在此不做贅述。

【46】中外合資經營企業介紹

外國投資者選擇中外合資經營企業的形式進行投資，通常是因為其所投資的行業屬於限制外商投資的領域。比如，外商投資人才仲介機構、呼叫中心、醫療或者教育等行業，均被要求必須採取中外合資或中外合作的方式才能進行，且在某些行業甚至被要求中方須占控股地位，而不得採取外商獨資的方式。這種不同行業的開放程度，與中國加入WTO時承諾的開放時間有關。以外商投資貿易領域而言，

就經歷了從上世紀九〇年代只允許在保稅區設立，到1996年開始允許在上海及深圳兩地試點中外合資貿易公司，再到2004年6月1日後允許以中外合資或合作形式在中國所有地區投資，直到2004年12月11日，即中國加入WTO 3年後方允許外商獨資的演變過程。

根據「中外合資經營企業法」及其實施條例的規定，中外合資經營企業，是指外國公司、企業和其他經濟組織或個人，與中國的公司、企業或其他經濟組織共同舉辦的合營企業。這裡須注意的是，外國合營者可以是法人也可以是自然人，而中方合營者則不可以是自然人，即外國投資者擬與中國自然人合資時，中方須先設立一家企業或其他經濟組織，方可符合合資的資格。不過，也有例外情形，即根據「關於加強外商投資企業審批、登記、外匯及稅收管理有關問題的通知」（以下簡稱「通知」），「原境內公司中國自然人股東在原公司享有股東地位一年以上的，經批准，可繼續做為變更後所設外商投資企業的中方投資者。」同時，近幾年來，上海浦東新區、江蘇昆山、浙江省等各地對於中方自然人的合資身分紛紛提出嘗試性規定，相信未來法規亦會對此有所調整。

中外合資經營企業中，外國投資者的比例一般不得低於25%，此規定對於2008年「企業所得稅法」修改實施前可享受兩免三減半的外商投資生產性企業來說至關重要，若外國投資者的比例在中外合資企業中低於25%，那麼根據「通知」規定，該企業雖然性質上屬於外商投資企業，但並不享受外商投資企業在其投資總額項下的進口設備及物品的稅收減免待遇及企業所得稅的相關優惠待遇，同時亦不能按照外商投資企業的有關規定舉借外債。

因應「中外合資經營企業法」與「公司法」及「公司登記管理條例」的規定不同，2006年由四部委聯合頒布的「關於外商投資的公司審批登記管理法律適用若干問題的執行意見」中，明確外商投資

的公司登記管理適用「公司法」等規定，有關外商投資企業的法律另有規定的則適用其規定。由此，與一般的公司規定相比，中外合資企業的特殊之處主要體現在以下幾點：

1. 出資期限不同。「公司法」規定投資者可分期出資，首期出資額不得低於其認繳出資額的20%，且須在公司成立之日起三個月內繳足，餘額則在二年內到位。而中外合資經營企業的首期出資額只要不低於15%即可，但在申請增資時，則應在申請註冊資本變更登記時繳付不低於20%的新增資本。

2. 企業組織機構不同。「公司法」規定公司的組織機構分為股東會、董事會及監事會，其中股東會為公司最高權力機構，決定公司重大決策。而「中外合資經營企業法」中，最高權力機構是董事會而非股東會，董事人數由合營各方協商確定，且按人數比例而非股權比例討論決定合營企業的一切重大問題。同時公司還必須比照「公司法」規定設立監事（會）這一職位。

3. 利潤分配時的所得稅繳納不同。內資公司當投資者是自然人時，分配利潤時應扣繳20%的個人所得稅；而中外合資經營企業的外方投資者為自然人時，其2008年1月1日後從中國投資企業所獲得的利潤，匯出時仍將免徵所得稅。如內資公司的投資者為法人時，該法人股東從被投資企業獲得的利潤只有在合併分配時才會產生所得稅，而中外合資經營企業匯出境外給自己的外方法人股東時，將根據該股東是否與中國訂有稅收協定而徵收5%或10%的所得稅。

【47】中外合作經營企業介紹

　　做為外商投資中國設立企業可採取的方式之一，與中外合資及外資企業相比而言，中外合作經營企業在上世紀八、九〇年代，因應當時的歷史條件及法律規定，較易被外國投資者接受；而隨著中國加入WTO以來的逐步開放，外國投資者可選擇獨資方式進入中國的行業越來越多，除非是教育、醫療、職業介紹、資產評估等限制外商投資的領域要求必須中外合資或合作外，中外合作經營企業這種特殊的投資方式也就相應大幅減少。

　　與中外合資經營企業投資方按出資比例享有股東權利承擔股東義務不同，中外合作經營企業則是典型的契約式合營企業，即外國的企業和其他經濟組織或個人，與中國的企業或其他經濟組織通過合同約定投資或者合作條件、收益或者產品的分配、風險和虧損的分擔、經營管理的方式和合作企業終止時財產的歸屬等事項。這種通過契約進行約定的合作方式，比起中外合資經營企業來更具靈活性。

　　首先，中外合作經營企業強調的是合作當事人的自由選擇，突破了中外合資企業中風險承擔和利潤分配依資本投入比例決定的方式，不一定用貨幣計算股份，也不一定按股權比例分享收益，只要合作雙方對投資條件、利潤分配和經營管理模式協商一致即可。這類企業一般由中方提供場地使用權、資源開發權和廠房設施等做為投資，外方則提供先進技術、資金和設備做為投資。如早期外商投資餐飲企業只能採取合資或者合作的方式，很多外方因此與餐飲場地的提供者即房東進行合作，企業對於中方的利潤返還，實際上也就是每年應付該房東的固定租金收入。

　　其次，中外合作經營企業的外方可在符合條件的前提下先行回收投資。基於當時鼓勵外商投資的歷史背景，「中外合作經營企業

法」及其實施細則規定了「外商先行回收投資制度」，即在合作企業符合下列條件時，外國合作者可按合同之約定，以分取固定資產折舊、無形資產攤銷等形成的資金以及其他方式，在合作期限內先行回收投資的行為：（1）合同中須約定合作期滿時，企業清算後的全部固定資產無償歸中國合作者所有；（2）合作企業出具承諾函承諾債務的償付優先於投資的先行回收；（3）先行回收投資的外國合作者出具承諾函承諾在先行回收投資的範圍內對合作企業的債務承擔連帶責任；（4）合作企業依據法律及合同約定出資到位；（5）合作企業經營和財務狀況良好，沒有未彌補虧損。

第三，中外合作經營企業的法律地位不同。中外合資經營企業必須是法人，且多數是以有限公司形式呈現的法人；中外合作經營企業則可以是法人，也可以是非法人，即相當於合夥型的聯營體，實務中此種類型的合作企業較為少見。

第四，中外合作經營企業的管理模式彈性多樣，可以設立董事會或者聯合機構共同管理，也可以經合作雙方同意，委託中外合作一方進行經營管理，另一方不參與管理，甚至可以委託合作雙方以外的第三方進行管理。前述所提餐飲企業，其以中外合作方式出現往往是因應法令不得獨資的規定，因此採取合作企業的方式既可以滿足實際資金全部由外方投入，外方又能夠自主經營的想法。

與中外合資經營企業相同的是，中外合作經營企業對於中方合作者的要求，也限定為法人或其他經濟組織，中方自然人不得成為合作企業的合作對象。

【48】外資企業介紹

根據「外資企業法」及其實施細則的規定，「外資企業是指依照中國有關法律在中國境內設立的全部資本由外國投資者投資的企業，不包括外國的企業和其他經濟組織在中國境內的分支機構。」相對中外合資與中外合作企業的經營模式而言，外資企業應該是外國投資者最為青睞的投資形式，即其註冊資金全部由外國投資者出資，無須與中國投資方或經營者就企業經營理念、投資者利益等問題進行溝通、磨合甚至出現摩擦。事實上，除非是限制類的行業，大部分鼓勵外商投資的產業都已允許採取獨資的方式進行。

這裡的獨資實則並非指只有一個外國投資者的投資，實務中人們喜歡將外資企業稱為「外商獨資企業」，其實是以偏概全的稱呼。根據投資者人數的不同，外資企業可分為外商獨資企業與外商合資企業兩種。顧名思義，只有一個自然人或法人的投資者，即為外商獨資企業；而2個或2個以上投資者的則為外商合資企業。根據工商外企字[2006]81號文「關於外商投資審批登記管理法律適用若干問題的執行意見」（以下簡稱「執行意見」），對於外資企業的分類，除了上述情形外，還可根據投資者來源地、投資者是法人、其他經濟組織或自然人等特性，將外資企業的類型分為「外商合資」、「外國法人獨資」、「外國非法人經濟組織獨資」、「外國自然人獨資」、「台港澳與外國投資者合資」、「台港澳合資」、「台港澳法人獨資」、「台港澳非法人經濟組織獨資」、「台港澳自然人獨資」等類型。

「執行意見」規定：「外商投資的公司的登記管理適用『公司法』和『公司登記管理條例』；有關外商投資企業的法律另有規定的，適用其規定；『公司法』、『公司登記管理條例』、有關外商投資企業的法律沒有規定的，適用有關外商投資企業的行政法規、國務

院決定和國家有關外商投資的其他規定。」與中外合資或中外合作企業相比，外資企業因為投資者性質單一，因此管理上更大程度地趨向於「公司法」的規定。如剛才所提到的外商獨資企業，也就是「公司法」中規定的「一人有限公司」，根據「公司法」第五十九條之規定，「一個自然人只能投資設立一個一人有限責任公司。該一人有限責任公司不能投資設立新的一人有限責任公司。」如投資者為一個外國自然人，自然也應受到此條款的限制；但如投資者為一個外國法人或其他經濟組織時，則不受此限。又如，中外合資經營企業的最高權力機構為董事會，中外合作經營企業則是董事會或聯合管理機構來決定企業的重大問題；而外資企業則比照「公司法」的規定，由股東會做為公司的最高權力機構進行決策，並同時設立董事會、總經理及監事會等組織機構進行管理。

外資企業與內資公司相比，較為特殊的規定主要體現在以下兩點：

1. 出資期限：「公司法」規定投資者可分期出資，首期出資額不得低於其認繳出資額的20%，且須在公司成立之日起三個月內繳足，餘額則在二年內到位。而外資企業法的首期出資額只要不低於15%即可，即使是外國自然人投資的一人公司，除註冊資金應當符合一人有限公司最低10萬元人民幣的最低要求外，也無須按「公司法」規定一次性繳足，仍可按外資企業的出資期限規定進行。但外資企業在申請增資時，則應在申請註冊資本變更登記時繳付不低於20%的新增資本。

2. 利潤分配時的所得稅繳納不同：內資企業當投資者是自然人時，分配利潤時應扣繳20%的個人所得稅；而外資企業的投資者為自然人時，其2008年1月1日後從中國投資企業所獲得的利潤，匯出時仍將免徵所得稅。當內資企業的投資者為法人時，該法人股東從被投

資企業獲得的利潤只有在合併分配時才會產生所得稅，而外資企業匯出境外給自己的法人股東時，將根據該股東是否與中國訂有稅收協定而徵收5%或10%的所得稅。此部分將在本書第【52】章中有所探討，在此不做贅述。

【49】外商投資合夥企業的法律分析

根據2010年3月1日起實施的「外國企業或者個人在中國境內設立合夥企業管理辦法」及「外商投資合夥企業登記管理規定」，當外商有兩個或兩個以上的股東投資中國，或須與中國的自然人或法人等合作時，除了可採取傳統的有限公司（合資、合作、獨資）形式外，還可選擇以合夥企業的方式進行。

與有限公司的規定不同，外商投資合夥企業在出資方式、註冊條件及審批流程等方面有著較強的靈活性與便利性，但因其法律責任的承擔及稅收等問題也相對嚴格，外商應慎用合夥企業的投資方式。

一、外商投資合夥企業的設立及審批

1. 可以與中方自然人直接合作：中外合資或合作企業中的中方股東，必須以企業或其他經濟組織的身分出現，自然人被法定排除在外；而合夥企業則允許中方直接以自然人身分成為合夥人。

2. 沒有最低註冊資金要求：合夥企業因不具有法人資格，因此並沒有註冊資金的最低要求，登記時只要提供認繳或實際繳付的出資數額即可，且對認繳的出資數額，無須像有限公司中首期出資須在營業執照領取後三個月內到位15%，其餘須在二年內到位的硬性要求。

3. 可以用勞務做為出資：相較於三資企業法中對於外商出資方式的規定，外商投資合夥企業最為寬鬆的是除了允許以貨幣、實物、

知識產權、土地使用權等形式出資外，還可以用勞務做為出資，實際上等於認可了「乾股」（即無償贈送的股份）的存在。但實務中外商以勞務出資時，須先辦理就業許可證明。

4. 直接向工商部門申請登記即可：合夥企業的設立與變更，無須經商務主管部門前置審批並頒發「批准證書」，直接向所在地工商部門登記領取「外商投資合夥企業營業執照」即可進行經營活動。

二、外商投資合夥企業的稅收

為鼓勵合夥企業及個體戶等私營經濟的發展，2000年1月1日起中國停止了對合夥企業徵收所得稅的作法，而改為對其投資者的經營所得徵稅，即以每一個合夥人為納稅義務人，合夥人是自然人的繳納個人所得稅，是法人和其他組織的則繳納企業所得稅。以下分別是外商以個人或法人做為投資者成立有限公司及合夥企業的不同稅收成本分析：

股東不同形態下的稅收	境外個人	境外法人
外商投資有限公司	1. 企業所得稅：25% 2. 利潤匯出所得稅：暫免	1. 企業所得稅：25% 2. 利潤匯出所得稅：10%
外商投資合夥企業	個人所得稅：5%～35%的五級超額累進稅率 （註：個別地區如：北京，對外商投資股權投資合夥企業則按20%徵收）	1. 未設立機構場所的：10% 2. 設有機構場所的：25%

根據財稅[2008]159號文「關於合夥企業合夥人所得稅問題的通知」規定，「合夥企業以每一個合夥人為納稅義務人。合夥企業合夥

人是自然人的，繳納個人所得稅；合夥人是法人和其他組織的，繳納企業所得稅。」因此，當外國法人做為合夥企業的股東時，直接繳納25%的企業所得稅即可；而在以個人名義進行投資時，稅收成本就有明顯的區別，雖然目前中國對於外籍個人投資利潤匯出境外時暫免徵收所得稅，但在境內的所得稅則分別按企業所得稅及個人所得稅徵收，兩者的稅率及計稅方式不同，也就必然導致所得稅上的差異。

三、外商投資合夥企業的法律責任

外商投資合夥企業的設立雖然有諸多優勢，但這一組織形式要求普通合夥人對合夥企業的債務承擔無限責任，而傳統的中外合資、合作及獨資企業絕大多數都是採取公司的組織形式，股東僅以其認繳的出資額為限對公司債務承擔責任。因此除非是風險可控、規模較小且對合作夥伴有著絕對的信任度，外商投資選擇合夥企業的形式還應慎重。

【50】外商投資個體工商戶法律規定分析

2011年11月1日起實施的中國「個體工商戶條例」，摒棄了之前對於個體工商戶只能在國家法律和政策允許的範圍內如工業、手工業、建築業、交通運輸業、商業、飲食業、服務業、修理業等限制，而實行平等准入、公平待遇的原則，因此只要不屬於法律及行政法規禁止進入的行業，一般均應予以登記。與公司形式的投資相比，個體工商戶具有以下特點：

一、責任承擔

以個人身分直接登記為原則，其形式為個體工商戶而非公司，且與公司以其財產為限對外承擔有限責任不同，個體工商戶不具有法

人資格，須以其個人或家庭財產為限對債務承擔無限責任。

二、審批程序

　　個體工商戶設立程序簡單，沒有註冊資金要求，只須到工商部門進行登記並在核准的經營範圍內經營即可，不像外商投資企業還須經過商務主管部門的前置審批手續方可申領營業執照。同時，儘管並不是公司的形式、沒有公司名稱，但個體工商戶仍可以享有自己的字號如「XX美容美髮廳」。

三、帳務處理

　　根據中國國家稅務總局「個體工商戶建帳管理暫行辦法」之規定，個體工商戶應建立簡易帳還是複式帳，主要從註冊資金或月營業額標準兩方面判斷：（1）註冊資金達到10萬元的應建簡易帳，達到20萬元的應建複式帳；或（2）月營業額標準達到1.5萬元的應建簡易帳，達4萬元以上的應建複式帳；其中，從事貨物生產的月銷售額達到3萬元的應建簡易帳，達6萬元的應建複式帳；從事批發或零售的月銷售額達4萬元的應建簡易帳，達8萬元的應建複式帳。達不到上述建帳標準的個體工商戶，經批准可建立收支憑證黏貼簿、進貨銷貨登記簿或者使用稅控裝置即可。

四、所涉稅務

　　從事貿易業務的個體工商戶，其稅負也分為增值稅與所得稅部分。除卻對無法建帳簿的個體工商戶採取核定徵稅以外，其增值稅的繳納與一般有限公司的繳納方式相同：即對營業規模較小（通常以銷售收入80萬元人民幣以下為標準）的個體工商戶認定為小規模納稅人，按其收入的3%徵稅且取得的進項稅不得抵扣；營業規模較大的則認定為一般納稅人，按其收入的17%計繳銷項稅，並按扣除進項稅額後的餘額繳納增值稅（負數結轉下期抵扣）。

　　個體工商戶由於不具備法人資格，因此其所得稅的徵收完全按個人所得稅的5%～35%的超額累進稅率進行徵繳。根據稅務總局2011年9月1日起實施的「關於調整個體工商戶、個人獨資企業和合夥企業自然人投資者個人所得稅費用扣除標準的通知」，對個體工商戶的生產經營所得計徵個人所得稅時，其費用統一扣除標準確定為42,000元／年。以應納稅所得額100萬為例，其應納所得稅稅額即為（100－4.2）×35%－0.675＝32.855萬元。

五、外商投資個體工商戶的規定

　　1. 根據「內地與香港關於建立更緊密經貿關係的安排」、「內地與澳門關於建立更緊密經貿關係的安排」，港澳居民自2004年1月1日起可在內地申辦個體工商戶，並從初期的廣東省擴展到全省市，行業則涵蓋到零售業、餐飲業、洗浴服務、理髮及美容保健服務、家用電器及其他日用品修理、攝影及擴印（放大和印製照片）服務、洗染業、汽車摩托車維修保養、種植業、飼養業、養殖業、電腦修理服務業、科技交流和推廣、與道路運輸相關的裝卸搬運、其他運輸服務業、倉儲業、筆譯和口譯服務、建築物清潔服務等。

　　2. 根據2011年12月27日「關於開放台灣居民申請設立個體工商戶的通知」，2012年1月1日起台灣居民可在北京、上海、江蘇、浙江、福建、湖北、廣東、重慶、四川等省市申請登記為個體工商戶，經營餐飲業和零售業，不包括特許經營；在海峽兩岸農業合作試驗區和台灣農民創業園亦可申請登記為個體工商戶。

　　3. 港澳台之外的其他外籍個人，目前不可以在中國申辦個體工商戶。

【51】常駐代表機構法律規定

外國企業在中國的常駐代表機構（以下簡稱「代表機構」），是指外國企業在中國境內設立，從事與該外國企業業務有關的非營利性活動的辦事機構。根據「外國企業常駐代表機構登記管理條例」（以下簡稱「條例」）規定，代表機構做為外國企業的業務聯絡窗口，本身並不具備法人資格，只可從事與母公司業務有關的下列活動：（1）與外國產品或服務有關的市場調查、展示、宣傳活動；（2）與外國企業產品銷售、服務提供、境內採購、境內投資有關的聯絡活動。

正因代表機構的非法人資格，因此中國政府對其管理採取了不同於一般企業的作法。

1. 代表機構不能簽訂任何採購或銷售合同，但因可以從事與外國企業業務有關的市場調查、展示或宣傳活動，因此可以簽訂維持其運營所必須的房屋租賃合同、傭金合同、辦公設備採購合同等。但此等合同履行過程中引起的法律責任，應由外國企業承擔。

2. 代表機構不能在中國境內自行招聘員工，並直接與員工簽署勞動合同，而應委託專業的對外服務公司提供、承辦並簽訂聘用合同。但如勞動者就相關勞動權利義務與該代表機構產生糾紛，可以該代表機構做為勞動爭議的當事人；該代表機構未按照相關法律規定通過對外服務機構招用勞動者，勞動者就報酬支付等問題與該辦事處產生糾紛的，則應做為民事糾紛處理，該代表機構可以做為民事訴訟的當事人。

3. 代表機構雖然不可以從事經營活動，但因其輔助外國企業在中國境內從事業務活動獲取收入，或自身收取傭金等獲得收入，仍會產生應稅行為。中國國家稅務總局於2010年2月20日頒發「外國企業

常駐代表機構稅收管理暫行辦法」，根據代表機構是否能準確反映收入或經費支出，實行據實申報、核定徵收或按經費支出換算收入等三種徵稅方式。實務中通常採取按經費支出換算收入的方式居多，即對於能夠準確反映經費支出但不能準確反映收入或成本費用的代表機構，根據其經費支出額，例如在中國境內、外支付給工作人員的工資薪金、獎金、津貼、福利費、物品採購費（包括汽車、辦公設備等固定資產）、通訊費、差旅費、房租、設備租賃費、交通費、交際費、其他費用等，換算該代表機構的收入額從而計算出應納企業所得稅額。

除此外，2011年3月1日「條例」的頒布，還改變了此前代表機構的諸多審批規定，具體如：

1. 代表機構的設立程序大大簡化，無須再經過商務主管部門的前置審批，而只須到登記機關申領登記證即可。代表機構因為不能從事營利性活動，因此所獲得的審批證明也就並非一般企業經營所需的「企業法人營業執照」，而是「外國企業常駐代表機構登記證」；目前中國受理代表機構的登記機關一般為省級工商部門。

2. 在中國設立代表機構的外國企業，必須存續滿二年以上（含）且合法經營，之前則只須提交一年以上存續的證明即可。

3. 代表機構可隨意選擇駐在場所，有關部門可根據國家安全和社會公共利益需要要求代表機構進行調整。但一般來說，目前代表機構的駐在場所已無特別限制，不像此前有些省市要求代表機構只能在當地公安部門指定的涉外辦公樓宇進行辦公。

4. 代表機構的駐在期限，不再是之前的三年，而是可以在其外國企業的存續期限內自行選擇。如期限屆滿後繼續從事業務活動，應當在駐在期限屆滿前60日內向登記機關申請變更登記。

5. 代表機構的代表人員，較前相比增加了人數限制，即外國企

業可委派一名首席代表,並可根據業務需要委派一至三名代表。

6. 與企業通常在每年6月30日前完成聯合年檢的要求不同,代表機構應當於每年3月1日至6月30日向登記機關提交年度報告即可,年度報告的內容應包括外國企業的合法存續情況、代表機構的業務活動開展情況及其經會計師事務所審計的費用收支等相關情況。

【52】外國投資者涉稅分析

2008年1月1日前,外國投資者從其在中國投資的企業所獲得的利潤可免徵所得稅,而隨著「企業所得稅法」的修訂實施,2008年1月1日起,外商投資企業向其投資者匯出利潤時,則因其投資者的身分不同而產生不同的所得稅。

一、利潤將徵收企業所得稅

外國法人從外商投資企業獲得的利潤,將被徵收企業所得稅。

1. 大多數外國法人投資者的企業所得稅率為10%。

外國投資者的身分,通常分為兩種:個人或法人。如外商投資企業的股東是外國法人,根據「企業所得稅法」第三條第三款規定:「非居民企業在中國境內設立機構、場所的,應當就其所設機構、場所取得的來源於中國境內的所得,以及發生在中國境外但與其所設機構、場所有實際聯繫的所得,繳納企業所得稅。」「非居民企業取得本法第三條第三款規定的所得,適用稅率為20%。」同時,該法第二十七條第(五)項又規定,該等所得可以免徵、減徵企業所得稅,減徵的程度,則見於「企業所得稅法實施條例」第九十一條規定:「非居民企業取得企業所得稅法第二十七條第(五)項規定的所得,減按10%的稅率徵收企業所得稅。」

　　由此可見，2008年1月1日後，外國法人投資者要分配其來源於中國的利潤，須先繳納10%的企業所得稅，並可能在如下時點產生：

（1）外商投資企業決定分配利潤並匯出境外時。

（2）因資金被占用或其他原因，外商投資企業雖決定在財務科目上將未分配利潤轉為應付股利，但短期內並不匯出，此時也被視為利潤分配而應繳納企業所得稅。

（3）外國投資者決定將盈餘轉為被投資企業的增資或轉為對中國其他企業的出資時，不但不能再享受「企業所得稅法」之前鼓勵的退稅優惠，也應視同對利潤的分配而繳納企業所得稅。

　　2. 所在國與中國訂有稅收協定的外國法人投資者，可按協定規定的優惠稅率繳納。

　　並非所有的外國法人投資者，都必須按10%的稅率繳納利潤分配時的企業所得稅，根據「企業所得稅法」第五十八條規定：「中華人民共和國同外國政府訂立的有關稅收的協定與本法有不同規定的，依照協定的規定辦理。」2008年1月29日，中國稅務總局「關於下發協定股息稅率情況一覽表的通知」，以列舉的方式羅列了已與中國簽有稅收協定的各國投資企業所對應的協定稅率，其中格魯吉亞（台灣譯為喬治亞）可享受0%的稅率，香港、新加坡、韓國、塞舌耳（台灣譯為塞席爾）、毛里求斯（台灣譯為模里西斯）、汶萊等國家和地區則可享受5%的所得稅率，而大多數的歐美及日本投資者均為10%，因此外商所熟悉的英屬BVI（台灣稱為英屬維京群島）、薩摩亞、美國德拉瓦群島、美國百慕大群島（即百慕達群島）等地的境外公司，無一例外應按10%所得稅率繳納。而對於協定稅率高於企業所得稅法規定的，如泰國、挪威、巴西等地的協定稅率為15%，此函則規定「可以按國內法律規定的稅率執行」，即按10%稅率繳納即可。

3. 不從事製造、經銷、管理等實質性經營的外國法人投資者，不屬於受益所有人從而不能享受協定規定的優惠稅率。

「企業所得稅法」實施後，外商投資企業曾出現將其外國投資者變更為可享受稅收協定待遇的國家或地區的熱潮。對此，中國稅務總局2009年10月27日頒布國稅函[2009]601號文「關於如何理解和認定稅收協定中『受益所有人』的通知」，明確受益所有人一般「應從事實質性的經營活動」，「通常以逃避或減少稅收、轉移或累積利潤等為目的而設立的」導管公司，如僅在所在國登記註冊，以滿足法律所要求的組織形式，而不從事製造、經銷、管理等實質性經營活動的，不屬於「受益所有人」。

二、暫免徵收所得稅

外籍個人從外商投資企業獲得的利潤仍將暫免徵收所得稅。

當投資者為外籍個人時，根據財稅字[1994]020號文「關於個人所得稅若干政策問題的通知」規定：「下列所得，暫免徵收個人所得稅：……（八）外籍個人從外商投資企業取得的股息、紅利所得。」由此可見，對於外籍個人投資者來說，2008年1月1日後其從中國投資企業所獲得的利潤，匯出時仍將免徵所得稅。

【53】台灣投審會實務

台商來大陸投資，中國政府並不審核其在台灣的對外投資合規性（因為台資企業在中國IPO被證監會要求投資合規是例外），但隨著台灣政府對台籍人士海外投資管理（主要是因為稅收流失以及海外OBU帳戶無法監管等問題）的加強，投審會（投審會是台灣經濟部投資審議委員會的簡稱）報備問題也成為台商投資大陸要事先考慮的

問題。

　　台灣居民投資大陸，在台灣主要適用的規定有：「台灣地區與大陸地區人民關係條例」（2009年7月1日）、「在大陸地區從事投資或技術合作審查原則」（2008年8月29日）、「違法在大陸地區從事投資或技術合作案件裁罰標準」（2009年2月2日）。

　　上述各項規定，限制了投資大陸的行業，也規定了投資金額的上限。

　　例如「在大陸地區從事投資或技術合作禁止類農業產品項目」，禁止台灣居民投資大陸茶葉、種畜、種苗等；「在大陸地區從事投資或技術合作禁止類製造業產品項目」，禁止台灣居民投資大陸面板、半導體、晶圓封測等（但八吋以下矽晶圓、焊線型封測「低階」、四吋以下面板中段制程除外）。

　　個人投資限額是每年500萬美金。中小企業投資限額在8,000萬台幣和淨資產的60%之中取較高者。非中小企業的，淨資產在台幣50億以下的，適用中小企業的投資限額標準；淨資產在50億～100億台幣之間的，超過50億台幣的部分按照30%確定投資限額；淨資產超過100億台幣的，超過100億台幣的部分按照20%確定投資限額。如果取得了工業局核發的「營運總部證明文件」，則不受上述投資額限制。

　　按照上述規定進行投審會申報，分為三種情況：事後申報、事前申請、違法陳報。

　　投資人個案累計投資金額在100萬美元以下的，適用事後申報，即應於投資實行後六個月內進行申報。個案累計投資金額，是指台灣地區人民、法人、團體或其他機構合計對大陸地區同一投資事業投資金額，例如，台灣人甲乙丙三人計畫共同投資大陸設廠，甲投資30萬美元，乙投資40萬美元，丙投資40萬美元，甲乙因為累計不超過100萬美元，不須進行事前申請，丙再加入投資，超過100萬美元的上

限，就不適用事後申報，而應事前申請。

　　除了個案累計投資金額100萬美金以下的情形，其他投資均須向投審會進行事前申請。經許可後，必須在投資許可期限內（通常是申請書中所勾選的預計完成投資期限，約一至三年）完成投資。投資款可分次匯出，資金每次匯出後六個月內報投審會備查，並應按時填報投資事業營運狀況調查表。

　　需要說明的是，個案累計投資金額不同，審查方式也不同。5,000萬美元以下的，適用簡易審查，即針對投資人財務狀況、技術移轉之影響及勞工法律義務履行情況及其他相關因素進行審查。5,000萬美元以上的，適用專案審查，專案審查由主管機關會商相關機關後，提報投審會委員會議審查：除簡易審查要點外，另外針對事業經營考慮因素、資金取得及運用情形、國家安全及經濟策略事項等進行審查。

　　不符合事後申報條件（個案累計投資金額在100萬美元以下），且未事先申請即投資大陸事業，於實行投資後才向投審會報備者，即屬違法陳報。未經投審會許可違法對大陸投資之裁罰基準，如為2008年3月10日之後投資的，以以下方式分段計算罰款：

　　未超過台幣1億元的，罰款不超過5萬台幣；超過台幣1億元不到5億元的，按照投資金額的0.1%進行罰款；超過台幣5億元不到15億元的，按照投資金額的0.5%進行罰款；超過台幣15億元的，按照投資金額的1%進行罰款。裁罰限額：最低台幣5萬元，不得超過台幣2,500萬元。

　　投資產品或經營項目經主管機關公告列為「禁止類」者，處以其投資金額或技術合作價值4%之罰金，屬於加重裁罰情形。

【54】中國自然人做為外商投資企業股東分析

　　無論是中國《憲法》、「中外合資經營企業法」，還是「中外合作經營企業法」均規定了做為中外合資、合作企業的中方只能是中國的公司、企業或其他經濟組織，但有些地方已經突破了現行的法律規定，允許中國自然人成為外商投資企業股東，如浙江、湖北、北京中關村、湖南、重慶、江蘇昆山，上海市浦東新區也於2010年5月1日實施了「境內自然人在浦東新區投資設立中外合資、中外合作經營企業試行辦法」（浦政綜改2010年1號）。2009年6月22日，中國商務部等發布的「關於外國投資者併購境內企業的規定」，其中第五十四條規定，被股權併購境內公司的中國自然人股東，經批准，可繼續做為變更後所設外商投資企業的中方投資者，說明商務部在一定程度上也認可了中國自然人可成為外商投資企業股東。

　　中國自然人可以直接成為外商投資企業股東，不必先設立內資公司再進行出資，避免了繁複的程序問題和日後的公司維護成本（納稅申報、年檢等等）。需要說明的是，自然人如果直接以知識產權出資，需要就評估作價的金額與當初取得成本之間的差額繳納20%個人所得稅。

　　現在越來越多的外商投資企業比之前更加注重本地化，對於優秀人才，開始考慮通過股權激勵的方式來發揮中國員工的積極性。在允許中國自然人直接持股後，使得中國自然人能夠順利成為外商投資企業的股東，而不用採取各種隱性的方式入股，從而可以更有效落實公司的股權激勵政策，避免未來可能產生的法律爭議。

　　2003年的「外國投資者併購境內企業暫行規定」第十條規定，被股權併購境內公司的中國自然人股東，在原公司享有股東地位一年以上的，經批准，可繼續做為變更後所設外商投資企業的中方投資

者。該規定給跨國併購帶來了不方便，為此後來在2006年、2009年修改規定的時候，「關於外國投資者併購境內企業的規定」將中國自然人股東須成為股東一年的期限予以取消。此類併購中，如果中國自然人股東股權轉給外國投資者，收結匯問題也有了相應的解決措施：個人申請開立資產變現專戶收取外幣股款，可憑稅務部門完稅憑證進行結匯。如果按照以前個人只能通過設立公司成為外商投資企業股東的模式，該內資公司儘管也能申請資產變現專戶收取外幣股款，但結匯時仍然要適用「支付結匯制」，而不能像個人股東那樣完稅後即可全部結匯。

此外，允許中國自然人持股外商投資企業，某種程度上也符合國民待遇原則，對於某些因中國自然人持股而造成改制上市障礙問題，也就一定程度上得到了解決，相信在未來會有國家立法層面上的法律法規認可中國自然人做為外商投資企業的直接股東。

【55】返程投資法律分析

返程投資，分特殊目的公司返程投資和非特殊目的公司返程投資兩種。

按照「關於外國投資者併購境內企業的規定」（2009年中國商務部令6號文），特殊目的公司返程投資，是指特殊目的公司為實現在境外上市，其股東以其所持公司股權，或者特殊目的公司以其增發的股份，做為支付手段，購買境內公司股東的股權或者境內公司增發的股份。特殊目的公司境外上市交易，應經中國國務院證券監督管理機構批准。境內公司在境外設立特殊目的公司，應向中國商務部申請辦理核准手續。辦理核准手續時，境內公司除向商務部報送「關於境

外投資開辦企業核准事項的規定」要求的文件外，另須報送以下文件：

1. 特殊目的公司最終控制人的身分證明文件。

2. 特殊目的公司境外上市商業計畫書。

3. 併購顧問就特殊目的公司未來境外上市的股票發行價格所做的評估報告。

獲得中國企業境外投資批准證書後，設立人或控制人應向所在地外匯管理機關申請辦理相應的境外投資外匯登記手續。

境內居民個人通過不屬於匯發[2005]75號文所指特殊目的公司性質的境外企業已對境內進行直接投資的，該境外企業視為非特殊目的公司處理，境內居民個人無須為該境外企業辦理特殊目的公司登記，但該境外企業控制的境內企業所在地外匯管理部門，應在直接投資外匯管理資訊系統中將其標識為「非特殊目的公司返程投資」。外匯管理部門應按照以下原則辦理：

1. 境內居民個人應提供其境外權益形成過程中不存在逃匯、非法套匯、擅自改變外匯用途等違反外匯管理法規的證明資料。

2. 返程投資設立的外資企業，在辦理外匯登記時，是否存在虛假的承諾。

3. 2005年11月1日至申請日之間，返程投資設立的外資企業是否向境外支付利潤、清算、轉股、減資、先行回收投資、股東貸款本息等款項（含向境外支付利潤用於境內再投資、轉增資等）。

對於存在違規行為的，應移交外匯檢查部門處罰後，再於直接投資外匯管理資訊系統中辦理「非特殊目的公司返程投資」標識。

從目前實務情況看，特殊目的公司的返程投資商務主管部門和外匯管理、稅務等部門尚能統一執行口徑，但對於非特殊目的公司的返程投資，實務中則存在問題。

　　例如，某中國內地A公司通過境外投資設立香港子公司，再由香港子公司收購中國內地B公司股權，辦理具體手續時，直接以B公司名義申請股權變更，經商務主管部門審批，辦理工商變更登記，在外匯管理部門辦理變更登記時，只須特別加註「非特殊目的公司返程投資」即被核准。如果B公司原本是外商投資企業，還可以按照「國家稅務總局關於境外註冊中資控股企業依據實際管理機構標準認定為居民企業有關問題的通知」（國稅發[2009]82號）規定，繼續享受外商投資企業稅收待遇：「五、非境內註冊居民企業在中國境內投資設立的企業，其外商投資企業的稅收法律地位不變。」需要說明的是，此問題實務中不同地方稅務部門也有不同理解，因此非特殊目的公司返程收購時涉及稅務問題，還是要先和當地稅務部門進行溝通。順利辦好上述手續的前提是，並沒有就A公司的香港子公司境外再投資，於A公司所在地商務主管部門境外投資系統中進行申報，因為商務主管部門認為按照「境外投資管理辦法」（商務部令[2009]第5號），此類非特殊目的公司返程收購是不被允許的。而目前實務中能在B公司所在地進行轉股的原因，在於商務主管部門的外商投資系統和境外投資系統還未銜接。

　　如果涉及A公司為香港子公司對外擔保，香港子公司海外借款進行非特殊目的公司返程收購，就無法操作了，因為，外匯管理部門審核對外擔保時，按照「國家外匯管理局關於境內機構對外擔保管理問題的通知」（匯發[2010]39號），被擔保人融資目的用於收購境外企業（目標公司）的股權；或者被擔保人為境外企業（目標公司）股權轉讓合同項下的股權受讓方（付款方），擔保標的為股權轉讓合同項下股權轉讓款支付義務的，應報擔保人所在地外匯分局核准，且擔保人應提供中國境外投資主管部門對相關企業（被擔保人或其關聯企業）在境外參與項目投資或收購的批准文件。

　　如果要取得商務主管部門境外子公司投資項目的批文，勢必就
遇到上述障礙。

　　但是否可以發改委批文克服此道障礙呢？結論是否定的，因為
「39號文」也明確規定，為境外投資企業提供融資性對外擔保的，擔
保項下資金不得以借貸、股權投資或證券投資等形式直接或通過第三
方間接調回境內使用。境內擔保人或境外投資企業在境內的母公司應
當監督被擔保人取得的資金用於被擔保人在境外的生產經營活動。

【56】直接投資與境內再投資的比較分析

　　外商直接投資（設立的企業為外商投資企業）和外商投資企業
境內再投資（設立的企業以下稱再投資企業），都要適用「外商投資
產業指導目錄」，在審批程序上，前者無論鼓勵類、允許類、限制類
項目均要經過商務主管部門審批，後者只有限制類項目才要經過商務
主管部門審批，如果是鼓勵類和允許類項目，只需要去當地工商管理
部門進行工商登記即可。

一、股東身分不同

　　外商投資企業和再投資企業的投資者，其股東身分不同，前者
是境外投資者，提交審批時要提供境外投資者的註冊登記證明、股東
名冊、董事名冊、公司章程等公認證件，某些地區的外匯管理部門為
查核是否存在境內公司或個人通過境外公司返程投資問題，還要求提
供境外投資者逐層向上追溯的各層投資方證明資料，直至自然人或
上市公司；後者則不需要，2006年1月1日現行「公司法」頒布實施
前，還要在所在地工商管理部門進行外商投資企業對外投資備案，
「公司法」頒布實施後則不需要了。

二、註冊資金來源不同

外商直接投資，其境外投資者一般從境外匯入外匯進資本金帳戶，經過外匯管理部門核准，也可以用在境內投資的其他外商投資企業人民幣、外幣利潤，或者轉股所得、清算所得，進行直接出資。境內再投資，則一般只能用人民幣投資，外商投資性公司或者創投公司以及外商投資有限合夥形式的股權投資企業，雖然可以用外匯進行境內再投資，但被投資企業使用該外幣資本金仍然要按照「支付結匯制」進行管理。

這也是很多地方政府不喜歡再投資企業設在本行政區域的原因，再投資企業一般沒有增加外匯投資進來，當地沒有「招商引資」的政績。

隨著「兩稅合一」，原先外商投資企業所得稅優惠待遇逐步被取消，和再投資企業一樣適用25%的企業所得稅稅率。

外商投資企業分配利潤給境外投資方，投資方若是公司，要繳納10%的利潤分配所得稅（如果通過和中國有雙邊稅收優惠協定的地區或者國家，例如香港、新加坡等地進行投資，符合條件可以享受5%的稅率）。投資方若是個人，目前利潤分配時還不需要繳納個人所得稅。

再投資企業因為投資方外商投資企業本身是居民企業，按照「企業所得稅法」的規定，居民企業之間分紅不需要繳納所得稅。

三、公司治理結構上的異同點

外商投資企業中的外資企業，適用「公司法」規定，章程中應設定股東或股東會、執行董事或董事會、監事或監事會條款；中外合資企業適用「中外合資企業法」及「實施細則」，章程中無股東會條款，董事會是公司最高權力機關。再投資企業則適用「公司法」規定，同樣在章程中設定股東或股東會、執行董事或董事會、監事或監

事會條款。

　　外匯管理上，除了註冊資本管理不同外（上文已經提及），再投資企業如果進行對外貿易，可以和外商投資企業一樣，開立外幣結算戶，進行經常項目的購付匯。

　　實務中，再投資企業在生產經營中，並不比外商投資企業具有更大的優勢，一般都是外商投資性公司或純粹進行創投或私募股權投資的外商投資企業，才進行再投資。或者為了整合在中國設立的多家企業申請IPO，才考慮通過股權轉讓方式將原來外商投資企業變為再投資企業。例如外國投資者在中國設立了三家工廠，如果確定其中一家做為上市主體，要解決同業競爭問題，若不清算勢必就要將其他兩家工廠通過收購股權方式將其變為上市主體公司的子公司，其他兩家工廠性質也就變為再投資企業。需要注意的是，轉為再投資企業前已經借進來的外債，金額如果不超過 5 萬美元，外匯管理部門一般會同意按照備用金結匯使用。如果超過 5 萬美元，外匯管理部門還會要求再投資企業開立「資產變現專戶」，外債資金轉入資產變現專戶，資產變現專戶內的外匯資金使用同樣適用「支付結匯制」，和外商投資企業外債資金一樣進行嚴格的結匯管理。

【57】外商投資企業再投資實務及注意事項

　　外商投資企業再投資，指的是外商投資企業本身做為投資方，在中國境內投資設立公司或參股其他公司。

　　與外商直接投資一樣，外商投資企業再投資也要按照「外商投資產業指導目錄」（最新版是2011版，即中國發改委和商務部2011年第12號令，已經於2012年1月30日施行）的規定執行。按照「關於

外商投資企業境內投資的暫行規定」（原為對外貿易經濟合作部的工商行政管理局2000年頒布實施，以下稱「暫行規定」），涉及外商投資允許類和鼓勵類項目的，外商投資企業再投資不需要經過商務主管部門的審批，但屬於限制類項目的，還應經過商務主管部門審批，取得批覆文件，才能辦理工商登記，領取營業執照。正因如此，外商投資企業如果以參股或受讓股權方式再投資對外商限制或禁止的項目，參股或股權轉讓協議還是有被認定無效的法律風險。

2000年頒布實施的「暫行規定」是在原有「公司法」下制訂的，隨著2006年1月1日修訂之後的「公司法」頒布實施，對於鼓勵類的項目，工商機關進行登記時不再關注企業是否符合「暫行規定」中規定的條件，比如註冊資本已繳清；開始盈利；依法經營，無違法經營紀錄；其所累計投資額不得超過自身淨資產的50%。但須注意的是，如屬於限制類項目，因在工商進行登記之前首先須至商務審批部門進行審批，實務中大部分商務審批部門仍會關注企業是否符合「暫行辦法」規定的再投資條件。

需要注意的是，外商投資企業境內再投資企業，無法像外商投資企業一樣先行辦理工商登記手續，註冊資本金在營業執照簽發三個月內到位至少20%即可，而是需要像內資企業一樣，在取得「名稱預先核准通知書」後先行開立驗資專戶，將首期資金匯入驗資專戶進行驗資，取得驗資報告後方能辦理工商登記手續。另外還須注意的是，外商投資企業再投資設立公司，還要適用「公司法」中一人有限責任公司的規定，一人有限公司的註冊資本應當一次足額繳納，如果註冊資本一次到位有困難，可以考慮增加一名小股東，則可按照首期出資不低於註冊資本20%、餘下二年內到位規定執行，這也有利於外商投資企業資金安排。

外商投資企業一般以人民幣進行再投資，但需要注意，外匯資

本金和外債，中國外匯管理局明確規定不能結匯進行股權投資。原因在於，外資企業的外匯資本金和外債，按照規定只能以「支付結匯制」用於生產經營，不得進行股權投資。

不過，外商投資企業完全可以將結算戶的外匯（外幣結算戶的外匯結匯不受限制）結匯成人民幣再進行投資。

外商投資企業再投資設立的公司，屬於內資企業，不能再按照外商投資企業享受稅收優惠待遇，加之新的「企業所得稅法」頒布實施後，內外資企業所得稅統一適用25%的企業所得稅稅率，即使原來在中西部地區再投資設立的公司外資比例實際達到25%，能夠享受外商投資企業稅收優惠待遇，就企業所得稅方面看也不再有實際意義了。不過，在進口設備方面只要符合鼓勵類項目，還是能免關稅（不免增值稅）進口設備。

但一般外商投資再投資設立之公司，即便不能像外商投資企業那樣以鼓勵類項目享受免稅進口設備待遇，還是可以考慮以內資企業身分申請認定內資鼓勵類項目，以享受相關優惠待遇。

外商投資企業從所投資企業取得的股利，是否還要再按照25%繳納企業所得稅？按照「企業所得稅法」第二十六條，符合條件的居民企業之間的股息、紅利等權益性投資收益為企業的免稅收入。外商投資企業和被投資企業都屬於居民企業，外商投資企業從被投資企業取得的股利，也就不需要再行繳納企業所得稅。

【58】隱名出資分析

隱名投資問題由來已久，最高人民法院在「第二次全國涉外商事海事審判工作會議紀要」、「全國法院涉港澳商事審判工作座談

會紀要」中涉及到這個問題，前後兩個文件處理該問題的觀點並不
一致，給司法實務中處理此類問題帶來難度。直到最高人民法院於
2010年8月16日正式公布並實施「最高人民法院關於審理外商投資企
業糾紛案件若干問題的規定（一）」（以下簡稱「規定」），隱名投
資糾紛的處理才有了明確的依據。

一、隱名投資協議的效力及後續問題處理方式

　　隱名投資協議是認定隱名投資存在與否及未來股東身分確認的
最重要依據，「規定」明確表示，不能簡單地認為隱名投資協議因未
經過審批部門的批准，而認定該協議無效或者未生效，協議只要沒有
違反強制性法律規定，也不存在其他法定無效情形的，均為有效。但
諸如台商透過借用中國大陸居民身分，隱名投資限制或禁止外商投資
行業的行為，因違反強制性法律規定，就屬無效。

　　不管怎樣，隱名投資的各項約定必須具體、明確，對於隱名投
資者的實際投資數額，隱名投資者與顯名投資者的權利、義務、違約
責任內容，公司層面的未來盈餘分配及後續隱名投資顯名化、公司經
營管理權等，都應予以明確約定。

　　另一方面，根據合法有效的隱名投資協議，隱名投資者有權要
求顯名投資者履行協議中的義務，可以要求顯名投資者向其交付從企
業所獲得的收益，甚至可以依法解除隱名投資協議，並追究顯名投資
者的違約責任。對於無效的隱名投資協議，「規定」也明確了隱名投
資者可以根據主張時的股權價值，要求顯名投資者返還投資款。

二、只能透過顯名投資者分配利潤或行使股東權利

　　在隱名投資協議中，可以約定隱名投資者的諸多權利，但這些
權利的行使都需要透過顯名投資者來實現，而且即便隱名投資者根據
隱名投資協議的約定，有權利實際享受公司的利潤或實際行使股東權

利，也不能直接向公司請求分配利潤或行使其他股東權利，畢竟在工商登記資料上，登記的股東是顯名投資者。

三、關於股東身分的確認與變更

「規定」明確了隱名投資者在特定條件下，可以請求確認股東身分或請求變更為公司的股東。

在隱名投資糾紛中，隱名投資者如請求確認在外商投資企業中的股東身分，或請求變更成為外商投資企業的股東，則人民法院不予支持，除非同時具備以下條件：

1. 隱名投資者已經實際投資。

2. 顯名股東以外的其他股東認可實際投資者的股東身分。

3. 人民法院或當事人在訴訟期間，就將隱名投資者變更為股東，徵得了外商投資企業審批機關的同意。

也就是說，如果只是單純地起訴要求確認隱名投資者就是公司的實際股東，或直接要求將公司股東從現在的顯名投資者變更為隱名投資者，原則上是不會被支持的，但滿足特定條件的除外，其中的關鍵條件，就是訴訟期間外商投資審批機關能否同意變更。

不以判決方式直接變更隱名投資者為股東，主要基於中國法律關於股權轉讓和股東變更實行審批制的規定，對於行政審批機關行政範圍內的審查，人民法院不宜干涉。

【59】以併購方式投資的程序及注意事項

按照「關於外國投資者併購境內企業的規定」（2006年9月8日施行的商務部等六部委10號文），外資併購內資企業有以下方式：

1. 外國投資者購買境內公司股東的股權，該境內公司變更設立

為外商投資企業。

2. 外國投資者認購境內公司增資，該境內公司變更設立為外商投資企業。

3. 外國投資者設立外商投資企業，並通過該企業協議購買境內企業資產且運營該資產。

4. 外國投資者協議購買境內企業資產，並以該資產投資設立外商投資企業運營該資產。

1、2 兩種方式為股權併購，3、4 兩種方式為資產併購。

至於外商投資企業以境內投資方式收購股權，以及外商投資企業間的合併，非前述外國投資者併購範疇，不屬於本節討論內容。

不管是股權併購還是資產併購，外國投資者首先應該關注的是「外商投資產業指導目錄」，「目錄」將外商投資國內領域分為鼓勵類、允許類、限制類、禁止類。目前最新的一版是2011年修訂，已經於2012年1月30日施行。被認定為鼓勵類項目，變更後外商投資企業未來可以免關稅進口設備；禁止類是外商投資企業不能從事的行業；限制類還是對外商投資企業開放，只不過暫時為了保護國內某些行業或者出於國家安全考慮，限制外商投資的股權比例，一般外國投資者不能控股，或者要求外國投資者在所投資領域有從事該行業的經驗。

鼓勵類、限制類、禁止類沒有規定的，均為允許類。

股權併購要經過審批和工商登記程序以及後續的稅務、海關、外匯等變更登記手續。商務主管部門主要審核以下文件：

1. 被併購境內有限責任公司股東一致同意外國投資者股權併購的決議，或被併購境內股份有限公司同意外國投資者股權併購的股東大會決議。

2. 被併購境內公司依法變更設立為外商投資企業的申請書。

3. 併購後所設外商投資企業的合同、章程。

4. 外國投資者購買境內公司股東股權，或認購境內公司增資的協議。

5. 被併購境內公司上一財務年度的財務審計報告。

6. 經公證和依法認證的投資者身分證明文件或註冊登記證明及資信證明文件。

7. 被併購境內公司所投資企業的情況說明。

8. 被併購境內公司及其所投資企業的營業執照（副本）。

9. 被併購境內公司職工安置計畫。

10. 債權債務的處置協議。

11. 評估報告。

12. 披露實際控制人，並就併購目的和評估結果是否符合市場公允價值進行解釋。

　　資產併購，要麼設立好外商投資企業，註冊資本金到位後，結匯購買資產；要麼外國投資者在境內辦理名稱預先核准後，向外匯管理部門申請開立臨時類帳戶，外幣資金匯入後結匯購買資產，同時設立外商投資企業。

　　股權或資產併購都要注意資產評估公允性問題，主要是防止透過以明顯低於評估結果的價格轉讓股權或出售資產，變相向境外轉移資本。外國投資者應自外商投資企業營業執照頒發之日起三個月內，向轉讓股權的股東或出售資產的境內企業支付全部對價。對特殊情況需要延長者，經審批機關批准後，應自外商投資企業營業執照頒發之日起六個月內支付全部對價的60%以上，一年內付清全部對價，並按實際繳付的出資比例分配收益。

　　以購買股權方式進行股權併購，牽涉「關於企業重組業務企業所得稅處理若干問題的通知」（2008年1月1日實施財稅[2009]59號）的所得稅繳納問題，出讓方為境內個人者，取得轉讓所得按照20%繳

個人所得稅，出讓方為境內公司者，轉讓年度有所得，按照25%繳企業所得稅。

但採用認購增資方式進行股權併購就不存在繳所得稅問題，外國投資者還會採用溢價增資方式進行投資，例如，每股面值1元，但評估後每股淨資產是5元，外國投資者溢價出資的4元進資本公積。

股權併購時，境內公司股東可以申請開立資產變現專戶，以收取股款。

之所以提及境內公司做為出讓方需要繳納的所得稅問題，因為在收購中，出讓方往往會提到稅款分擔問題，並最終體現在轉讓價格中。

資產併購時，也涉及稅務問題：境內公司出讓設備，需要繳納增值稅；轉讓土地和廠房的，境內公司做為出讓方要繳土地增值稅、營業稅，外商投資企業做為受讓方要繳契稅。

【60】外資併購國有企業法律問題

國企改制或被併購，牽涉國家和原來國有企業大量員工的利益，如果監督不到位，「國有資產流失」往往成為被關注的首要問題。因此，國有資產的轉讓就要遵循嚴格的程序，以此達到公開透明和公平轉讓的目的。

外資收購國有資產，除了像一般外商投資那樣先關注「外商投資產業指導目錄」，不管是股權收購還是資產收購，還要注意相應的規定和遵循必要的操作程序。

首先，外國投資者要關注涉及國有資產的一系列法律法規。

自上世紀九〇年代以來，中國頒布實施了許多有關國有資產管

理方面的規範性文件。

一是關於國有資產轉讓的基本原則和要求。

二是關於國有資產轉讓的決定許可權或備案制度。

三是關於國有資產轉讓的程序和方式。

四是關於國有資產轉讓的禁止性、限制性規範。

五是關於違反規定的法律責任。

根據上述各項規定，國有資產轉讓的基本規範程序，歸納為以下三方面：

1. 決策、審批程序。首先，由履行出資人職責的機構決定。根據中國現有的管理模式，履行出資人職責的機構分為三種形式：一是國務院國資委和地方人民政府國資委；二是國務院和地方人民政府授權的其他部門、機構；三是履行出資人職責的機構委派股東代表參加的股東（大）會。其次，如果轉讓致使國家對該企業不再具有控股地位，應當報請本級政府批准。

2. 評估、定價程序。首先，轉讓方或者標的公司選擇委託有相關資質的評估機構依法進行資產評估。其次，將評估報告交履行出資人職責的機構認可或者備案後，做為確定轉讓價格的依據，合理確定最低轉讓價格。再次，在交易過程中，當交易價格低於評估結果的90%時，應報國資委或者有關機構批准。

3. 進場交易、公開競價程序。例如，非上市公司國有股權（股份）的轉讓，應當在依法設立的省級以上（含省級）產權交易機構公開進行；上市公司國有股份的轉讓應當通過依法設立的證券交易系統進行，另外還須遵循中國有關國有股減持的規定。其次，公開披露轉讓資訊，廣泛徵集受讓方。徵集產生兩個以上受讓方的，採用拍賣、招投標等公開競價的交易方式。從嚴控制直接協議轉讓。

其次，外國投資者未按照相關法律法規規定履行必要程序進行

的國有資產收購，協議有被認定為無效的法律風險。

按照中國「合同法」的規定，違反法律法規強制性規定的，合同應為無效。「合同法」解釋二（即「最高人民法院關於適用『中華人民共和國合同法』若干問題的解釋（二）」），則對因違反法律行政法規強制性規定而無效的情形做了限縮解釋，第十四條規定：「合同法第五十二條第（五）項規定的『強制性規定』，是指效力性強制性規定。」

「合同法」解釋二區分了效力性強制性規定和管理性強制性規定。如何對兩者進行區別呢？

一般認為，一是從立法目的進行判斷，如果僅僅為行政管理的需要，而非針對行為本身內容，不屬於效力性規定；二是從調整對象來判斷，管理性規定更多的是限制主體的行為資格。

根據上述分析，國有資產交易相關規定，是否就屬於管理性強制性規定？雙方交易違反該規定是否合同仍然有效？

司法實務中，有法院認為，國有資產交易的決策、審批程序和評估、定價程序主要規範對象是國有資產出讓方，更多體現強制性規範的管理性目的，而進場交易、公開競價程序則針對轉讓行為本身，規範對象包括國有資產轉讓方、受讓方、產權交易機構等，因此資產轉讓是否進場交易牽涉到交易是否等價有償、達到公開公平公正，直接影響轉讓行為的法律效力，所以，這一環節的規定，應為效力性強制性規範。

因此，違反相關程序的國有資產轉讓協議，仍有被認定無效的法律風險。

外資收購國有資產，不僅要知道中國相關國有資產管理規定，還要對當地國有資產轉讓具體操作細則和程序委託律師進行詳盡瞭解，使整個交易完全符合程序性規定和法定條件。

【61】認購境內企業增資變為外商投資企業
注意事項

　　認購境內企業增資變更為外商投資企業，係指外國投資者向境內內資有限公司增資入股或認購境內內資股份公司發行的股份，使該境內內資企業變更設立為外商投資企業。外國投資者認購境內企業增資應注意如下事項：

一、關於外商准入行業的限制

　　根據「指導外商投資方向規定」及「外商投資產業指導目錄」的規定，外商投資項目分為鼓勵、允許、限制和禁止四類，外國投資者認購境內企業的增資，同樣也應受到「外商投資產業指導目錄」的限制，對須由中方控股或相對控股的產業，該產業的企業被併購後，仍應由中方在企業中占控股或相對控股地位；而對禁止外國投資者經營的產業，外國投資者不得併購從事該產業的企業。另外，被併購境內企業的經營範圍亦應符合有關外商投資產業政策的要求，不符合要求的，須進行相應的調整。

二、關於註冊資本及投資總額設定

　　境內企業被併購後，變為外商投資企業，其註冊資本可以用人民幣表示，也可以用美元等法律允許的外幣表示。外國投資者認購境內企業增資的，併購後的外商投資企業的註冊資本為原境內公司註冊資本與增資額之和，外國投資者與被併購的境內企業原其他股東的股權比例，則應在境內企業資產評估的基礎上，按照原股東持有的境內企業股權價值及外國投資者的出資額確定。舉例來說，假設境內企業原註冊資本為人民幣100萬元，經評估境內企業資產的總價值為人民幣600萬元，而外國投資者擬投資人民幣400萬元向境內企業增

資，則併購後合資企業的註冊資本為人民幣500萬元，但因為境內企業資產評估價值是人民幣600萬元，這600萬元應該理解為原股東對變更後的外商投資企業的出資，所以雙方的出資比例應該是3：2，因此，雙方的持股比例為原股東出資人民幣300萬元，持有外商投資企業60%的股權，外國投資者出資人民幣200萬元，持有40%的股權。

另外，外商投資企業投注差的規定及相關地方政府的規定，同樣適用於外國投資者認購境內企業增資，併購後的合資企業可以按照規定及當地政府的規定設定投資總額。併購後的外商投資企業，外國投資者持股比例超過25%的，還可以按照其註冊資本和投資總額的差額舉借外債。

三、關於審批流程

根據「關於外國投資者併購境內企業的規定」及其相關規定，外國投資者認購境內企業的增資，首先應委託在中國境內依法設立的有資質的資產評估機構，採用國際通行的評估方法對境內企業的資產進行評估，再由中外雙方簽署正式的「增資協議」，確定各自的出資額及持股比例。「增資協議」簽署完成後，由境內企業向當地商務主管部門提出申請，並逐級轉報至省級以上商務主管部門或其授權的下一級商務主管部門批准，獲得批准後，再向中國國家工商行政管理總局或其授權的地方工商行政管理局辦理登記手續。

另外，外國投資者認購境內企業增資並取得實際控制權，如境內企業涉及重點行業、存在影響或可能影響國家經濟安全因素，或者導致擁有馳名商標或中華老字號的境內企業實際控制權轉移的，或依據中國「反壟斷法」的規定，外國投資者認購境內企業增資達到「國務院關於經營者集中申報標準的規定」的申報標準，相關各方當事人在提出增資認購申請前，還應依法向商務部進行申報。

最後，外國投資者認購境內企業增資，還應符合中國法律法規

對於投資項目產業、土地、環保等方面的政策規定，變更為外商投資
企業後，應及時向外匯管理機關及稅務主管機關辦理各項外匯核准、
登記、備案及變更手續。如果被認購增資的境內企業涉及國有資產，
原國有股東須依照中國國有資產管理的相關規定向國有資產監管機構
報批。如被併購企業為境內上市公司，被併購企業還應根據「外國投
資者對上市公司戰略投資管理辦法」等規定，向國務院證券監督管理
機構辦理相關申報手續。

【62】反壟斷與經營者集中審查制度介紹

　　經營者集中是指經營者合併；經營者通過取得股權或者資產的
方式，取得對其他經營者的控制權；經營者通過合同等方式取得對其
他經營者的控制權，或者能夠對其他經營者施加決定性影響。實務
中，企業間的收購交易（包括股權轉讓、認購增資、資產收購、協議
安排等方式）或新設合資公司行為，均屬於經營者集中。為防止因經
營者集中而形成壟斷，中國「反壟斷法」規定了對經營者集中的審查
制度，即要求經營者對可能限制、排除市場競爭的經營者集中，向反
壟斷執法機構（即商務部的反壟斷局）申報，並在經審查批准後才可
以實施集中。截止至2011年12月底，已經有400多家企業向商務部提
出了申請，今後隨著企業守法意識提高，加之2012年2月1日起正式
實施「未依法申報經營者集中調查處理暫行辦法」，及未來將對未申
報者主動調查，預計2012年經營者集中審查案件會明顯增加，如果
維持在歐盟的水平，每年為300～400件。

一、經營者集中申報的標準

　　根據「國務院關於經營者集中申報標準的規定」，經營者只有

在符合下述條件之一時，才需要向商務部反壟斷局事先申報：

1. 參與集中的所有經營者上一會計年度在全球範圍內的營業額合計超過100億元人民幣，並且其中至少兩個經營者上一會計年度在中國境內的營業額均超過4億元人民幣。

2. 參與集中的所有經營者上一會計年度在中國境內的營業額合計超過20億元人民幣，並且其中至少兩個經營者上一會計年度在中國境內的營業額均超過4億元人民幣。

上述營業額標準統一適用於除金融領域以外的各行業、領域的申報標準。其中，參與集中的單個經營者的營業額，指經營者直接或間接控制的其他經營者營業額總和，但具有控制關係的經營者之間發生的營業額不計算在內；另外，營業額的定義為相關經營者上一會計年度內，銷售產品和提供服務所獲得的收入扣除相關稅金及其附加。

需要進一步提醒的是，營業額是判斷經營者集中交易是否需要申報的唯一依據，與集中交易發生地無關，即便經營者集中交易行為完全發生在境外，比如經營者在境外設立合資公司，且該合資公司產品也不在中國市場銷售，但只要經營者符合上述中國國務院規定的營業額標準，則也應依法在中國境內進行經營者集中申報。

二、審查程序

商務部在收到經營者提交的申報文件後，首先確定是否有必要立案審查，確定有必要的才正式立案。立案之後審查可分為兩個階段，第一階段為初步審查，為期30日；在完成第一階段審查以後，若商務部認為該併購案影響市場競爭的可能性比較大，就會啟動第二階段審查，為期90天，必要時可再延長60天。審查過程中，反壟斷局根據需要通過徵求意見、召開聽證會等方式，徵詢有關政府部門、行業協會、經營者、消費者等單位或個人的意見，並最終做出禁止集中、附加限制性條件批准集中或不予禁止的決定。

三、審查內容

　　經營者集中審查主要涉及六項審查內容，包括參與集中的經營者在相關市場的市場份額及其對市場的控制力；相關市場的市場集中度；經營者集中對市場進入、技術進步的影響；經營者集中對消費者和其他有關經營者的影響；經營者集中對國民經濟發展的影響。這其中，對消費者和市場競爭的影響往往是審查的重點，在著名的可口可樂收購匯源果汁一案中，商務部經審查禁止集中的理由即是認定收購完成後，可口可樂公司有能力將其在碳酸軟飲料市場上的支配地位傳導到果汁飲料市場，對現有果汁飲料企業產生排除、限制競爭效果，進而損害飲料消費者的合法權益。

四、不申報的法律後果

　　經商務部調查認定經營者未依法申報而實施集中，商務部可以對被調查的經營者處50萬元以下的罰款，並可責令被調查的經營者採取以下措施恢復到集中前的狀態：

　　1. 停止實施集中。

　　2. 限期處分股份或者資產。

　　3. 限期轉讓營業。

　　4. 其他必要措施。

【63】股東享有哪些權利及如何行使

　　外商投資企業目前主要有中外合資經營企業、中外合作經營企業、外商獨資經營企業、外商投資合夥企業等四種企業類型，基於前三種類型的外商投資企業都有專門法律、法規和一系列配套的管理制度，而外商投資合夥企業的相關規定尚不夠全面，且企業形態相對特

殊而又數量極小，由此本文所述的外商投資企業僅限於中外合資、中外合作和外商獨資三種類型。

做為外商投資企業股東，因為不同的企業類型而有不同的稱謂，如中外合資經營企業的股東在法律上稱為中國合營者、港澳台或外國合營者，中外合作經營企業股東則稱為中國合作者、港澳台或外國合營者，而外商獨資經營企業的股東則直接稱為股東或者投資方。目前，外商投資企業的股東，其主要的權利如下：

1. 決定公司的經營方針、長期發展計畫、年度計畫及其他重要經營計畫、投資計畫。

2. 選舉和更換非由職工代表擔任的董事、監事，決定有關董事、監事的報酬事項。

3. 審議批准董事會的報告。

4. 審議批准監事會或者監事的報告。

5. 審議批准公司的年度財務預算方案、決算方案。

6. 審議批准公司的利潤分配方案和彌補虧損方案。

7. 對公司增加或者減少註冊資本做出決議。

8. 對發行公司債券做出決議。

9. 對公司合併、分立、變更公司形式、解散和清算等事項做出決議。

10. 修改公司合同及章程。

11. 決定是否出讓所持有的股權（或合作條件、出資額），或是否願意受讓另外一方的股權（或合作條件、出資額），或是否同意另外一方對外轉讓股權（或合作條件、出資額）。

12. 其他應由股東決定的重大事項。

除此之外，外商投資企業的股東還應該或可以根據企業本身的情況在章程中設定股東其他權利，例如對於擬上市的外商投資股份公

司，還應該規定如下事項須經過股東決定，也就是：

（1）重要資產的取得及轉讓、交換等處分。

（2）對公司聘用、解聘會計師事務所做出決議。

（3）重大對外擔保或對控股股東、實際控制人及關聯公司的擔
　　　保。

（4）股權激勵計畫。

（5）變更募集資金用途等。

　　對於中外合作經營企業的股東，還可以在合作企業合同中約定
合作期滿時合作企業的全部固定資產歸中國合作者所有，或約定外國
合作者在合作期限內先行回收投資的辦法。

　　同樣，因為企業類型不同，三種類型的外商投資企業股東行使
權利的方式也有所差別。對於中外合資經營企業、中外合作經營企業
來說，依照「中外合資經營企業法」、「中外合作經營企業法」規
定，企業的最高權力機構屬於董事會（中外合作企業的最高權力機構
也可以約定是聯合管理機構），所以中外合資、中外合作企業股東除
了諸如是否同意出讓或受讓股權、是否同意修改合同和章程等權利可
以由股東直接行使外，更多的股東權利其行使的主要方式是通過委派
董事並由董事在董事會中投票表決的方式進行，再加上即便諸如修改
合同、章程等權利的直接行使，亦需要公司董事會通過相關議案予以
配套執行，因此，能否正確選擇好的董事，以及能否有效控制所委派
的董事，並通過董事來貫徹股東的意志，就顯得尤為重要了。在實務
中會發生股東無法控制所委派的董事而造成對合資企業、合作企業的
決策、經營失靈的情況，之後雖可通過撤銷對現任董事的委派並重新
改派新董事，但往往只是事後補救而已。至於外商獨資經營企業則不
同，依照「外資企業法」、「公司法」之規定，外商獨資經營企業的
最高權力機構屬於股東會，或在股東只有一名的情況下，直接約定股

東會的權利直接由股東行使，因此做為外商投資企業的股東，其權利的行使更為直接，即可以直接通過股東會行使權利，然後由自己委派的董事所組成的董事會，或直接委派的執行董事，來具體執行股東的決定。

【64】中外合作經營企業利潤分配實務及財務處理

「中外合作經營企業法」第二條規定：「中外合作者舉辦合作企業，應當依照本法的規定，在合作企業合同中約定投資或者合作條件、收益或者產品的分配、風險和虧損的分擔、經營管理的方式和合作企業終止時財產的歸屬等事項。」由此可知，中外合作經營企業（以下簡稱為「合作企業」）的利潤分配方式具有靈活性，合作各方可根據實際情況在合作企業合同中約定利潤分配的方式和比例，而不必一定按出資比例進行分配，但是，合作各方確定的分配方式必須遵循平等互利原則，且不能違反中國有關稅務及外匯管理方面的法律法規規定。

實務中，合作企業可約定的利潤分配方式及其財務處理主要有如下幾種：

一、利潤分成的方式

合作各方可以約定，合作企業的營業收入扣除應納稅額及企業留存部分後，剩餘部分按一定比例來分配，各方既可以約定以其各自的出資比例確定利潤分配比例，也可以約定按其他合理的標準確定具體的利潤分配比例，例如一方投資者出資比例可能僅為總出資額的10%，但由於還提供了其他合作條件（如技術、商標權等），即除了資金外，該方還給予了合作企業更多的支持，則合作各方可以約定提

高其利潤分配的比例。

財務處理方面，不論利潤分配的比例如何約定，其會計處理均相同，分配利潤時，借記「利潤分配——未分配利潤」科目，貸記「銀行存款」科目。

二、固定回報的方式

合作企業的投資者還可以約定，無論合作企業的經營狀況如何，一方或幾方投資者均享有固定的收益，合作企業支付完固定利潤後，剩餘部分歸其他方所有，甚至可以約定如合作企業當年度的利潤不足以支付固定利潤（包括虧損），其他方還要以其自身的財產補足差額。

這種利潤分配方式在早期成立的合作企業中非常常見，通常都是中方以土地或房產做為合作條件，外方出資金並負責合作企業的運營。某種程度上，中方收取的固定利潤類似於土地房產的租金或場地使用費，不過，由於合作企業以固定收益的方式支付給投資者利潤，會計處理與利潤分成的方式相同，但固定利潤是在企業完稅後支付，所以不能像房租或場地使用費一樣做為成本在稅前列支，合作企業等於多繳納了企業所得稅，從節稅的角度，這種合作模式未必划算。

三、營業收入分成或產品分成的方式

按「中外合作經營企業法」的規定，合作各方可以就合作企業的營業收入不扣除成本即進行分配，甚至如果合作企業生產的產品是實物，還可以直接就其生產的產品進行分配。以營業收入分成或產品分成的方式進行分配時，合作各方應確保有一部分收入做為合作企業的自留資金，以保障企業的正常經營。

四、外方合作者先行回收投資

為鼓勵外商投資，「中外合作經營企業法」還規定了外方投資

者先行回收投資制度，具體而言，如合作各方在合作企業合同中約定合作期限屆滿時，合作企業的全部固定資產無償歸中方投資者所有，外方投資者可以在合作期限內申請先行收回其投資。對先行收回投資的方式，各方既可以約定擴大外方投資者的收益分配比例，加速其回收投資的進度，也可以約定外方投資者在合作企業繳納所得稅前按一定金額或比例直接回收投資。不過，按相關規定，無論約定哪種方式，在合作企業的虧損未彌補前，外方投資者均不得先行回收投資，同時，合作各方還應當依照有關法律的規定和合作企業合同的約定，對合作企業的債務承擔責任。

合作期間歸還投資時，可做如下會計處理：

借記「實收資本（已歸還投資）」，貸記「銀行存款」等科目；同時，借記「利潤分配──利潤歸還投資」科目，貸記「盈餘公積──利潤歸還投資」科目。

【65】利潤分配前涉及的
　　　外商投資企業「三金」介紹

利潤分配前，外商投資企業依法要提取的「三金」，主要是儲備基金、企業發展基金、職工獎勵及福利基金，其中儲備基金主要用於彌補企業的虧損，經原審批機構批准，可轉做投資者增資；企業發展基金主要用於擴大生產經營，經原審批機構批准，也可轉做投資者增資；職工獎勵及福利基金，用於職工非經常性獎勵、補貼購建和修繕職工住房等集體福利。

因目前主要的三種類型外商投資企業，即中外合資經營企業、中外合作經營企業、外資企業，所適用的法律法規不盡相同，即中外

合資經營企業適用「中外合資經營企業法」，中外合作經營企業適用「中外合作經營企業法」，而該兩部法律對提取「三金」的規定是一致的，但外資企業適用的是「外資企業法」和「公司法」，當兩部法律有不一致之時，最終適用「公司法」。因此，雖然同樣是外商投資企業，但基於不同的法律對於「三金」的不同規定，外資企業與中外合資經營企業、中外合作經營企業就有所差異。

一、「三金」的對外名稱

中外合資經營企業、中外合作經營企業的「三金」，很明確就是「儲備基金、企業發展基金、職工獎勵及福利基金」，而對於外資企業來說，在新的「公司法」於2006年1月1日生效實施前，也稱呼為「儲備基金、企業發展基金、職工獎勵及福利基金」，但在2006年1月1日之後，已修改為「法定公積金、任意公積金和職工獎勵及福利基金」，其中法定公積金相當於儲備基金，任意公積金相當於企業發展基金。不過「外資企業法實施細則」原本就沒有規定必須提取企業發展基金，對於職工獎勵及福利基金來說，「公司法」沒有規定，而外資企業法規定的是提取比例由董事會決定。

二、提取與否、提取比例和轉增股本

中外合資經營企業、中外合作經營企業的「三金」必須提取，具體的提取比例由董事會確定，但原則上不能為零；儲備基金和企業發展基金雖可用於彌補虧損，也可用於增加股本，但轉增股本後所留存的該項基金不得少於轉增前公司註冊資本的25%。外資企業可不提取企業發展基金，其法定公積金提取比例不得低於稅後利潤的10%，當提取金額達到註冊資本的50%時，可不再提取；法定公積金轉為資本時，所留存的該項公積金不少於轉增前公司註冊資本的25%。職工獎勵及福利基金具體提取比例由董事會規定，提取比例是否可以為

零，各地操作不一樣，有些地方允許，有些地方則否。

三、關於以前年度虧損彌補

　　究竟是先用利潤彌補虧損，還是先用儲備基金或法定公積金彌補虧損問題，「中外合資經營企業法」、「中外合作經營企業法」均並未直接規定企業以前年度虧損彌補時當年利潤及儲備基金彌補虧損的先後順序，但對於外資企業來說，「公司法」明確規定，企業應以法定公積金（儲備基金）彌補以前年度虧損，法定公積金不足彌補的，再以當年利潤彌補。

四、會計處理

　　企業計提法定公積金和任意公積金時，帳務處理為：

借：利潤分配

　　貸：法定公積金

　　貸：任意公積金

計提職工獎勵及福利基金時，帳務處理為：

借：利潤分配

　　貸：應付職工薪酬－計提的職工獎勵及福利基金

　　此外，對於外商投資企業來說，還有一個公積金也不容忽視，即資本公積金。企業的資本公積來源包括：

　　1. 資本（或股本）溢價，即投資者實際繳付的出資額大於其擁有的企業實收資本份額的部分。其中股本溢價是股份有限公司發行股份時，實際收到的款項超過股票面值總額（即股本）的部分。

　　2. 財政撥款，即國家直接投資、資本注入，按照中國有關規定增加國家資本或者國有資本公積；屬於投資補助的，增加資本公積或者實收資本。

　　3. 其他來源，如執行新企業會計制度以前形成的接受捐贈非現

金資產準備、接受現金捐贈、股權投資準備、關聯交易差價、外幣資本折算差額等。資本公積金，不能彌補公司虧損，但可在按規定辦理增資手續後，用於增資等。

【66】外商投資企業規劃上市架構時的注意事項

外商投資企業在著手啟動中國A股上市工作時，首先應該規劃一個既符合上市要求，又有利於快速、順利推動上市的A股上市架構，在此過程中，尤為應該注意如下幾個方面：

一、控股股東和實際控制人

控股股東是指其出資額占有限責任公司資本總額50%以上，或者其持有的股份占股份有限公司股本總額50%以上的股東；出資額或者持有股份的比例雖然不足50%，但依其出資額或者持有的股份所享有的表決權，已足以對股東會、股東大會的決議產生重大影響的股東。實際控制人是指雖不是公司的股東，但通過投資關係、協議或者其他安排，能夠實際支配公司行為的人。因為控股股東和實際控制人將決定與上市申報條件有關的同業競爭、關聯交易等如何確定，是否會發生實際控制人的重大變化，以及外商投資企業應該如何進行重組，因此顯得尤為重要。實務中，未必所有的外商投資企業都有控股股東和實際控制人，也有可能存在共同控制或無法認定實際控制人的情形，但不管怎麼樣，都必須有個明確的認定結論。

二、發起人的數量和中外方發起人比例

對於外商投資企業來說，如果要符合上市的條件，首先必須改制成外商投資股份有限公司，而這個股份有限公司應該確保發起人有2人以上200人以下，且其中須有半數以上的發起人在中國境內有

住所,即有過半數的中方發起人。需要提醒的是,這裡的中方發起人,是指登記註冊在中國的發起人,至於他們本身是否一定是內資企業則不重要;外商投資企業同樣屬於中方發起人。

三、無同業競爭

同業競爭是指擬上市的外商投資企業與控股股東、實際控制人及其直接控制或間接控制的企業從事相同、類似業務,且存在競爭關係。依照法律規定,只要存在同業競爭,則根本不能申請上市。而判斷是否存在同業競爭,其中很重要的標準是外商投資企業生產的產品或提供的服務,和控股股東、實際控制人及其直接控制或間接控制的企業生產的產品或提供的服務,是否具有替代性和是否存在競爭關係。一旦有同業競爭,一定要在上市申報前通過收購或註銷競爭企業,剝離有競爭關係的業務,或者簽署避免同業競爭協議等方式予以解決。

四、關聯交易

關聯關係是指公司控股股東、實際控制人、董事、監事、高管與其直接控制或間接控制的企業之間的關係,存在關聯關係的企業之間的交易,即為關聯交易。嚴重影響公司獨立性或顯失公允的關聯交易,是被禁止上市的。實務中,外商投資企業常見的關聯交易,是和境外母公司或母公司控制的其他子公司之間的交易,因此在規劃上市架構時,要求關聯交易能避免就儘量避免,如實在有發生的必要性,則要麼將有關聯交易的企業併購進來,要麼應該通過關聯交易的審核程序並做到定價公允,而且關聯交易比例越低越好,原則上不得超過30%。

五、無重大變化

申請上市的企業,其主營業務、董監事及高管、實際控制人近

三年（主板）或二年（創業板）內不能發生重大變化。對於主板來說，主營業務未發生變化，強調的是主營業務收入、利潤原則上不能發生超過50%的變化；對於創業板來說，主營業務未發生變化，首先強調的是原則上應該只經營一種業務，若該種業務之外經營其他不相干業務，原則上要求其他業務收入占營業收入總額不超過30%，其他業務利潤占利潤總額不超過30%。此外，對於擬上市的外商投資企業報告內，存在對同一公司控制權人下或非同一控制權人下，相同、類似或相關業務進行重組時，應關注重組對外商投資企業資產總額、營業收入或利潤總額的影響情況，並以此來判定是否發生重大變化，從而決定是否需要獨立運行及運行期限的長短。董監事及高管不能發生重大變化，強調的主要是報告期內董監高人員數量原則上不能發生超過1/3的變更，但如果是增加人員，則不計入發生變更的數量內。

【67】外商投資企業與內資企業在監管方面的差別

外商投資企業是指由中國投資者和外國投資者共同投資，或者僅由外國投資者投資設立的企業，內資企業則是由中國投資者投資設立的企業。隨著2008年1月1日新的企業所得稅法實施，2010年12月起，稅務部門開始對外商投資企業徵收城市維護建設稅和教育費附加，內外資企業的稅率已完全統一，外商投資企業享受「超國民待遇」的時期基本結束。儘管如此，但在行業准入、稅收管理、外匯管理等方面，中國政府對內、外資企業的監管仍存在差異。

一、行業准入方面

根據「指導外商投資方向規定」及「外商投資產業指導目錄」的規定可知，外商投資項目可分為鼓勵、允許、限制和禁止四類，對

於一些技術水平落後的或不利於節約資源和改善生態環境的行業，以及中國國家規定實行保護性限制的或逐步開放的行業，目前並沒有對外商投資企業完全放開，例如重晶石勘查、開採業、稀土冶制業以及市場調查、娛樂場所經營等，中國法律規定外國投資者必須與中國企業合作，不得獨資經營。而對於像特殊和稀缺煤類開發，或出版物印刷業等，則要求必須由中方控股，另外，對於會對環境造成污染損害、破壞自然資源或者損害人體健康的行業（如放射性礦產的冶煉加工等），或運用中國特有工藝、技術生產產品的行業（如中藥飲片炮製技術應用行業、中國傳統工藝的綠茶及特種茶加工行業）等，法律禁止外國投資者進入。

對內資企業而言，內資企業可以從事中國法律不禁止的任何行業（需要取得從業資質或許可證的，憑相關資質及許可證經營）。

二、企業設立、出資和董監高任免方面

外商投資企業設立須首先取得商務主管部門的批准。通過商務主管部門的批准後，外商投資企業才可以到工商登記管理部門辦理登記手續，而內資企業註冊資本等只要符合「公司法」規定的公司設立條件，就可以直接進行工商登記。

內外資企業在出資方面亦存在差異。內資企業股東在公司設立前必須至少先出資註冊資本的20%，並經會計師驗資後成立公司，領取公司營業執照，剩餘的註冊資本須在二年內出資到位；外商投資企業股東可在公司設立並取得營業執照後三個月內完成對公司的首期出資，首期出資的最低限額為註冊資本的15%（其中外資企業的首期出資比例為20%），剩餘的註冊資本可在二到三年內到位。

另外，在管理人員的任命方面，主管機關對外籍人員擔任外商投資企業的董監事或高管沒有任何限制，但如果外籍人員擔任內資企業的董監事或高管，有些地方的工商登記機關要求必須提供該外籍人

員的居住證、就業證等文件，即該外籍人員必須有出入境且在中國居
留、工作的經歷，才能夠擔任相應的職務。

三、稅收徵管方面

　　儘管目前內外資企業的稅率已經完全一致，但在稅收徵管的實
務操作方面，內外資企業還是存在差別，例如對一些規模較小，盈利
水平較差的內資企業，稅務部門可採取核定徵收的方式對其徵收企業
所得稅，甚至對一些小企業採取包稅制（即規定每月向稅務部門繳納
定額的所得稅即可），但外商投資企業並不適用核定徵收所得稅。

四、外匯管理方面

　　中國是實行外匯管制的國家，無論是內資企業還是外商投資企
業，均須依照法律的規定兌換、使用外幣，不過在具體操作方面，內
外資企業還存在一些小的差別，例如外商投資企業在其投注差的範圍
內，可依法向其母公司或境外金融機構等舉借外債，而內資企業舉借
外債，則須經發改委等相關部門的批准。在資本金使用方面，內資公
司的註冊資本經會計師驗資後即可自由使用；至於外商投資企業，原
來規定外國投資者只能用外幣出資，目前儘管法律允許外國投資者用
其自有的人民幣出資，但在資本金的結匯及使用方面，外商投資企業
仍受到外匯管理政策的限制。

【68】外商投資企業終止設立的投資方責任分析

　　外商投資企業在設立的過程中，可能基於各種原因而終止設立
進程，對此，做為投資方，在公司終止設立後，應承擔公司設立所產
生的債務和費用，有過錯的投資方還應根據約定等承擔過錯責任。具
體而言，外商投資企業終止設立，投資方可能會承擔如下責任：

一、註銷已登記的公司證照

實務中，投資方可能因為經濟大環境變化等原因，發現設立公司已沒有意義，經協商後達成一致意見決定不再進行公司設立，或因為某種客觀原因無法設立完成，這種情況下，如擬設立公司已經取得批准證書等證照，還須對相關證照辦理註銷登記，最後如有剩餘資金，還必須匯出境外。

二、共同承擔設立費用和對外債務

公司設立過程中會產生許多費用，比如委託仲介機構設立公司的服務費、委託會計師事務所驗資的費用等，還有可能發生的諸多對外債務，這些都是投資方需要共同對外承擔的。而各投資方承擔的是連帶責任，即債權人有權選擇任何一個或幾個投資方，要求其承擔全部債務。不過在最終實際承擔時，通常會分投資方均無過錯或部分投資方有錯過來進行處理。

1. 在投資方均沒有過錯的情況下，這些費用應由全體投資方共同承擔，根據中國最高人民法院「關於適用『中華人民共和國公司法』若干問題的規定（三）」（以下簡稱為「司法解釋三」）的規定：「公司因故未成立，債權人請求全體或者部分發起人對設立公司行為所產生的費用和債務承擔連帶清償責任的，人民法院應予支持。」

在公司設立過程中，某投資方或其代理人因履行公司設立職責造成他人損害，由此產生的損害賠償責任，受害人也有權向全部投資方要求承擔連帶責任。不過，對公司設立過程中產生的費用和對外債務，對外儘管是承擔連帶責任，但對內，各投資方內部應按其事先約定的責任承擔比例分擔，如各投資方沒有約定責任承擔比例，應按照各方約定的出資比例分擔，如果連出資比例都沒有做約定，則應該按照均等份額分擔。

2. 對於部分投資方存在過錯的情況下，根據「司法解釋三」的規定，因部分投資方的過錯導致公司未成立，其他投資方主張其承擔設立行為所產生的費用和債務的，人民法院應當根據過錯情況，確定過錯一方的責任範圍。但是，「司法解釋三」並沒有詳細規定針對什麼樣的過錯，過錯一方具體應承擔什麼樣的責任，因此建議在設立外商投資企業過程中，各投資方應注意約定相應的違約責任，對因部分投資方過錯導致公司無法設立的情況，約定由其承擔全部設立費用，同時還可約定違約方承擔由此給守約方造成的經濟損失。

不過，對部分投資方因履行公司設立職責造成他人損害的情況，無過錯的投資方承擔賠償責任後，可以向有過錯的投資方追償。

三、外商投資股份公司的發起人責任的特別規定

外商投資企業除了外商投資有限公司外，還有外商投資股份公司，而外商投資股份有限公司的設立有兩種方式：發起設立和募集設立。無論通過哪種方式設立，如股份有限公司無法設立完成，股份公司的發起人應承擔與有限公司投資方同樣的法律責任。不過，實務中，外商投資企業通常都是先設立有限公司，再通過整體改制的方式發起設立股份有限公司，這種情況下，如股份有限公司設立失敗，各發起人可約定由此產生的費用由有限公司承擔。對於以募集方式設立的外商投資股份有限公司，如因股份無法募足等原因導致終止設立的，股份有限公司的發起人還有責任退還認股人已繳納的股款，並加算銀行同期存款利息。

第三篇

註冊資本與出資

【69】投資總額與註冊資本關係分析

　　註冊資本是指企業在工商行政管理部門依法登記的全體股東認繳的出資額，如無特別約定，股東根據其認繳的出資額為限對企業承擔風險及分配利潤。「公司法」規定有限責任公司註冊資本的最低限額為人民幣 3 萬元，但因稅務部門在進行一般納稅人資格認定時，通常對於註冊資本的金額有一定要求，建議外商投資生產性企業或貿易公司的註冊資本金不宜低於50萬元人民幣。

　　投資總額為外商投資有限責任公司所特有，對於內資企業和外商投資股份制公司來說，沒有投資總額的概念。投資總額是指根據公司實際經營需要而投入的流動資金總和，實際上包括投資者認繳的註冊資本和企業自身的借款。

　　外商投資企業並不能隨意設定公司的投資總額，根據中國「國家工商行政管理局關於中外合資經營企業註冊資本與投資總額比例的暫行規定」，投資總額與註冊資本必須遵循如下比例進行設定：

投資總額	註冊資本	備註
300萬美元以下（含300萬美元）	註冊資本至少應占投資總額的7/10	
300萬美元～1,000萬美元（含1,000萬美元）	註冊資本至少應占投資總額的1/2	但投資總額在420萬美元以下，註冊資本不得低於210萬美元
1,000萬美元～3,000萬美元（含3,000萬美元）	註冊資本至少應占投資總額的2/5	但投資總額在1,250萬美元以下，註冊資本不得低於500萬美元
3,000萬美元以上	註冊資本至少應占投資總額的1/3	但投資總額在3,600萬美元以下，註冊資本不得低於1,200萬美元

　　必須特別注意的是，無論公司新設還是增資，投資總額和註冊資本金額均須符合表中所列比例標準，例如A公司註冊資本為1,000萬美元：

　　1. 若設立時註冊資本即設定為1,000萬美元，則投資總額最高為2,500萬美元。

　　2. 若設立時設定的註冊資本為800萬美元，之後增資200萬美元，則投資總額必須分段計算。設立時的註冊資本800萬美元，對應的投資總額最高為2,000萬美元，而後續增資的200萬美元，對應的投資總額最高為285.7萬美元。增資完成後，公司的投資總額最高只能為2,285.7萬美元。

　　通過上述舉例也可看出，即便註冊資本金相同的公司，也會因註冊資本金總額形成的時間不同而導致投資總額有所不同。

　　除上述一般性規定之外，對於一些特殊的行業，註冊資本與投資總額的比例有特別規定，比如房地產開發企業。根據建設部、商務部、發改委、人民銀行、中國國家工商總局及外匯管理局於2006年統一發布的「關於規範房地產市場外資准入和管理的意見」，對於投資總額1,000萬美元以上（含1,000萬美元）的外商投資房地產企業，註冊資本不得低於投資總額的50%。對於投資總額1,000萬美元以下的，註冊資本與投資總額的比例仍按照一般性外商投資企業的規定執行。

　　投資總額與註冊資本之間的差額，也是確定外商投資企業外債額度的依據：外商投資企業可借用外債額度＝投資總額－註冊資本－境外擔保履約額－已借中長期外債累計發生額－已借短期外債餘額。但對於註冊資本金尚未全部到位的企業來說，外債額度按註冊資本到位比例計算。不過外商投資房地產開發企業要舉借外債，則要求註冊資本金必須全部到位，已取得「國有土地使用證」或被收購房產的產

權證，且開發項目資本金達到項目投資總額35%（含）以上。但即便如此，根據「匯綜發[2007]130號文」規定，對於2007年6月1日以後（含2007年6月1日）才取得商務主管部門批准證書且通過商務部備案的外商投資房地產企業（包括新設和增資），外匯管理部門已經不予辦理外債登記和外債結匯核准手續。

在實務中，因很多外國投資者並不清楚投資總額與註冊資本之間的差額對企業的重要性，經常出現外商投資企業的投資總額和註冊資本金額設定相同的情況，這在企業有資金需求時，將因沒有外債額度而無法舉借外債。因投資總額一旦形成便無法輕易變更，所以建議外國投資者在企業設立或增資時，儘量將投資總額放到法律規定的最大限度。

【70】投資總額與免稅進口額度的關係分析

外商投資企業的投資總額與註冊資本是兩個不同概念，投資總額是指外商投資企業按照企業的合同、章程規定的生產規模，需要投入的基本建設資金和生產流動資金的總和，並不像企業的註冊資本金一樣，須在法律規定的時間內出資到位。

按照「中華人民共和國海關對外商投資企業進出口貨物監管和徵免稅辦法」及相關規定，外商投資企業根據成立時間不同或產品銷售比例不同，在投資總額內進口機器設備符合法律規定的，可以適用不同的免稅政策。

1. 1997年12月31日前批准成立的外商投資企業，在投資總額內進口自用設備，除「外商投資不予免稅的商品目錄」所列商品外，免徵關稅和進口環節增值稅。

　　2. 1998年1月1日後批准成立並符合「外商投資產業指導目錄」鼓勵類或限制乙類企業（過去分限制乙類和限制甲類，現已合併為限制類），以及2002年4月1日後批准成立並符合「外商投資產業指導目錄」鼓勵類企業，在投資總額內進口自用設備，除「外商投資項目不予免稅的進口商品目錄」所列商品外，免徵關稅和進口環節增值稅。

　　3. 對於產品全部直接出口的允許類外商投資項目，凡屬2002年10月1日前已批准的，如仍須在該項目下繼續進口設備，仍執行免稅政策，並在項目投產之日起五年內，有關部門對其產品直接出口情況進行調查；凡屬2002年10月1日後批准的外商投資項目項下的進口設備，一律先照章徵收進口關稅和進口環節增值稅。自項目投產之日起，經有關部門核查產品全部直接出口情況屬實的，每年返還已納稅額的20%，五年內予以全部返還；如情況不實，當年稅款不再返還，同時追繳該項目已返還的稅款，並依法予以處罰。

　　由此可見，外商投資企業的投資總額與企業的免稅進口額度息息相關，只有在投資總額內進口的機器設備才能享受相關的減免稅優惠，超過投資總額採購的機器設備，必須依照法律規定繳納關稅和增值稅。不過企業的投資總額並不等於免稅進口額度。根據相關規定，企業的免稅額度等於投資總額減掉基礎建設投資額、國內設備及其他採購額、企業流動資金及中外方非現金出資後的餘額。企業如須享受進口免稅優惠，不僅須至主管審批部門申請取得「國家鼓勵發展的項目確認證書」，且須持「國家鼓勵發展的項目確認書」及相關資料至海關辦理登記備案手續，取得海關核發的「外商投資企業免稅物品登記簿」。

　　值得提醒的是，隨著2008年底中國財政部、海關總署、國家稅務總局聯合發布的43號公告實施，自2009年1月1日起，除2008年11

月10日以前獲得「國家鼓勵發展的內外資項目確認書」，且於2009年6月30日及以前申報進口的設備及其配套技術、配件、備件的，可繼續享受免徵關稅和進口環節增值稅的政策外，外商投資企業在投資總額內進口設備及配套技術、配件、備件，恢復徵收進口環節增值稅。也就是說，目前企業所能享受的「進口設備免稅」優惠，能免除的僅為關稅而已。

　　正因為企業投資總額對免稅進口額度有著如此重要的影響，外國投資者在設立企業或者進行增資時，應注意投資總額與註冊資本之間的比例規劃，在法律規定的比例關係內，將投資總額的金額儘量放到最大。

【71】如何規劃新設公司的註冊資本

　　根據「公司法」的規定，有限責任公司的註冊資本為在公司登記機關登記的全體股東認繳的出資額。公司全體股東的首次出資額不得低於註冊資本的20%，也不得低於法定的註冊資本最低限額，其餘部分由股東自公司成立之日起二年內繳足；其中，投資公司可以在五年內繳足。

　　對於境外投資者來說，要在中國投資設立外商投資企業，註冊資本額的設定往往是最先考慮的問題之一。雖然「公司法」中規定有限責任公司註冊資本的最低限額為人民幣3萬元，但境外投資者在進行註冊資本額設定的時候，不宜設置過低，建議從以下幾點進行多方面考慮：

　　第一、外商投資企業的註冊資本應與企業經營規模相適應。對於外商投資企業來說，設立初期的所有資金均來自於註冊資本金，投

資者應綜合考慮企業籌建期間的各種費用支出來確定註冊資本金的金額，比如房租費用、代辦機構費用、企業設立規費、員工招聘費用、辦公設備購買費用、初期開展業務所需的費用等，以免出現資金短缺的情況。

　　第二、外商投資企業的註冊資本決定其投資總額，從而決定企業的外債額度。中國對外商投資企業投資總額與註冊資本的比例關係有明確的法規規定，投資總額與註冊資本之間的差額決定了外商投資企業可舉借的外債額度。對同一個企業來說，如果註冊資本金為200萬美元，其投資總額最高可為285.7萬美元，其投注差為85.7萬美元；如果註冊資本金為500萬美元，則投資總額最高可為1,000萬美元，其投注差為500萬美元。根據外匯管理部門有關規定，外商投資企業的外債額度＝投資總額－註冊資本－中長期外債累計發生額－短期外債餘額。由此可見，企業註冊資本設定過低，可能導致投資總額與註冊資本之間的差額過小，從而不利於企業從境外籌措資金。

　　第三、外商投資企業的註冊資本影響一般納稅人資格的認定。對於有貿易業務的企業來說，通常需要開具增值稅專用發票，而取得貿易項下增值稅專用發票的前提，是企業獲得稅務部門的一般納稅人資格認定。稅務部門在進行認定時，會綜合考慮企業的經營規模、年營業額等諸多因素，通常對企業的註冊資本額有一定要求。以上海為例，如要申請一般納稅人資格認定，註冊資本額不宜低於人民幣50萬元，且通常要求為實際到位的註冊資本額。

　　第四、外商投資企業的註冊資本達到一定金額，可免費申領車輛牌照。目前上海的車輛牌照為拍賣制度，每月集中時間進行競拍，得標者才有資格購買，且價格不菲。而根據目前上海地區交通管理部門頒布的政策，外商投資企業實收資本金如超過10萬美元，則可免費申領車輛牌照，具體標準如下：

實收註冊資本（單位：美元）	可申領牌照數量
10萬至50萬（不含10萬，含50萬）	1
50萬至100萬（含100萬）	2
100萬至500萬（含500萬）	4
500萬至1,000萬（含1,000萬）	6
1,000萬至3,000萬（含3,000萬）	8
3,000萬至10,000萬（含10,000萬）	10
10,000萬以上	12

　　當然外商投資企業的註冊資本金也不宜設置過高，因註冊資本金須在公司成立之日起三個月內到位至少20%，其餘部分須於公司成立後二年內足額繳納，對股東來說具有一定資金壓力。且中國對於資本金結匯的限制較為嚴格，如企業無合理的結匯理由，大筆資金被封鎖在資本金帳戶中無法自由流動，屆時再申請減資必將大費周章。

【72】註冊資本到位規定及未到位的影響

　　公司的註冊資本是股東認繳或認購的出資額，應按照法律規定及公司章程規定及時出資到位。

　　根據2006年1月1日頒布實施的新「公司法」規定，新設有限責任公司全體股東的首次出資額不得低於註冊資本的20%，其餘部分由股東自公司成立之日起二年內繳足（投資公司可以在五年內繳足）。

但在實務中必須注意，雖然「公司法」規定有限責任公司註冊資本的最低限額為人民幣3萬元，同時也規定股東的首次出資不得低於法律規定的最低限額，也就是說，如果公司的註冊資本設置為最低限額3萬元人民幣，必須一次性出資到位。而對於一人有限責任公司來說，法律規定的最低註冊資本提高為人民幣10萬元，也必須一次性出資到位。

而針對股份有限公司，註冊資本的最低限額為人民幣500萬元，出資的時間則根據設立方式不同而有所區別。採取發起設立方式設立的，其註冊資本為在公司登記機關登記的全體發起人認購的股本總額，公司全體發起人的首次出資額不得低於註冊資本的20%，其餘部分由發起人自公司成立之日起二年內繳足（投資公司可以在五年內繳足）。而採取募集方式設立股份有限公司的，註冊資本為在公司登記機關登記的實收股份總額。除法律、行政法規另有規定外，發起人認購的股份不得少於公司股份總數的35%，其餘資金須按照招股說明書及章程規定及時募集到位。

在公司設立之初，註冊資本與實收資金可能有所差異，但兩者金額最終應該達到一致。因實務中新設股份有限公司的情況較少，本文主要針對有限責任公司註冊資本未及時到位的影響進行分析。

註冊資本未到位有兩種意思，一種是未按照法律規定或章程規定的時間及時出資，一種是雖然按照法律規定或章程規定出資了，但並未全部繳清，這都屬於違反法律規定的情形。根據「公司法」第二十八條規定，股東應當按期足額繳納公司章程中規定的各自認繳的出資額。股東以貨幣出資的，應當將貨幣出資足額存入有限責任公司在銀行開設的帳戶；以非貨幣財產出資，應當依法辦理其財產權的轉移手續。股東不按照前款規定繳納出資，除應當向公司足額繳納外，還應當向已按期足額繳納出資的股東承擔違約責任。另外，根據最高

人民法院於2010年頒布的「最高人民法院關於適用『中華人民共和國公司法』若干問題的規定三」，股東在公司設立時未全面履行出資義務，公司債權人可向法院提出請求，要求未履行或未全面履行出資義務的股東在未出資本息範圍內，對公司債務不能清償的部分承擔補充賠償責任，並可以請求公司的發起人與被告股東承擔連帶責任，當然公司的發起人承擔連帶責任後，可向被告股東追償。

除「公司法」中規定的法律責任外，實務中還應注意「外資企業法實施細則」中對此也有明確規定。外國投資者未能在法律規定的期限內繳付出資，外資商投企業批准證書自動失效。外資商投企業應當向工商行政管理機關辦理註銷登記手續，繳銷營業執照；不辦理註銷登記手續和繳銷營業執照的，由工商行政管理機關吊銷其營業執照，並予以公告。如果外國投資者有正當理由要求延期出資，應當提前向審批機關提出申請，並報工商行政管理機關備案。但實務中往往並未按照如此嚴格的規定執行，企業未如期出資到位，不能通過年檢。

另外需要提醒的是，公司註冊資本如未能及時足額到位，不得申請辦理增資項目；對於外商投資企業來說，其外債額度也只能按照實收資本與註冊資本的比例進行折算。

【73】資本項目外匯帳戶及資本金結匯規定分析

外匯帳戶根據外匯性質可分為經常項目外匯帳戶和資本項目外匯帳戶。經常項目帳戶，是指為本國與外國進行經濟交易而經常發生的項目所開設的帳戶，經常項目是國際收支平衡表中最主要的項目，包括對外貿易收支、非貿易往來和無償轉讓三個項目。資本項目帳

戶，指為資本的輸出、輸入而開設的帳戶，資本項目所反映的是本國和外國之間以貨幣表示的債權、債務的變動。

經常項目外匯帳戶適用於貿易項下有經常外匯業務收支的企業，以及經外匯管理局批准，允許在經常項目項下保留外匯的其他境內機構，包括結算帳戶、待核查帳戶、工程承包帳戶、保證金帳戶等。資本項目外匯帳戶適用於外國投資者在境內從事直接投資設立的外商投資企業，以及對境外非居民負有以外幣表示債務的其他境內機構，帳戶包括資本金帳戶、國內外匯貸款專用帳戶、外債帳戶、外國投資者專用外匯帳戶、外幣股票專用帳戶、B股外匯帳戶等。

資本項目下的外匯收入實施專戶管理，外匯指定銀行憑外匯管理局的核准件開立資本項下外匯帳戶。其中資本金帳戶的收入僅為投資款，其他任何外匯不得劃入，累計入帳的金額不得超過資本項目核准件中該帳戶的最高限額。外資企業投資方將資本金匯入資本金帳戶之後，可著手辦理資本金結匯。根據外匯管理部門的最新規定，外資企業辦理資本金結匯應符合下列條件和要求：

首先，外商投資企業申請資本金結匯，事先應經會計師事務所辦理資本金驗資手續。會計師事務所應當在向外匯管理部門辦理驗資詢證之後，為企業出具驗資報告。即未辦理驗資手續的資本金無法辦理結匯手續。

其次，必須按批准用途使用資金。外商投資企業資本金結匯所得人民幣資金，應當在政府審批部門批准的經營範圍內使用，除另有規定外，結匯所得人民幣資金不得用於境內股權投資。除外商投資房地產企業外，外商投資企業不得以資本金結匯所得人民幣資金購買非自用境內房地產。外商投資企業以資本金結匯所得人民幣資金用於證券投資，應當按中國有關規定執行。商務主管部門批准成立的投資性外商投資企業從事境內股權投資，其資本金的境內劃轉應當經外匯管

理部門核准後才可辦理。違反規定，擅自改變外匯或者結匯資金用途的，由外匯管理機關責令改正，沒收違法所得，處違法金額30%以下的罰款；情節嚴重的，處違法金額30%以上等值以下的罰款。

再次，必須提交完備的申報資料。外商投資企業向銀行申請資本金結匯，應當提交以下資料：

1. 外商投資企業外匯登記IC卡。

2. 資本金結匯所得人民幣資金的支付命令函。支付命令函是指由企業簽發，銀行據以將結匯所得人民幣資金進行對外支付的書面指令。

3. 資本金結匯後的人民幣資金用途證明文件。包括商業合同或收款人出具的支付通知，支付通知應含商業合同主要條款內容、金額、收款人名稱及銀行帳戶號碼、資金用途等。

4. 會計師事務所出具的最近一期驗資報告（須附外方出資情況詢證函的回函）。

5. 前一筆資本金結匯所得人民幣資金按照支付命令函對外支付的相關憑證及其使用情況明細清單，以及加蓋企業公章或財務印章的發票等有關憑證的影本。

如企業以備用金名義結匯在5萬美元（含）以下，無須提交第3項資料，至於資本金帳戶的利息，可憑銀行出具的利息清單直接辦理結匯手續。

另值得提醒的是，如外商投資企業資本金帳戶及人民幣帳戶開立在同一家銀行，結匯銀行會在當日辦理完畢結匯、人民幣資金入帳及對外支付劃出手續；如不在同一家銀行，結匯銀行在辦理結匯所得人民幣劃出時，應當在劃款憑證上註明「資本金結匯」字樣。人民幣資金劃入銀行通常在2個工作日內辦理劃轉手續。

【74】知識產權出資規定及操作注意事項

根據「公司法」規定，股東既可以用貨幣出資，也可以用實物、知識產權、土地使用權等可以貨幣估價並可依法轉讓的非貨幣財產作價出資，同時「中外合作經營企業法」、「中外合資經營企業法實施條例」、「外商獨資企業法實施細則」也都有類似規定。但企業投資者必須注意，以非貨幣資產做為出資時，全體股東的非貨幣出資不得超過有限責任公司註冊資本的70%。

相對於實物、土地使用權來說，知識產權是一種無形的、有期限性的資產，其主要包括工業產權（主要包括專利、商標、服務標誌、廠商名稱等）和版權（在中國被稱為著作權）。知識產權做為出資時應特別注意以下事項。

一、知識產權的合法性

知識產權是一種特殊的資產，因其無形，無法以比較直觀的方式判斷其出資人是否合法持有。審慎起見，各位股東應審查出資人的相關權利證書，如為原始取得，應當審查其商標註冊證書或專利證書等；如為繼受取得，應當審查其受讓該商標或專利的合同書原件，以及辦理移轉登記的相關權利證書。以電腦軟體著作權出資的，也應當向有關機關辦理著作權登記手續，出示登記證書。

二、知識產權的穩定性

所謂穩定性，是指知識產權在法定保護期限內被權利人控制並受法律保護的程度。以商標為例，即便已經獲准註冊取得商標註冊證書，如滿3年未使用，其他人也可根據「商標法」規定的撤銷程序申請撤銷；而「專利法」對於已獲准授權的專利也規定了「無效」程序。如此一來，用做出資的商標或專利並非一直處於一種穩定的狀

態，如因他人的申請被撤銷或變為無效，則會導致該出資無效。股東應事先對知識產權登記狀況進行調查，同時也應注意權利人是否有與第三人簽訂過轉讓協議、許可使用協議等情形，避免出現出資不實的情況。

三、知識產權的時間性

商標權、專利權和著作權均有法定的有效期，對於用做出資的知識產權有效期短於公司經營期的情況，可在出資合同中做特別約定加以限制，另也應注意在有效期將屆前儘快申請續展註冊。

四、知識產權的處分權

應該注意出資人對於用做出資的知識產權是否具備完全的處分權，尤其針對因職務行為取得的知識產權和多個主體共有的知識產權，可能因出資人不具備處分權或者不具備完整的處分權，導致出資不實。

以知識產權作價出資，必須依照法定程序進行。首先，用做出資的知識產權須進行評估。根據「中華人民共和國公司登記管理條例」、「公司註冊資本登記管理規定」，做為股東或者發起人出資的非貨幣財產，應當由具有評估資格的資產評估機構評估作價後，由驗資機構進行驗資。其次，出資人應辦理權利轉移登記手續。對於專利權、商標權、軟體著作權來說，應分別簽訂相關轉讓協議，並至相關機關辦理轉讓登記手續。而對於專有技術等知識產權來說，則需要出資人與公司之間簽訂轉讓協議。對於做為驗資機構的會計師事務所來說，驗資時除須提供評估報告，還須提供辦理了權利轉移的相關憑證。最後，出資人還應將做為出資的知識產權所涉及的相關資料交付給公司。

需要注意的是，知識產權做為無形資產，在評估中較易出現高

估的情況。根據公司法相關規定，有限公司和股份公司成立後，發現做為設立公司的非貨幣財產的實際價格顯著低於公司章程規定的價額時，應當由交付該出資的股東補足差額，公司設立時的其他股東承擔連帶責任。

【75】「債權轉股權」規定及操作注意事項

　　很長一段時間，「債權轉股權」是專為解決中國國有企業債務問題的政策性工具，後來一些地方工商管理部門也陸續在區域內試辦債轉股登記辦法，如上海、浙江、天津、江蘇、重慶、山東等，而「最高人民法院關於審理與企業改制相關的民事糾紛案件若干問題的規定」，也早在司法實務中承認債轉股的操作方式，明確了債權人與債務人自願達成債權轉股權協議，且在不違反法律和行政法規強制性規定情況下，人民法院在審理相關的民事糾紛案件中，應當確認債權轉股權協議有效。

　　儘管債轉股協議可以基於雙方在股東之間的約定而生效，但未經工商登記，仍然不得對抗第三人。因此，在中國工商行政管理總局沒有統一規定提出之前，未經工商登記的債轉股從法律上來說，應是屬於隱名投資的範圍。在2012年1月1日以前，根據上海、浙江等地的規定，外商投資企業可以轉為股權的債權，通常僅限於其外方股東對該企業的合法現匯外債，來自境外非投資方的外債及境內常見的一般應付款則不能轉為股權。雖然中國工商總局「公司債權轉股權登記管理辦法」（以下簡稱「辦法」）規定，自2012年1月1日，符合以下情形之一的債權，企業均可申請轉為增加公司的註冊資本，但實務中，對外商投資企業尚不適用：

1. 公司經營中債權人與公司之間產生的合同之債，且債權人已經履行債權所對應的合同義務，並不違反法律、行政法規、國務院決定或者公司章程的禁止性規定。

2. 人民法院生效裁判確認的債權。

3. 公司破產重整或者和解期間，列入經人民法院批准的重整計畫或者裁定認可的和解協議的債權。

由此可見，除了外債這種常見的借款合同之外，外商投資企業日常經營中其他如購銷、工程建設、加工承攬、貨物運輸、倉儲、技術服務、租賃、保管等合同履行過程中所產生的債權，符合「辦法」規定的條件及程序時，均可有機會轉為公司股權，但是必須注意以下幾點：

1. 債權轉為股權，須經資產評估機構進行評估：為防範債權做為非貨幣資產轉為股權的風險，根據「公司法」及「辦法」的規定，會計師事務所在驗資過程中，應依據資產評估機構的評估才能進行，同時必須對於債權發生的時間及原因、合同當事人及合同標的、債權對應義務的履行情況等進行說明。

2. 合同當事人在履行自身合同義務前，既是債權人又是債務人，債權人只有在完全履行了自身合同義務後，才可將其對對方當事人的債權轉為股權。

3. 轉為股權的債權與其他非貨幣財產作價出資之和，不得高於公司註冊資本的70%。不過，蘇州市工商局為鼓勵企業拓寬出資方式，曾於2011年7月14日頒布實施「進一步鼓勵和支持市場主體轉型升級的若干意見」，允許實繳貨幣資本已達到註冊資本30%以上的企業，在變更增資時可不再受非貨幣資本不得高於70%的限制。

4. 債權轉為股權只適用於企業增資，不適用於企業設立時的出資。

5. 如轉為股權的債權涉及兩個以上債權人時，債權人對債權應當已經做出分割。

6. 轉為股權的債權不可採取溢價出資的方式，即不得高於其評估值，但如果雙方當事人約定折價出資，對於超過出資額的部分債權，則可計入公司的資本公積或營業外收入。對於接受債權轉股權增資的企業來說，其計入資本公積或營業外收入的債權，應計入企業應納稅所得額而可能產生稅負。

7. 接受債權作價增資的公司，申請變更登記時須提交公司股東會同意債權出資登記的股東會決議，及債權人和公司之間簽署的債權轉股權承諾書。根據「公司法」第四十四條規定，股東會會議做出修改公司章程、增加或者減少註冊資本的決議，以及公司合併、分立、解散或者變更公司形式的決議之時，必須經代表2/3以上表決權的股東通過。

【76】「股權出資」規定及操作注意事項

股權出資是指投資人以其對於境內設立的有限責任公司或者股份有限公司（以下統稱為「股權公司」）持有的股權做為出資，投資於境內其他有限責任公司或者股份有限公司（以下統稱為「被投資公司」）的行為。

根據2006年重新修訂頒布的「中華人民共和國公司法」規定，股東可以用貨幣出資，也可以用實物、知識產權、土地使用權等可以用貨幣估價並可以依法轉讓的非貨幣財產作價出資，股權做為「可以用貨幣估價並可以依法轉讓的非貨幣財產」之一，當然也可以用做出資。上海市工商行政管理局於2007年6月28日曾經頒布「關於規範本

市內資公司股權出資登記的試行意見」（以下簡稱「試行意見」），
但隨後又於2007年12月25日印發通知，廢止「試行意見」，開始遵
照蘇浙滬工商行政管理促進長江三角洲發展合作會議簽署發布的「公
司股權出資登記試行辦法」（以下簡稱「「試行辦法」」）執行。而
中國工商行政管理總局也於2009年1月14日頒布了「股權出資登記管
理辦法」（以下簡稱「管理辦法」），於2009年3月1日正式實施。

根據「試行辦法」和「管理辦法」規定，股權出資的投資人必
須是具有中華人民共和國國籍的自然人（不包括港澳台人士）或境內
企業，用做出資的股權，必須符合以下條件：

1. 用做出資的股權應當權屬清晰、權能完整、已經足額繳納，
且依法可以轉讓。

2. 用做出資的股權應當由法定的評估機構評估作價。

3. 股權出資和其他非貨幣財產出資額之和，不得高於被投資公
司註冊資本的70%。

4. 以股權出資的，應當經股權公司的其他股東過半數同意（章
程另有規定的除外）。

5. 以股權出資的，應當經被投資公司全體股東一致同意作價。

同時應予注意，具有以下情況的，股權不得用做出資：

1. 股權公司的註冊資本尚未繳足。

2. 已被設立質權。

3. 已被依法凍結。

4. 股權公司章程約定不得轉讓。

5. 法律、行政法規或者國務院決定規定，股權公司股東轉讓股
權應當報經批准而未經批准。

6. 法律、行政法規或者國務院決定規定不得轉讓的其他情形。

企業不僅可以在設立登記時申請以股權做為出資，成立以後也

可以申請以股權出資做為增資。但公司設立時投資人以股權出資，自被投資公司成立之日起一年內，投資人應當實際繳納，被投資公司應當辦理實收資本變更登記。公司增加註冊資本時，投資人以股權做為出資的，應當在被投資公司辦理增加註冊資本變更登記前實際繳納。投資人以持有的有限責任公司股權實際繳納出資，股權公司應當向公司登記機關申請辦理將該股權持有人變更為被投資公司的變更登記；投資人以持有的股份有限公司股權實際繳納出資，出資股權在證券登記結算機構登記的，應當按照規定經證券交易所和證券登記結算機構辦理股權轉讓和過戶時登記手續。

　　對於外國投資者以其持有的外商投資企業股權作價出資的情況來說，目前尚無明確的法律規定，但實務中已有先例，且中華人民共和國商務部已於2011年5月4日就「涉及外商投資企業股權出資的管理辦法」公開徵求意見。對於一般性外商投資企業涉及股權出資的，除須符合對於內資企業股權出資的一般性規定外，股權公司須至審批機關辦理股權變更審批手續，被投資公司如已經設立，也須至審批機關辦理增加註冊資本審批手續。之後股權公司依法辦理外匯變更登記手續，取得外匯管理局出具的「外方股東向中國投資者轉讓股份所得再投資核准信息」，被投資公司憑藉該核准件辦理驗資手續，憑驗資報告及資產評估報告等相關資料，至工商行政管理局辦理註冊資本及實收資本變更登記手續。

【77】不動產出資及驗資注意事項

　　根據「中華人民共和國公司法」第二十七條規定，股東可以貨幣出資，也可以實物、知識產權、土地使用權等可以用貨幣估價並可

以依法轉讓的非貨幣財產作價出資。由此可見，房屋及土地做為可以用貨幣估價並可以依法轉讓的非貨幣財產，也是公司法規定的出資形式之一。但由於不動產自身的性質比較特殊，法律對於不動產作價出資規定了諸多限制條件，在實際操作中應注意以下幾個問題：

1. 房屋可以所有權做為出資，但土地作價出資時指的是以土地的使用權，並非所有權，作價出資。在中國，只有國家和集體組織才能做為土地所有權的主體，任何企業或個人對土地的占有都不是所有權的占有，而僅僅是取得土地的使用權，所以，當投資者以土地出資的時候，實際是用土地的使用權作價出資，而不是土地的所有權。

2. 不動產作價出資不僅需要實際交付使用，還須辦理權屬過戶登記手續。對於房屋所有權來說，即將房屋的所有權主體由投資方變更為其所投資的企業。而對於土地使用權來說，則必須注意分清所出資的土地使用權是國有土地使用權，還是集體土地使用權。根據中國現行土地方面的法律規定，集體土地使用權不可直接轉讓或出資，如果集體組織欲以集體所有的土地對外投資，則必須首先將集體土地通過國家徵用的途徑變為國有土地，再從國家手裡通過土地出讓的方式獲得國有土地的使用權，然後才可作價出資。所以外商在選擇合作夥伴時，一定要對其擁有的土地使用權性質瞭解清楚。

3. 一般來說，通過出讓方式取得的土地使用權才可以直接用做出資，通過劃撥方式取得的土地使用權一般不能直接作價出資，如果以其上建設的廠房等建築物作價出資，建築物範圍內的劃撥用地也被動作價出資，應經市、縣人民政府土地管理部門辦理土地使用權出讓手續，繳納出讓金或者按規定繳納場地使用費。

4. 用做出資的房屋所有權和土地使用權上不能設定擔保。因為公司法要求註冊資本必須如實到位並保持確定，如果不動產之上設立了抵押等擔保物權，則債權人隨時可能行使追索權，而追索權的實現

必將貶損不動產的價值，這就使得公司的註冊資本不實，違反公司法規定的資本確定原則，在內部會損害其他投資者的合法權益，在外部則會損害公司債權人的合法利益。

5. 不動產出資及其他非貨幣資產的出資總額，不得超過公司註冊資本總額的70%，這是「公司法」規定的最高限額。

以不動產作價出資，在請會計師事務所進行驗資之前，必須經過具有資質的資產評估機構進行評估，並出具資產評估報告。用做出資的金額可以低於或等於資產評估金額，但不得超過評估金額。以不動產作價出資的，不僅要將不動產實際交付給投資的公司使用，還必須按規定辦理不動產過戶登記手續，將房屋所有權或土地使用權轉移至所投資公司名下。在實務中，只交付使用而未辦權屬變更登記，或只辦理了權屬變更登記而未實際交付使用的情況，非常普遍，這都屬於出資義務的部分履行或未完全履行。未將用做出資的不動產交付給公司使用，意味著出資人對公司財產的占有，損害公司的財產利益，而未辦理過戶登記則意味著出資人對權利的保留，這樣做存在著巨大的法律風險，既有可能使出資人因出資不實被追究法律責任，也很難避免不動產隨時被追索的風險。

最後應注意的是稅收問題，以不動產作價出資，在辦理過戶登記手續時視同轉讓，應依法繳納所得稅、契稅及印花稅，但免繳營業稅及各種附加稅。除所投資企業為房地產企業，或者是房地產企業以不動產作價出資外，土地增值稅也免予繳納。

【78】機器設備、存貨等實物出資及驗資注意事項

外國投資者以機器設備、存貨等實物對中國的外商投資企業進行出資，在「中外合資經營企業法」、「外資企業法實施細則」以及「公司法」中都是被明確允許的。但以機器設備、存貨出資，需要注意以下幾個問題：

1. 機器設備、存貨的作價須合理，不能高於同類機器設備當時的國際市場正常價格；如屬舊機器設備，原則上應不高於當時國際市場上同樣新機器設備的價格減去應計折舊後的餘額。

2. 該機器設備及存貨須為公司經營所必需，因此，與公司日常經營無關之物一般不宜用來出資。

3. 在向商務主管部門申報審批時，須附列出詳細的作價出資清單，包括機器設備、存貨的名稱、種類、數量、作價等，並所列清單須與後續實際進口的清單保持一致。

4. 作價出資的機器設備、存貨進口時，須報請中國的商檢機構進行檢驗，出具檢驗報告。

5. 用作出資的機器設備、存貨須為外國投資者自己所有，並且未設立任何擔保物權。外國投資者不能將以所投資企業名義取得的機器設備、存貨以及外國投資者以外的他人財產做為自己的出資。

6. 機器設備、存貨與其他非貨幣資產出資的金額，合計不得高於所投資企業註冊資本的70%。

7. 機器設備、存貨等實物出資視同銷售，應繳增值稅。

外國投資者出資到位後，應當聘請中國的註冊會計師進行驗證，並由其出具驗資報告。對於機器設備、存貨等實物出資的驗資，主要是確認投資者是否將機器設備、存貨等按期、足額投入被投資企業並辦理有關財產權轉移手續。機器設備、存貨不同於貨幣，除了需

要提供一般的驗資資料外，還須特別提供以下資料：

1. 確認機器設備、存貨權屬的資料：主要包括購物發票、貨物運輸單、提貨單、保險單、進口貨物報關單、進口許可證等，其中發票內容與實物清單及移交表內容要一致。

2. 權利擔保的聲明：即由投資方出具權屬說明，及未在出資資產上設定擔保物權等事項的書面聲明。

3. 確認機器設備、存貨價值的資料：主要是依據商檢部門或質量技術監督檢驗部門出具的「商品價值鑑定書」。鑑定的內容包括機器設備、存貨的品種、品質、數量、價值和損失鑑定。

如果外國投資者用做出資的機器設備、存貨早已存放在中國，這種情況主要是外國投資者之前已經設立外商投資企業，現因該外商投資企業先行收回投資、清算、減資等，將企業的資產返還給外國投資者，這類資產是可以直接做為新設外商投資企業的出資。但這類資產出資須在原投資企業的股東或董事會決議中寫明財產的分配原則，即財產歸屬於投資者，而不是作價出售；同時在辦理外匯註銷時，申請將上述機器設備、存貨用於投資者新投資設立的企業。

通常由於此類機器設備、存貨購買時間較早，發票可能遺失，或者因其他原因無法提供原始發票，包括因接受捐贈、抵債等未能取得發票，可提供相關的合同、協議、批准文件、驗收單、付款結算憑證等形成實物資產現狀過程中的相關憑證及產權移交的資料。同時還須另行提供評估報告，以確定最新的資產價值。

【79】實務中如何操作「乾股」？

乾股是指未出資而獲得的股份，即為無償贈送的股份，一般乾股主要用於對公司有突出貢獻或特殊能力的人，比如公司高層、技術或業務骨幹等。對於提供勞務和技術的員工，由於受限於現行法律不允許勞務出資，或者技術無法轉讓的，也可以乾股方式操作。

乾股根據是否登記，又分為兩種：

1. 未出資獲得股份，也未將獲得股份進行工商登記，股東之間按照乾股協議確定責任，但該獲得乾股的股東對外不承擔責任，通常也不享有對公司的決策權和控制權，只享有年終的分紅權。這種乾股本質上是一種隱名投資行為，如果獲得乾股的人是台灣人，而登記股東是大陸人，則乾股股東的股東權益就有瑕疵，存在可能被認定為是規避外商投資審批的無效或效力待定行為的風險。

2. 未出資獲得股份，同時將獲得的股份進行了工商登記，並按照登記的股份對外承擔責任，該股東可以直接依照持股比例和章程規定行使對公司的決策權和分紅權。

通常所謂的乾股，主要以第一種方式最為常見。

舉例來說，如果一家公司的註冊資本為100萬，其中股東甲和股東乙的持股比例分別為30%、70%，如果股東乙打算給登記股東以外的第三方10%的乾股，則可以在自己取得分紅後，直接將其中的10%的分紅分給第三方，由於第三方並未實際出資，也未登記在顯名股東名單內，因此該公司對外承擔仍由股東甲和股東乙按照30%與70%的比例分配。

對外商投資企業而言，操作乾股時通常會簽署有關的乾股協議，並著重就下列事項予以明確：

1. 各股東在外商投資企業中的持股數和比例。

2. 各股東對外商投資企業的決策權分配。

3. 各股東對外商投資企業利潤分配的比例。

4. 接受乾股方須遵守的義務，比如須服務滿一定年限等。

5. 雙方對法律責任的分配約定。

另外，如果擬送乾股的員工較多，可先以其中幾個較為信任的員工的名義設立公司，其他員工以隱名方式持股。而對於中國員工，除了上海浦東新區及江蘇昆山等地方允許中國自然人和外國投資者投資設立外商投資企業外，其他地方由於不能直接持有外商投資企業的股份，如須登記為股東，也須先設立公司，再持有外商投資企業的股份。同時為避免因為員工離職帶來的股權變動問題，也可以考慮在給予股份時事先將未來離職時股權轉讓的簽字文件也準備好。

外商投資企業在操作乾股時，還須注意避免向公務員、國企人員等特殊人員送乾股，因為按照中國最高人民法院、最高人民檢察院2007年聯合發布的「關於辦理受賄刑事案件適用法律若干問題的意見」，「收受乾股」並為企業謀利，屬於受賄的一種，將追究刑事責任，而行賄方也將負法律責任。

【80】外商以人民幣出資規定及操作注意事項

過去外商除了以境內投資企業的利潤或企業資本公積轉增本企業資本，或從其已投資的外商投資企業中先行回收投資、清算、股權轉讓、減資等所得的財產在境內再投資，可以用人民幣出資以外，如果要直接從境外匯人民幣投資款到境內，基本上是不允許的。

2011年2月25日，中國商務部頒布了「關於外商投資管理工作有關問題的通知」（商資函[2011]72號文），其中明確規定境外投資者

可以人民幣來華投資（包括新設企業、對現有企業增資、併購境內企業及提供貸款等）；此後又於2011年10月12頒布「關於跨境人民幣直接投資有關問題的通知」（商資函[2011]第889號），對人民幣投資予以細分化規定。相應的，2011年4月11日中國外匯管理局下發「關於規範跨境人民幣資本項目業務操作有關問題的通知」（匯綜發[2011]38號文），2011年10月14日中國人民銀行下發「外商直接投資人民幣結算業務管理辦法」（2011年第23號公告），也對外商以人民幣投資進行了配套規定。

外商以人民幣直接投資，相比以外幣投資，在程序上要複雜得多，須特別注意以下事項：

一、人民幣直接投資的資金來源

外商可以以跨境貿易結算所得人民幣及境外合法所得人民幣在中國投資。具體包括：

1. 外商通過跨境貿易人民幣結算取得的人民幣，以及從中國境內取得並匯出境外的人民幣利潤和轉股、減資、清算、先行回收投資所得人民幣。

2. 外商在境外通過合法管道取得的人民幣，包括但不限於通過境外發行人民幣債券、發行人民幣股票等方式取得的人民幣。

二、人民幣直接投資的審批

與一般的外商投資項目審批一樣，人民幣直接投資項目也須先取得商務主管部門的審批同意，目前除下列情況須經地方商務主管部門審批再報商務部（外資司）審核外，其他人民幣直接投資項目僅須地方各級商務主管部門依原審批許可權審批即可：

1. 人民幣出資金額達3億或3億元以上。

2. 融資擔保、融資租賃、小額信貸、拍賣等行業。

3. 外商投資性公司、外商投資創業投資或股權投資企業。

4. 水泥、鋼鐵、電解鋁、造船等國家宏觀調控行業。

人民幣直接投資項目，除了提交一般審批所需資料外，還須特別提供下列文件：

1. 人民幣資金來源證明及股東承諾函（承諾出資的人民幣為境外合法所得）。

2. 資金用途說明。

3. 跨境人民幣直接投資情況表。

如投資方擬將所投資企業的註冊資本幣種改為人民幣，也須在這個階段提出。商務主管部門審批同意的，將頒發含「境外人民幣出資」字樣的批准證書和批覆。如外商以人民幣收購股權，也須取得商務主管部門註明的以人民幣支付股權轉讓對價的批覆。

三、人民幣直接投資的外匯登記、帳戶開立及資金使用

1. 以人民幣直接投資新設公司，須申請開立「人民幣資本金專用存款帳戶」，投資資金須匯入該帳戶。如在企業設立前需要支付前期費用，可申請開立「境外機構人民幣銀行結算帳戶——人民幣前期費用專用存款帳戶」，通過該帳戶支付費用，但不得兌換外幣使用。上述帳戶都不得辦理現金收付業務。

2. 外商以人民幣併購境內企業或收購中方股權的，境內中方股東應開立「人民幣併購專用存款帳戶」或「人民幣股權轉讓專用存款帳戶」；外商使用人民幣利潤分配、先行收回投資、清算、減資、股權轉讓等所得人民幣資金，用於境內再投資或增資的，應當開立「人民幣再投資專用存款帳戶」，用於存放所得人民幣資金，待再投資核准後辦理對外支付，同時該帳戶不得辦理現金收付業務。

3. 對人民幣投資項目進行驗資時，也須由會計師事務所向銀行和外匯管理部門進行詢證。

4. 直接投資的人民幣不得直接或間接投資於境內有價證券、金融衍生品和委託貸款，對於直接投資房地產業，或參與境內上市公司定向發行、協議轉讓股份的，還須履行其他特殊的備案或審批程序。

5. 人民幣驗資完成後，並不能隨意使用，銀行仍將對資金使用的真實性和合規性進行審查；資金使用須提供支付命令函、資金用途證明等資料，並不能轉入企業自己的其他帳戶。

【81】外國投資者專用類外匯帳戶操作分析

在中國投資設立公司取得營業執照之前，往往有很多費用發生，比如房租費、證照費、委託代辦費等，過去投資者經常選擇個人攜帶現金進來使用，或者借用中國關聯方的資金來支付，待新公司設立開設資本金帳戶，並資金到位後再歸還。但如果企業要購買土地、廠房或有其他大額支出時，上述方法就捉襟見肘了。其實投資者可以選擇開設專用類外匯帳戶來解決此問題，此類帳戶可在公司設立之前開設並使用，包括投資類、收購類、費用類（即過去的臨時類帳戶）、保證類四種，其中收購類、費用類、保證類專用外匯帳戶的資金餘額未來可轉入新設公司的資本金帳戶進行驗資而做為出資。

一、投資類帳戶

此類帳戶主要適用境內承包工程、合作開採、開發、勘探資源等投資項目。此類項目其實也須先領取執照，但為非法人營業執照，通常為分支機構，同時須領取項目批文和外匯登記證，然後才能申請開立該帳戶。申請時還要提交投資或承包合同和投資計畫，以確定帳戶限額和存續期限；如開立多個帳戶，每個帳戶的限額不得低於300萬美元。該帳戶只能用於經常項下支出及經外匯管理部門批准的資本

項下支出，且只能用於所投資項目。由於已經有執照，因此該帳戶資金不能再轉入其他公司的資本金帳戶進行驗資。

二、收購類帳戶

此類帳戶主要用於新公司設立之前，在境內購買土地使用權、房產、機器或其他資產等大筆金額支出。該帳戶在資產收購合同生效後即可申請開立，無須等待營業執照取得，但須提供投資方的註冊證書或個人身分證件，並向工商管理部門辦理公司名稱預先核准。此外收購協議也須提供，以確定帳戶限額和存續期限，但一般不超過6個月，特殊情況可以申請延期。該帳戶只能用於收購境內資產與支付境內費用，不得用於抵押貸款。企業成立前，收購的資產也不得用於出租、轉售、抵押貸款等經營活動。

三、費用類帳戶

此類帳戶主要用於新公司設立前進行市場調查、策劃和機構設立準備等工作所花費的小額支出，通常限額為10萬美元或經批准立項的投資總額的5%，期限一般不超過六個月，上海通常為三個月。申請該帳戶須先取得工商管理部門的公司名稱預先核准，或主管部門出具的投資意向書等證明。該帳戶只能用於支付境內前期開辦費用，也不得用於抵押貸款。

四、保證類帳戶

此類帳戶主要用於公司設立前，按照有關合同等向境內機構提供資金保證。設立此類帳戶，須提交保證合同等資料，以確定帳戶限額、存續期限和收支範圍，但一般不超過 六個月，特殊情況可以申請延期。該帳戶只能用於經外匯管理部門核准向其他外匯帳戶劃轉或匯出境外。

資料齊全情況下，上述帳戶當場辦結。但由於帳戶限額、存續

期限取決於投資項目情況，因此投資者應在申請書中詳細說明項目及投資者的基本情況、資金使用計畫等，以爭取較多的限額和較長期限。上述四類帳戶資金均須以現匯匯入，不得以現鈔存入。其中收購類、費用類、保證類帳戶均只能開立一個，但新公司設立後，該三類帳戶內資金可轉入資本金帳戶做為出資。

四類帳戶設立後，其結匯和劃轉須逐筆經外匯管理部門批准。結匯時應提供當日帳戶銀行對帳單和結匯用途證明（費用類除外），如工程合同、財產購買合同、發票等。而在辦理向資本金帳戶劃轉時，還須提供新設外商投資企業的批覆文件，並通常不允許向境內其他帳戶外匯劃轉。資金餘額劃入資本金帳戶後，就可以按照正常的出資進行驗資；而對於之前已經結匯使用掉的金額，也可以用於驗資，但須在驗資詢證時，於「出資形式」中選擇「專用帳戶結匯」對應的「憑證清單」，填寫「核准件憑證明細」相應資料項目。

【82】盈餘轉投資辦理程序及注意事項

在2008年新「企業所得稅法」實施之前，外國投資者將在外商投資企業中的盈餘轉投資於其他公司，可以享受再投資退稅政策，但新稅法實施後，取消了這一優惠政策，因此以盈餘再投資與以原外商投資企業再投資，兩者在稅收上已經沒有多大區別，故外國投資者對於以盈餘轉投資的積極性有所降低，多基於外資身分的考量而採取盈餘轉投資的方式。

盈餘轉投資可以是新設公司，也可以做為對其他公司的增資，基本流程如下：

第一步：由被投資企業所在地的商務主管部門對新設公司或者

增資事宜進行審批。

第二步：由被投資企業所在地的外匯管理部門對新設公司或增資進行外匯登記。

第三步：由原外商投資企業所在地的外匯管理部門對投資方以人民幣利潤再投資進行核准，取得核准件。

第四步：原外商投資企業將人民幣利潤直接匯給被投資企業。

第五步：被投資企業辦理驗資。

第六步：被投資企業辦理工商登記。

一、關於應提供的文件

有關商務主管部門、工商管理部門所需的文件，與一般的企業設立或增資無大差異，唯原外商投資企業所在地的外匯管理部門審批文件比較特殊，需要提供以下資料：

1. 原外商投資企業的申請書（須說明原外資企業的基本情況、利潤分配情況、各方對分得利潤的處置方案、擬被投資企業的股權等）。

2. 原外商投資企業董事會關於利潤分配、再投資的決議及外國投資者對所分得利潤進行再投資（增資）的確認書。

3. 與再投資盈餘數額有關的原外商投資企業獲利年度及最近一期的財務審計報告（附相應的外匯收支審核報告）。

4. 與再投資盈餘數額有關的企業所得稅完稅證明，或免稅證明文件。

5. 擬再投資企業的營業執照、批准證書和批覆。

6. 原外商投資企業最近一期的驗資報告。

7. 外匯帳戶的銀行對帳單（僅限於用外匯利潤支付的企業才須提供）。

8. 原外商投資企業外匯登記證、IC卡。

9. 外匯管理部門要求的其他資料。

二、其他應注意的事項

除文件外，盈餘轉投資還須注意以下幾個問題：

1. 由於商務主管部門的批覆通常要求在30日內辦理工商登記，因此有關原外商投資企業的外匯管理部門核准手續須加快操作，以免批覆效力受到影響。

2. 目前再投資退稅已經取消，因此無須再向稅務部門確認再投資退稅的手續。

3. 用於再投資出資的帳戶可以是資本金帳戶、外債專戶，但結算帳戶不得出資；如涉及境內外匯劃轉，應同時向外匯管理部門申請出具境內外匯劃轉的核准件，並註明境內劃轉的金額。

4. 外國投資者用於再投資（增資）的利潤必須是已分配、已完稅的收益，且須按規定提取「三項基金」，其中中外合資或中外合作經營企業，其儲備基金、職工獎勵及福利基金和企業發展基金的提取比例由公司董事會決定，沒有法定比例限制。外商獨資企業，必須按照不低於稅後利潤10%的比例提取儲備基金，其他兩項基金的提取比例由公司董事會決定；當儲備基金累計提取金額達到註冊資本的50%時，可不再提取。

5. 如果外國投資者對原外商投資企業未繳足資本，又擬以該外商投資企業的利潤以盈餘再投資方式補繳未繳足資本部分，須在商務主管部門的批覆中有明確同意，否則不能辦理。同時外國投資者僅能在其實際已到位出資、已支付轉股對價的範圍內享有盈餘分配權。

6. 外商投資性公司從所投資企業獲得的盈餘也可以再投資，並由該類盈餘產生企業註冊地外匯管理部門進行核准。

【83】清算所得再投資辦理程序及注意事項

　　外商投資企業清算後，其剩餘財產，包括現金或者機器設備等，允許再投資到其他公司。在再投資過程中，需要由擬清算外商投資企業和再投資企業分別辦理相應的手續。

一、擬清算外商投資企業的手續

　　通常外商投資企業清算後，剩餘資金須匯出境外，並向外匯管理部門申請開具「外商投資企業清算外國投資者所得資金購付匯」的核准件。但如果投資方擬將外商投資企業清算後的財產投資到境內其他公司，就需要在辦理外匯清算時，向擬清算外商投資企業所在地的外匯管理部門申請有關「外國投資者從其已投資的外商投資企業中因先行回收投資、清算、股權轉讓、減資等所得的財產在境內再投資」的核准件。

　　申請再投資核准件時，需要提交以下資料：

　　1. 擬清算外商投資企業的書面申請（須說明擬再投資企業的基本情況）。

　　2. 擬清算外商投資企業的外匯登記證。

　　3. 擬清算外商投資企業關於清算的董事會決議及有關財產處置分配方案或協議。

　　4. 外國投資者將所得財產進行再投資的確認書。

　　5. 擬清算外商投資企業與外國投資者所得財產有關的交易的商務（或行業）主管部門批覆文件（如果是經營期限到期的，只要提供到期的文件即可）。

　　6. 擬清算外商投資企業最近一期驗資報告和最近一期財務審計報告（附相應的外匯收支情況表審核報告）。

　　7. 擬清算外商投資企業清算審計報告和註銷稅務登記的證明。

辦理上述手續時還須注意以下幾點：

1. 未完稅的收入不得用於再投資。

2. 如擬清算外商投資企業留有外匯，該外匯也可以直接劃轉至再投資的企業，但須同時在擬清算外商投資企業所屬的外匯管理部門申請出具一份核准境內外匯劃轉的核准件。

3. 如剩餘資金為人民幣再投資，該人民幣視同外匯出資對待。

4. 由於外匯管理部門在辦理外匯清算時，通常會核查擬清算外商投資企業原出資款的到位情況及外匯違規情況，如果以往存在重大違規情形，比如外國投資者虛假出資，就有可能被外匯管理部門查處，並須在繳納罰款後，才能辦理再投資的核准件。

5. 目前外國投資者將從外商投資企業取得的清算所得用於再投資，已經不能享受再投資退稅的優惠。

二、再投資企業的手續

1. 再投資企業主要包括新設和增資，其程序與一般的外商投資企業設立及變更差異不大，都須經過商務主管部門審批、工商登記及外匯登記等步驟，但無論新設還是增資，都須在商務主管部門審批階段，於申請報告中註明投資方是以清算外商投資企業的所得資產再投資，以便在批覆中明確該投資方式。同時在辦理再投資企業的外匯登記時，也須註明為清算外商投資企業的所得資產再投資。

2. 清算外商投資企業的所得如是人民幣，須匯入再投資企業開立的專用人民幣資本金戶，如是外幣，則須劃轉至外幣資本金戶。資金匯入或劃轉及資產到位後，一樣也需要辦理驗資手續，並進行銀行和外匯詢證。

【84】虛假出資和抽逃出資的區別與認定

　　虛假出資和抽逃出資都是違法行為，而且在公司法律體系中屬於較為嚴重的違法行為，刑法上也設置了虛假出資、抽逃出資罪這一罪名，所以境外投資者在中國設立公司，需要特別予以關注，避免因為一時的疏忽而構成違法甚至犯罪。

　　所謂虛假出資，是指未交付或者未按期交付做為出資的貨幣或者非貨幣財產（包括未轉移財產所有權）的行為；而抽逃出資，則是指在公司成立後，將原來已經到位的出資予以抽逃的行為。虛假出資和抽逃出資在很多方面頗為相像，容易混淆，如責任主體都是股東；都是侵犯其他股東、債權人的合法權益；都可能被處以虛假出資或抽逃金額5～15%的罰款；如構成犯罪，都可能被處5年以下有期徒刑或者拘役，併處或者單處虛假出資金額或者抽逃出資金額2～10%的罰金。但兩者的區別還是明顯的。

一、發生的時間點不同

　　虛假出資是在公司設立前或設立時發生；而抽逃出資則是公司設立，資本到位後才發生。

二、兩者表現形式不同

　　虛假出資主要表現為：

　　1. 以貨幣方式出資的，股東未在法定期限內將應繳貨幣足額存入所設立公司的資本帳戶，但以無實際現金或高於實際現金的虛假銀行進帳單、對帳單騙取驗資報告。

　　2. 以實物、知識產權或者土地使用權出資的，股東未在法定期限內辦理財產權的轉移過戶手續。

　　抽逃出資主要表現為：

1. 將註冊資本的貨幣出資的一部分或全部直接抽回或轉走。

2. 將註冊資本的貨幣出資部分以購買設備等為名抽逃，而實際並未取得設備，或者設備價值根本不足價金。

3. 將已經作價出資的房屋產權、土地使用權又轉移於他人或股東，由他人或股東實際占有、使用。

4. 將公司產品的部分或全部交給股東，產品的銷貨款歸股東所有，使得股東先行收回投資。

5. 以公司名義取得借款後，將該借款轉給股東使用進行抽逃。

三、股東的民事責任承擔不同

虛假出資情況下，如果股東實際出資金額未達到法定最低限額，例如低於一般有限責任公司 3 萬人民幣，則將導致公司法人資格的否定，股東之間將視同合夥關係，因此須按照合夥關係對外承擔無限連帶責任，也就是各股東不論自己是否已經履行了出資義務，均應對公司的債務承擔連帶責任。

而抽逃出資，由於出資原本已經到位，只是後來被抽逃，因此由抽逃的股東先承擔責任，未抽逃的股東在抽逃的股東不能履行的範圍內向債權人承擔連帶清償責任，並在承擔責任後向抽逃的股東追償。

在其他責任方面，通常如果因虛假出資、抽逃出資，給公司、股東、債權人造成的直接經濟損失累計數額在10萬元至50萬元以上，將構成犯罪，低於此數的，一般只進行行政處罰。但如果導致公司資不抵債，或者全體股東合謀，或用虛假出資、抽逃出資所得資金進行違法活動的，則也可能構成犯罪。

此外，如果因為用以出資的實物、工業產權、非專利技術、土地使用權的實際價值發生貶值，致使其出資額低於應認繳出資額，股東若無欺騙故意，只要承擔補足的責任即可。但如果在評估作價時，

以欺騙的方法故意高估作價，則會被定性為虛報註冊資本。所謂虛報，是指公司登記時使用虛假證明文件或者採取其他欺詐手段虛報註冊資本，其主要目的在於欺騙工商部門，獲取公司登記，這也是虛假出資，一樣也會被追究法律責任。

【85】會計師驗資工作介紹

所謂驗資，就是由會計師對被審驗單位的註冊資本實收情況進行審驗，並出具驗資報告的過程。通常英美法系的國家不存在註冊資本的概念，所以不存在驗資的問題；而像台灣、大陸這樣的法系，通常對公司都要求資本實繳，故需要對實繳的資本進行驗資，並根據驗資的金額確定該企業的實際出資情況；當然個人獨資企業、合夥企業由於為無限責任，故無須進行驗資。

驗資可分為設立驗資和變更驗資，通常企業設立時繳納出資，或者設立後分期繳納出資，都需要對繳納的出資進行審驗；對於企業發生增資（含現金、資本公積、未分配利潤增資、債轉股、企業合併等），或減資（包括分立、減資補虧等）等變更事項時，也需要辦理驗資手續；此外，實務中對內外資企業的轉換、註冊幣種的變化、外方股東的股權變化等，也會要求出具驗資報告。

驗資必須由具有驗資資質的會計師事務所辦理，會計師事務所可以跨地區從事驗資業務，如上海的會計師事務所可以承接非上海地區企業的驗資業務。會計師事務所和註冊會計師執行驗資業務，主要按照「獨立審計實務公告第1號──驗資」和「中國註冊會計師執業規範指南第3號──驗資」的規定實施，由會計師收集必要的審驗資料，形成審驗意見，再出具驗資報告，並依法對所出具的報告負責。

　　會計師進行驗資業務,主要審驗註冊資本的出資是否符合法律和章程規定,例如是否為「公司法」、「公司註冊資本登記管理規定」等法律所允許的出資方式,以及出資比例是否超過限額,出資時間是否逾期等,例如勞務出資、現金出資低於30%的目前仍然不允許,增資時首次出資額不得低於20%等等。其次,會計師還要審驗出資的計量是否合理,資料是否正確,最終確定出資的金額。被審驗單位必須提供與註冊資本到位相關的資料,例如審批機構的批文、董事會或股東會決議文件、合同及章程、股權轉讓協議、營業執照、前期驗資報告、最近一期會計報表、銀行進帳單等資料,企業應確保上述資料的真實性和完整性,不能通過偽造、變造或故意毀滅憑證、帳目、報表、證明文件等手段來隱瞞實際情況、弄虛作假,否則會計師有權拒絕進行驗資。

　　會計師進行驗資,實務中須注意以下幾個問題:

　　1. 股東繳存投資款時,須在銀行進帳單或現金繳款單的「款項用途」欄填寫「投資款」。

　　2. 以實物資產(固定資產、存貨等)或無形資產(專利、專有技術、土地使用權)出資,須先辦理轉移、過戶、交接手續,確保被審驗單位對上述資產擁有完整的所有權、處置權。

　　3. 以實物資產或無形資產出資,還須委託有資質的評估機構進行評估,出具資產評估報告。

　　4. 會計師需要向銀行進行詢證,如果是外商投資企業,還須向外匯管理部門進行詢證。

　　會計師驗資後,將出具驗資報告,就實收資本的出資到位情況發表意見,同時驗資報告還須就「公司註冊資本登記管理規定」第十三、十九條所規定的內容在報告中披露,形成「驗資事項說明」,並做為附件,該說明與驗資報告正文具有同等法律證明效力。按照

「公司登記管理條例」的規定，企業須在繳納出資或者股款之日起30日內申請變更登記，因此企業在出資後，應及時委託會計師事務所進行驗資，並辦理工商登記。

【86】股東未按照約定繳納出資的影響和責任

有關外商投資企業的出資期限，通常在公司章程中進行約定，但不得超過法定出資期限。依據2006年中國「國家工商行政管理總局、商務部、海關總署、國家外匯管理局關於外商投資的公司審批登記管理法律適用若干問題的執行意見」，外商投資有限責任公司設立時，如果一次性繳付全部出資，應當在公司成立之日起六個月內繳足；如果是分期繳付，首次出資額不得低於認繳出資額的15%，也不得低於法定最低限額，並應當在公司成立之日起三個月內繳足，其餘部分按照「公司法」規定的二年執行，即須在營業執照頒發後二年內全部出資到位。

如果外商投資有限責任公司在設立後又增加註冊資本，則應當在辦理營業執照變更登記前繳付不低於20%的新增資本，其餘部分仍須在營業執照變更登記後二年內到位。至於首期20%的出資時間，法律未明確規定，實務中由於審批部門在出具批覆時，會要求企業在一個月內辦理營業執照變更，也就是意味著須在批覆後一個月內到位20%，當然企業也可以申請延長批覆的有效期，從而延長首期的出資期限。

外商投資企業的股東逾期繳納出資的，將產生一系列的法律後果，主要包括：

一、違約方承擔違約責任、賠償損失

此部分責任主要依據合營合同或者章程的約定,通常按逾期天數計算違約金;如果因為一方的逾期行為導致另一方有其他損失,且損失大於違約金,則還可以主張損失賠償,例如因為出資不到位,企業無法及時支付貨款,導致被供應商索賠而發生的損失。

二、只能按實際繳付的出資額比例分配收益

即股東只能按出資額決定分配額。同時對控股(包括相對控股)的投資者,其實際繳付的投資額比例,還將影響其能否將在企業中的權益、資產以合併報表的方式納入該投資者的財務報表。

三、可能導致外商投資企業解散

1. 如果全部股東都未按期支付首期出資額,將被視同合營企業自動解散,批准證書自動失效,並須辦理註銷登記手續,繳銷營業執照。

2. 如果全部股東都支付了首期出資額,但後續出資逾期超過3個月仍未出資或者出資不足時,工商機關可以要求合營各方在1個月內繳清出資,逾期仍未繳清出資,則原審批部門有權撤銷批准證書,並須辦理註銷登記手續,繳銷營業執照。

3. 如果只是其中一方未按照合營合同的規定繳付或者繳清出資,守約方可催告違約方在一個月內繳付或者繳清出資。逾期仍未繳付或者繳清,視同違約方放棄在合營合同中的一切權利,自動退出合營企業。守約方在逾期後一個月內,可向原審批部門申請解散合營企業或者申請另找合營者承擔違約方在合營合同中的權利和義務。但實務中,通常須經相關仲裁機構或法院的生效裁決認定,確定守約方和違約方後,才能批准解散合營企業或者批准守約方另找合營者。

四、遭工商部門行政處罰

「公司註冊資本登記管理規定」第二條規定，公司成立二年後，其中，投資公司成立五年後，公司股東或發起人仍未交付或未足額交付出資，且公司未辦理變更登記的，按照「公司登記管理條例」第六十八條處罰。「公司登記管理條例」第六十八條規定，虛報註冊資本，取得公司登記的，由公司登記機關責令改正，處以虛報註冊資本金額5%以上15%以下的罰款；情節嚴重的，撤銷公司登記或者吊銷營業執照。

因此，如果股東發現自己的出資即將逾期時，應及時申請延期，或減少出資額，以免因為企業被吊銷營業執照而導致投資項目完全失敗，或被工商部門處罰。

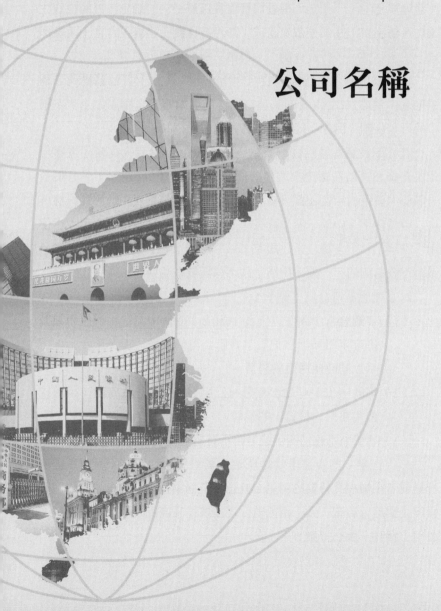

| 第四篇 |

公司名稱

【87】外商投資企業一般命名規則

根據中國「公司法」、「公司登記管理條例」、「企業名稱登記管理規定」、「企業名稱登記管理實施辦法」的規定，外商投資企業的名稱應當由四部分依次組成，即行政區劃＋字號＋行業＋組織形式，或者字號＋（行政區劃）＋行業＋組織形式，其中：

1. 行政區劃，是指擬設立公司所在地縣級以上行政區劃的名稱或地名，例如昆山XX公司，但市轄區的名稱不能單獨用做企業名稱中的行政區劃，例如不能起名為徐匯區XX公司。

若外商投資企業的註冊資本金不少於5,000萬元人民幣（從事現代服務業和高新技術產業的，註冊資本可以是3,000萬元），且投資方名稱中使用的字號和擬設立的外商投資企業計畫使用的字號一樣，可以申請使用「中國」做為擬設立公司名稱中的行政區劃，但不得使用「中華」、「全國」、「國家」、「國際」等字樣。使用「中國」做為行政區劃的，一般「中國」兩字只能放在名稱的中間。

2. 字號應當符合以下標準：

（1）字號應當由兩個以上漢字組成，通常情況下不得使用漢語拼音字母和阿拉伯數字表示公司的字號，但民族自治地方可以同時使用民族語言。

（2）字號中也不可以含有另一公司的字號及行政區劃，但可以使用自然人投資人的姓名。

（3）字號中不應當明示或者暗示有超越其經營範圍的業務。

3.「行業」的表述應當是反映企業經濟活動性質所屬國民經濟行業或者企業經營特點的用語，且企業名稱中行業用語表述的內容應當與企業經營範圍一致。例如若公司主要從事商品批發、零售，則一般用「貿易」做為行業。

4.「組織形式」是指外商擬設立公司所採取的形式。在中國，公司只能採取兩種組織形式，即有限責任公司和股份有限公司。一般來說，外商投資企業採取有限責任公司的形式較多，因此在公司名稱中的「組織形式」即可表述為「有限公司」或「有限責任公司」。

即便外商根據上述規則為擬設立公司取名，也不一定會得到工商行政管理部門的核准。一般擬設公司的名稱有下列情形之一的，不予核准：

1. 企業名稱中含有有損於國家、社會公共利益、可能對公眾造成欺騙或者誤解、外國國家（地區）名稱、國際組織名稱、政黨名稱、黨政軍機關名稱、群眾組織名稱、社會團體名稱及部隊番號等內容。

2. 在登記主管機關轄區內不得與已登記註冊的同行業企業名稱相同或者近似。

3. 與同一工商行政管理機關核准或者登記註冊的公司名稱字號相同，但有投資關係的除外。

4. 與其他企業變更名稱未滿一年的原名稱相同。

5. 與註銷登記或者被吊銷營業執照未滿三年的企業名稱相同。

6. 其他違反法律、行政法規的。

最後，基於目前工商行政管理部門已經不辦理英文名稱登記，故若外商投資設立的企業擬取英文名稱，或企業中文名稱須譯成外文使用，則外商可自行取英文名稱或依據文字翻譯原則自行翻譯使用，不須報工商行政管理機關核准登記。

【88】不能做為名稱登記的通常情形

根據中國「企業名稱登記管理規定」、「企業名稱登記管理實施辦法」的規定,不能做為企業名稱的情形通常包括以下幾種:

一、有損於國家、社會公共利益

對於什麼是國家、社會公共利益,法律上並沒有統一的標準,一般都是由工商行政管理部門根據實際情況自行判斷。例如:外商投資設立一家美髮公司,若起名為「髮願公司」,則很可能因為「髮願」二字與「法院」同音,被認為有損於國家機關的神聖及莊嚴性,即損害了國家利益,因而得不到工商管理部門的核准。

二、可能對公眾造成欺騙或者誤解

「可能對公眾造成欺騙或者誤解的」公司名稱,通常來說主要包括以下兩種:

1. 與其他法人、組織名稱混淆

所謂投資者給新公司所起名稱「與其他法人、組織名稱混淆,使公眾產生誤解」,主要是指新公司的名稱與其他公司的名稱相近、相似、類似,使得相關公眾對兩家公司的關係產生誤解,例如可能誤以為兩家公司具有投資和被投資的母子公司關係;或誤以為兩家公司是同一投資方投資的兄弟公司;或者誤認為與某知名或馳名商品的生產企業有許可或被許可的特定關係。

2. 對公司所從事行業、經營的業務等產生誤解

所謂投資者給新公司所起名稱與「公司所從事行業產生誤解」,主要是指公司名稱中所用的字號使用了某一行業的用詞,以致於公眾可能會誤認為該公司是該行業中的企業。例如,某公司擬從事的業務為生產「通訊設備」,而其擬申請名稱的字號為「海洋」,即

該公司申請名稱為「海洋通訊設備有限公司」，則公眾可能會將「海洋通訊」理解為一個具體的行業，導致誤認為該公司為一家生產「海洋通訊設備」的公司，而事實上該公司可能並不生產「海洋通訊設備」。當然若設立一物業公司，起名為「海洋物業公司」，因為沒有「海洋物業」這一行業，當然就不會引起公眾的誤解。

所謂投資者給新公司所起名稱與「公司所經營的業務產生誤解」，主要是指公司名稱中所用字號可能會導致公眾對公司的經營範圍發生誤解，實務中一般得不到核准的公司名稱，通常是因為該名稱可能導致擴大對該公司經營範圍的理解。例如，在中國國內，並非所有的旅行社都能從事赴台灣地區旅遊業務，故此若一家旅遊公司擬用「寶島」做為公司的名稱，則可能會使公眾錯誤認為該寶島旅行公司具有從事赴台灣地區旅遊的資格。

三、外國國家（地區）名稱、國際組織名稱

外國國家名稱如：「美國」、「巴西」，外國地區名稱如：「倫敦」、「歐洲」，國際組織如：「聯合國」等，均不能做為公司名稱登記的一部分。

四、政黨名稱、黨政軍機關名稱、群眾組織名稱、社會團體名稱及部隊番號

政黨名稱如「九三學社」，黨政軍機關名稱如「海軍」，群眾組織、社會團體名稱如「足球協會」，部隊番號如「八一」等，均不能做為公司的名稱。

五、漢語拼音字母、數字

一般來說，26個英文字母及阿拉伯數字也均不能做為名稱的一部分，但實務中一些屬於創意產業的公司已經可以使用字母或數字做為公司名稱，但這主要是地方性的特別規定。

【89】如何辦理核名手續及注意事項

外商投資企業在辦理公司名稱核准手續之前，首先要確定擬設立公司的註冊地址，只有在註冊地址確定後，方能向註冊地址所在地具有登記許可權的工商行政管理部門提出公司名稱預先核准的申請。

一、辦理核名手續的機關

根據中國工商行政管理總局頒布的「企業名稱登記管理實施辦法」，除公司名稱中含有「中國」、「中華」、「全國」、「國家」、「國際」等字樣或公司名稱中不含行政區劃的名稱由中國國家工商總局負責核准外，其餘公司名稱均由地方工商行政管理局負責核准。地方工商行政管理局的登記管轄許可權按公司名稱中所含的行政區劃確定，一般來說：

1. 省、市、縣行政區劃連用的企業名稱，由最高級別行政區的工商行政管理局核准。例如公司名稱若為「江蘇省蘇州市XXX公司」，則須由江蘇省工商局核准，而非蘇州市工商局核准。

2. 市轄區名稱與市行政區劃連用的企業名稱，由市工商行政管理局核准。例如公司名稱若為「上海徐匯區XXX公司」，由上海市工商局核准。

雖然公司名稱的核准由公司名稱中所含的最高行政區劃的工商管理部門核准，但在遞交核名申請時，一般都須先至地縣級或市轄區的工商管理部門提出申請，再透過地縣級或市轄區的工商管理部門層報具有核准權的上級工商管理部門核准。以「上海徐匯XXXX公司」來說，就是先至徐匯區工商局提出核名申請，再由徐匯區工商局上報上海市工商局核准。此外值得一提的是，實務中若名稱含有省名，如「江蘇省」，或含有地級市名，如「蘇州市」，則通常會有一定的註冊資本要求。例如申請「江蘇省XXX公司」，則註冊資本至少需要

達到300萬人民幣。

有權向工商行政管理部門提出公司名稱預先核准申請的主體，是公司全體股東，即擬申請註冊登記的外商投資企業的全部投資者均須在「企業名稱預先核准申請書」上簽字或蓋章，其中，投資人是法人和經濟組織的，由其蓋章；投資人是自然人的，由其簽字。投資方在親自簽字時應當注意保持簽字的前後一致，即若申請核名時簽署的是「英文名」，則一般在後續申請登記時也須使用「英文名」進行親自簽字，而不能用「中文名」。

二、應提交的資料

一般來說，申請公司名稱預先核准須向工商行政管理部門提交的官方表單有以下三項，目前均可以通過工商管理部門的相關網站下載而得：

1. 企業名稱預先核准申請書。

2. 「指定代表或者共同委託代理人的證明」，及指定代表或者共同委託代理人的身分證明影本（本人簽字）；應標明具體委託事項、被委託人的許可權、委託期限。

3. 承諾書。

除了上述官方表單外，申請名稱核准時還須提供全體投資人的主體資格證明文件影本，如投資方為境外公司，須提供境外公司的商業登記證，投資方為台灣自然人的，須提供台胞證。實務中有些工商管理部門甚至在核名時就會要求提供投資方主體資格證明文件的原件，如商業登記證的公認證書。

工商管理部門收到上述表單和資料後進行審核，審核通過則出具「名稱預先核准通知書」。值得提醒的是，「名稱預先核准通知書」的有效期為六個月，如六個月內無法完成工商註冊登記手續，應於到期日前至工商管理部門申請延期。

【90】名稱加「中國」條件分析及辦理實務

公司名稱中使用「中國」二字有助於彰顯公司的整體形象及實力，但並不是所有的公司名稱都可以使用「中國」二字，根據「企業名稱登記管理實施辦法」第十條的規定，只有兩種性質的企業可以在名稱中使用「中國」：

1. 國務院決定設立的企業。普通的內資企業不能使用「中國」二字做為公司名稱，外國投資者若使用「人頭」在中國投資設立公司，則該人頭公司因是內資公司，所以不能使用「中國」。

2. 外商獨資企業、外方控股的外商投資企業。外方控股的外商投資企業，主要是指公司必須有一個境外投資者的股權比例高於中方。

雖然外商獨資企業、外方控股的外商投資公司被允許在公司的名稱中使用「中國」二字，但並不是所有的外商獨資企業、外方控股的外商投資公司都可以使用，還須滿足以下兩個條件：

1. 用外方出資企業字號

即該擬設立的外商投資企業名稱中的字號須與境外公司的字號相同，如果境外公司的字號是英文，則擬設立的外商投資企業名稱中的字號須是該英文字號的諧音，或是意譯。

實務中，如果有兩個境外股東，則字號必須使用股權比例高者的。也就是說，如果某外商合資公司有兩個境外股東，各占50%股權，則因官方無法確定使用哪家境外公司的字號而無法得到核准。

2. 符合名稱中不含行政區劃的條件

「企業名稱登記管理規定實施辦法」第十三條規定，經工商行政管理總局核准，符合下列條件之一的企業法人，可以使用不含行政區劃的企業名稱：

（1）國務院批准的。

（2）工商行政管理總局登記註冊的。

（3）註冊資本（或註冊資金）不少於5,000萬元人民幣的。

（4）工商行政管理總局另有規定的。

對於外商投資企業來說，顯然只有達到註冊資本5,000萬元人民幣這一條件比較容易做到。值得一提的是，為優化產業結構，2010年中國國家工商行政管理總局頒布的「關於充分發揮工商行政管理職能作用進一步做好服務外商投資企業發展工作的若干意見」（工商外企字[2010]94號），降低了從事現代服務業和高新技術外商投資企業在名稱中使用「中國」二字的條件，對於這兩類外商獨資企業、外方控股的外商投資企業來說，只要註冊資本達3,000萬元人民幣，即可在名稱中使用「中國」二字。

在向工商管理部門申請核准含有「中國」字樣的名稱時，若是新設的外商投資企業，可直接向工商行政管理總局提出申請，工商總局核准後再至公司所在地的工商管理部門進行備案。若是變更公司名稱，則先向公司所在地的工商管理部門提出核名申請，層報至國家工商總局核准。

此外，擬申請公司名稱中的「中國」二字只能出現在公司名稱的中間，不能出現在公司名稱的前面，即「XXX（中國）公司」是可以被接受的，而「中國XXX公司」則不能成為外商獨資企業、外方控股的外商投資公司名稱。

【91】名稱不體現「行業」條件分析及辦理實務

根據中國「企業名稱登記管理規定」、「企業名稱登記管理實施辦法」的規定，外商投資公司名稱由四部分依次組成，即「行政區劃＋字號＋行業＋組織形式」或者「字號＋（行政區劃）＋行業＋組織形式」。公司所屬行業一般情況下均須在公司名稱中進行表述，除非符合「企業名稱登記管理實施辦法」中第十八條的規定。

「企業名稱登記管理實施辦法」第十八條規定，可以在公司名稱中不使用國民經濟行業類別用語表述企業所從事行業的條件如下：

1. 企業經濟活動性質分別屬於國民經濟行業五個以上大類

中國國民經濟行業共分20個大類，分別是：農、林、牧、漁業；採礦業；製造業；電力、熱力、燃氣及水生產和供應業；建築業；批發和零售業；交通運輸、倉儲和郵政業；住宿和餐飲業；資訊傳輸、軟體和資訊技術服務業；金融業；房地產業；租賃和商務服務業；科學研究和技術服務業；水利、環境和公共設施管理業；居民服務、修理和其他服務業；教育；衛生和社會工作；文化、體育和娛樂業；公共管理、社會保障和社會組織；國際組織。外商投資企業所從事業務須至少覆蓋這20個大類中的任意五個大類以上。

實務中，有些地方為招商引資，對前述規定的「五個大類」進行一定的放寬，例如「上海市工商行政管理局關於落實市委九屆四次全會精神支持企業發展的若干意見」（滬工商註[2008]212號）中規定，對於企業註冊資本達到5,000萬元人民幣以上，企業經濟活動性質分別屬於國民經濟行業三個以上大類的，允許企業名稱中不使用國民經濟行業類別用語表述企業所從事的行業。

2. 企業註冊資本（或註冊資金）1億元以上或者是企業集團的母公司

即要求境外投資方須實際出資到位達 1 億元，有較高的資金要求。而企業集團的母公司這一條件，首先，擬不在公司名稱中體現「行業」的外商投資企業與其子公司、參股公司做為一聯合體被認定為企業集團；其次，擬不在公司名稱中體現「行業」的外商投資企業在企業集團中的定位是母公司，其註冊資本在5,000萬元人民幣以上，並至少擁有五家子公司（江蘇為四家）。

3. 與同一工商行政管理機關核准或者登記註冊的企業名稱中字號不相同

也就是說擬不在公司名稱中體現「行業」的外商投資企業在其所屬工商管理局的管轄範圍內，不能發生重名的情況，但實務中若兩家公司間存在投資或其他關聯關係，則可以使用相同的字號。

辦理不體現「行業」的名稱核准時，應由全體出資人指定的代表或者委託的代理人，向有名稱核准管轄權的工商行政管理機關提交企業名稱預先核准申請書。企業名稱預先核准申請書應當載明企業的名稱（可以載明備選名稱）、住所、註冊資本、經營範圍、投資人名稱或者姓名、投資金額和投資比例、授權委託意見（指定的代表或者委託的代理人姓名、許可權和期限），並由全體投資人簽名蓋章。企業名稱預先核准申請書上，應當黏貼指定的代表或者委託的代理人身分證影本。

【92】名稱不含「行政區劃」條件分析及辦理實務

根據中國「公司法」、「公司登記管理條例」、「企業名稱登記管理規定」、「企業名稱登記管理實施辦法」的規定，外商投資公司的名稱應當由四部分依次組成，也就是行政區劃＋字號＋行業＋組

織形式，或者字號＋（行政區劃）＋行業＋組織形式。因此在通常情況下，公司名稱中必須要有註冊所在地的行政區劃，例如若註冊在上海，則名稱中須有「上海」兩字。

若投資者不希望擬註冊公司名稱中出現行政區劃，則必須符合「企業名稱登記管理規定實施辦法」第十三條之規定，即經工商行政管理總局核准，符合下列條件之一的企業法人，可以使用不含行政區劃的企業名稱：

（一）國務院批准成立的企業

「國務院批准」其實質上就是投資者向國務院就「名稱中不冠以行政區劃」事宜申請特批，實務中極少。

（二）在工商行政管理總局登記註冊

根據「中華人民共和國公司登記管理條例」第六條規定，工商行政管理總局負責登記的公司有：

1. 國務院國有資產監督管理機構履行出資人職責的公司，以及該公司投資設立並持有50%以上股份的公司，即中國俗稱的「國有企業」、「國有控股企業」。

2. 外商投資的企業

根據「國家工商行政管理總局關於進一步做好外商投資企業授權登記管理工作的通知」（工商外企字[2003]第1號），目前仍主要由國家工商總局負責登記的外商投資企業有：

（1）由商務部頒發批准證書的外商投資企業。

（2）由中國人民銀行、中國證券管理委員會、中國保險管理委員會等國務院行業主管部門審批的外資銀行、合資銀行、外國（地區）銀行分行、外商投資財務公司、外商投資信託投資公司、外商投資金融租賃公司、外商投資保險公司、外國保險公司分公司、外商投資證券公司、外商投資

證券基金管理公司。

（3）在中國從事礦產資源勘探開發的外國（地區）企業及經營管理中央部委審批項目工程的外國（地區）企業。

（4）外國（地區）金融、保險、證券機構及傳播媒體在中國設立的常駐代表機構。

（5）其他應當在工商行政管理總局登記管理的外商投資企業。

（6）為執行中國外資產業政策，應當由國家工商行政管理總局登記管理的其他企業。

（三）註冊資本（或註冊資金）不少於5,000萬元人民幣

由於中國國家工商總局已根據「外商投資企業授權登記管理辦法」將絕大部分的外商投資公司登記許可權下放給省級、地級市乃至縣級市的工商行政管理機關，因此目前對於外資企業來說，顯然只有達到註冊資本5,000萬元人民幣這一條件比較容易做到。

（四）國家工商行政管理總局另有規定的

在向工商管理部門申請核准名稱不含「行政區劃」時，若是新設的外資企業，可直接向中國國家工商行政管理總局提出申請，工商總局核准後再至公司所在地的工商管理部門進行備案。若是變更公司名稱，則先向公司所在地的工商管理部門提出核名申請，層報至國家工商總局核准。

值得一提的是，申請核准名稱中不含「行政區劃」時，對外資企業的字號並不要求遵守名稱中使用「中國」時必須使用和境外公司相同字號的規定。

【93】公司名稱與商標的區別與聯繫

很多企業會有這樣的經歷：某天接到電話，對方自稱某某商標代理公司，說有另外一家企業正在以貴公司商號申請商標註冊，貴公司是否現在就馬上申請註冊……企業名稱？商標？兩者有什麼關係？要不要以商號申請商標註冊？不註冊會有什麼風險？這一系列問題涉及企業品牌保護，而企業名稱和商標是企業品牌的重要組成部分。

「企業名稱登記管理規定」第七條規定，企業名稱應當包含四部分，分別為企業的字號或商號、企業所處的行業或者經營特點、企業的組織形式以及企業所在地的行政區劃名稱。企業可以自身的品牌做為「企業的字號或商號」，從而使其成為企業名稱的一部分。比如「可口可樂飲料（上海）有限公司」，其中「可口可樂」即為企業品牌。企業品牌做為企業名稱的一部分，經工商行政管理機關核准登記後，即具有一定的排他性，其他企業要申請相同或近似名稱時會遇到一定障礙。但這種保護是有限的，首先，企業名稱的登記管理目前還具有地域性，登記過的企業名稱的排他性僅在名稱登記的行政區域內（一般以省級為限）有效，其他行政區域內的企業仍有可能申請到相同或類似的企業名稱；其次，企業名稱的排他性僅限於在相同或相近行業中，從事不同行業的企業之間也有重名的可能性。

正因為企業名稱在品牌保護方面的有限性，外商投資企業必須重視另外一種品牌保護的方式，即申請商標註冊，取得商標在全國範圍內的專用權。對於已經在中國境外取得商標註冊證書的品牌來說，如果註冊國為「馬德里協定」的會員國，可向註冊國當地商標管理機關提出馬德里國際註冊的申請，對該商標的保護地可延展至中國境內；如果註冊國並非「馬德里協定」的會員國，則可直接向中國商標局提出商標註冊申請。同時因中國為「馬德里協定」的會員國之一，

在中國註冊的商標也可申請國際註冊,將保護範圍進一步拓展至國外。需要說明的是,根據「中華人民共和國商標法」規定,外國人或者外國企業在中國申請商標註冊和辦理其他商標事宜,應當委託國家認可、具有商標代理資格的機構代理。

此外,對於比較重要的品牌,企業還應定時進行商標檢索,並關注商標公告,一旦發現其他相同或類似商標可能成為註冊商標時,應及時向中國商標局提出商標異議。若是企業名稱中的字號被他人搶註為商標,發現及時的,可以在商標初審公告的過程中提出異議;若是他人已經取得商標註冊證書,可向中國商標局評審委員會提出撤銷申請,也可以「在先權利」被侵害為由,向法院提起反不正當競爭訴訟。反之,外商投資企業一旦發現企業的註冊商標被他人惡意用做企業字號,做為商標專用權人可以向法院提起商標侵權訴訟。

實務中還涉及功能變數名稱問題,有人惡意將他人的商標、商號申請功能變數名稱,對外宣傳時故意誇大或突出功能變數名稱,也涉及不正當競爭和商標侵權。

因此,境外投資者在設立外商投資企業之初,就應結合前述分析從企業商號、商標、功能變數名稱等方面,保護自身品牌。未來,不管做為貿易企業還是生產企業擬在中國上市,也應符合資產完整要求條件之一──擁有與生產經營有關的商標等知識產權。

【94】個體工商戶如何起名

2009年4月1日起,中國國家工商行政管理總局頒布的「個體工商戶名稱登記管理辦法」(以下簡稱「管理辦法」)正式生效。該法生效後,對各地原本比較混亂的個體工商戶名稱問題,進行了統一,

現分析如下。

一、個體工商戶可使用名稱的數量

根據「管理辦法」第五條明確規定：「個體工商戶決定使用名稱的，應當向登記機關提出申請，經核准登記後方可使用。一戶個體工商戶只准使用一個名稱。」

二、個體工商戶名稱的命名規則

個體工商戶名稱由行政區劃、字號、行業、組織形式依次組成。其中：

1.個體工商戶名稱中的「行政區劃」是指個體工商戶所在縣（市）和市轄區名稱。行政區劃之後可綴以個體工商戶經營場所所在地的鄉鎮、街道或者行政村、社區、市場名稱。

2.個體工商戶名稱中的「字號」應當由兩個以上漢字組成。一般縣級以上行政區劃不得用做字號，但行政區劃的地名具有其他含義的除外。經營者姓名也可以做為個體工商戶名稱中的字號使用。

3.個體工商戶名稱中的「行業」應當反映其主要經營活動內容或者經營特點，其行業表述應當參照「國民經濟行業分類」的中類、小類行業類別名稱或具體經營項目。

4.個體工商戶名稱中的「組織形式」可以選用「廠」、「店」、「館」、「部」、「行」、「中心」等字樣，但不得使用「企業」、「公司」和「農民專業合作社」字樣。

三、個體工商戶名稱中不得含有的內容和文字

一般來說，只要個體工商戶的名稱中沒有以下情形，都可以得到核准：

1.有損於國家、社會公共利益。

2.違反社會公序良俗，不尊重民族、宗教習俗。

3. 可能對公眾造成欺騙或者誤解。

4. 外國國家（地區）名稱、國際組織名稱。

5. 政黨名稱、黨政軍機關名稱、群眾組織名稱、社團組織名稱及其簡稱、部隊番號。

6. 「中國」、「中華」、「全國」、「國家」、「國際」等字詞。

7. 漢語拼音、字母、外國文字、標點符號。

8. 不符合中國國家規範的語言文字。

四、個體工商戶名稱須經核准後方能使用

個體工商戶名稱經工商行政管理局核准登記後才能使用。一般來說，擬設立的個體工商戶應至縣（市）工商管理部門以及大中城市的工商分局申請名稱核准，實務中有些地方的個體工商戶可以在所在轄區的工商所登記名稱。

一般來說，工商行政管理局不予核准的名稱包括：

1. 與已登記註冊或已預先核准的企業、個體工商戶名稱相同。如個體工商戶擅自使用他人已經登記註冊的個體工商戶名稱，由工商部門責令改正，情節嚴重的，處1,000元以下罰款。

2. 與其他企業變更名稱未滿一年的原名稱相同。

3. 與被吊銷營業執照未滿三年的企業，或者被吊銷營業執照未滿1年的個體工商戶名稱相同。

4. 與註銷登記未滿一年的企業名稱相同。

【95】合夥企業如何起名

根據「合夥企業登記管理辦法」、「外國企業或者個人在中國境內設立合夥企業管理辦法」，外國企業或個人在中國境內設立外商

投資合夥企業起名時，也須遵守「企業名稱登記管理規定」、「企業名稱登記管理實施辦法」的規定，即外商投資合夥企業的名稱也應當由行政區劃、字號、行業、組織形式四部分組成。

外商投資合夥企業名稱中的行政區劃，是指擬設立外商投資合夥企業所在地縣級以上行政區劃的名稱或地名，如昆山XX合夥企業，但市轄區的名稱不能單獨用做企業名稱中的行政區劃，例如不能起名為上海閘北區XX合夥企業，只能起名為上海XXX合夥企業或XXX（上海）合夥企業。

外商投資合夥企業名稱中的字號應當符合以下要求：

1. 字號應當由兩個以上漢字組成，通常情況下不得使用漢語拼音字母、阿拉伯數字、縣級以上行政區劃做為合夥企業的字號，但民族自治地方可以同時使用民族語言。

2. 「字號」中也不可以含有另一公司或合夥企業的字號及行政區劃，但可以使用自然人投資人的姓名做為字號。

3. 「字號」中不應當明示或者暗示有超越其經營範圍的業務。

外商投資合夥企業名稱中的「行業」表述，應當是反映企業經濟活動性質所屬國民經濟行業或者企業經營特點的用語，且企業名稱中行業用語表述的內容應當與企業經營範圍一致。例如若合夥企業主要從事商品的批發、零售，則一般用「貿易」做為行業。

隨著中國經濟的快速增長和資本市場的不斷壯大，私募股權基金等股權投資企業越來越多，有些地區為鼓勵私募基金的發展，推出了一些政策突破前述「行業」表述須是國民經濟行業或者企業經營特點的用語規定，例如2011年5月3日，上海市金融服務辦公室、上海市工商行政治理局、上海市財政局、上海市地方稅務局聯合發布的「關於本市股權投資企業工商登記等事項的通知（修訂）」（滬金融辦通[2011]10號）中規定，股權投資企業和股權投資管理企業名稱中

的行業，可以分別表述為「股權投資」和「股權投資管理」，也可以表述為「股權投資基金」和「股權投資基金管理」。根據實際需要，允許符合一定條件的股權投資企業和股權投資管理企業名稱中的字號尾碼加上「一期」、「二期」、「三期」等字樣。

外商投資合夥企業名稱中的「組織形式」，是指合夥企業的形式，即合夥企業的名稱中應註明「普通合夥」、「特殊普通合夥」或者「有限合夥」字樣。

所謂普通合夥，是指合夥企業由普通合夥人組成，合夥人對合夥企業債務承擔無限連帶責任。

所謂特殊普通合夥，是指普通合夥企業中，以專業知識和專門技能為客戶提供有償服務的專業服務機構。特殊的普通合夥企業，是指普通合夥企業合夥人依照「合夥企業法」第五十七條的規定承擔責任。

所謂有限合夥，是指合夥企業由普通合夥人和有限合夥人組成，普通合夥人對合夥企業債務承擔無限連帶責任，有限合夥人以其認繳的出資額為限對合夥企業債務承擔責任。

【96】「企業集團」認定條件及辦理實務

根據中國國家工商行政管理局於1998年頒布的「企業集團登記管理暫行規定」（工商企字[1998]第59號，以下簡稱「集團登記規定」），所謂「企業集團」是指以資本為主要聯結紐帶的母子公司為主體，以集團章程為共同行為規範的母公司、子公司、參股公司及其他成員企業或機構共同組成的，具有一定規模的企業法人聯合體。

因此從法律上來說，「企業集團」並不具有獨立的法人主體資

格，僅僅是工商行政管理部門對母公司、子公司、參股公司以及其他
成員單位聯合體的一種認定，在沒有獲得認定及登記之前，任何公司
不可以企業集團名義從事活動，否則存在被沒收非法所得或者處以
2,000元以上2萬元以下罰款的風險。

　　根據「集團登記規定」以及中國國家工商行政管理局關於實施
「企業集團登記管理暫行規定」有關問題的通知（企指字[1998]5
號）（以下簡稱「通知」），認定「企業集團」須符合以下條件：

　　1. 企業集團的母公司註冊資本在5,000萬元人民幣以上，並至少
擁有五家子公司，實務中，江蘇省的企業可以是至少擁有四家子公
司。

　　2. 母公司和其子公司的註冊資本總和在1億元人民幣以上。

　　3. 集團成員單位均具有法人資格。

　　實務中各地為支持企業的發展，對於上述企業集團的認定條件
已經有所放寬，例如「上海市工商行政管理局關於落實市委九屆四次
全會精神支持企業發展的若干意見」（滬工商註[2008]212號）中規
定，集團母公司註冊資本額達到3,000萬元人民幣，子公司達三家以
上，集團母子公司註冊資本總額達到5,000萬元人民幣的，就可以被
認定為企業集團。

　　企業集團的登記應當由企業集團的母公司提出申請。申請企業
集團登記，應當向登記主管機關提交下列文件：

　　1. 母公司法定代表人簽署的登記申請書。在登記申請書中應當
同時寫明集團內子公司、參股公司及其他形成生產經營、協作聯繫的
公司的名稱及註冊資本情況。

　　2. 企業集團章程。

　　3. 企業集團成員的法人資格證明。

　　4. 母公司對集團成員企業的持股證明或者出資證明。持股或出

資證明可以提供由各集團成員企業所在地工商管理局出具的基本資訊情況單。

5. 其他有關文件。

母公司申請登記「企業集團」時，企業集團名稱，一般由行政區劃名稱＋字號＋行業＋集團四部分依次組成。其中：

1. 行政區劃名稱為企業集團母公司所在地縣以上行政區劃名稱。

2. 企業集團名稱中的字號、行業要求，參照「企業名稱登記管理規定」的要求。

3. 企業集團名稱中也可以不冠上行政區劃名稱或使用「中國」字樣做為企業集團名稱及其簡稱，但和普通公司名稱一樣須報國家工商行政管理總局核准。

企業集團經登記主管機關核准登記，發給「企業集團登記證」，該證只發給企業集團核心企業；只發一份正本，沒有副本。

企業集團經登記主管機關核准登記後，母公司可以在企業名稱中使用「集團」或者「（集團）」字樣；子公司可以在自己的名稱中冠以企業集團名稱或者簡稱；參股公司經企業集團管理機構同意，可以在自己的名稱中冠以企業集團名稱或者簡稱。

| 第五篇 |

註冊地與經營地

【97】購買土地設廠注意事項

中國的土地根據所有制的不同分為兩類，即國有土地以及集體土地。國有土地也叫全民所有制土地，土地屬於國家所有，可以允許進入市場進行買賣。另一類是集體土地，即農民集體所有的土地，集體土地只能由本集體經濟組織的成員承包經營。根據規定，農村和城市郊區的土地，除由法律規定屬於國家所有的以外，皆屬於集體土地。集體土地根據目前的政策，不允許進入市場流通和買賣。因此，外商購買的土地只限於國有土地，這也是外商在決定購置土地設廠前首先需要明確的事項。除此以外，以下概念及事項也是外商在中國買地設廠時會經常遇到的，應予以注意。

一、土地使用權

根據中國的土地法令規定，購買土地取得的僅是土地的使用權，並非土地的所有權。土地使用權根據土地性質的不同，使用年限也不一。外商購買土地設廠的，通常購買的土地為工業用地，使用年限為50年。期滿後土地如何處理目前仍有爭議，通常認為使用權人可以續期繼續使用，但上海在近年的土地出讓交易中，對土地期滿後的處理方法規定「出讓人收回並補償相應殘餘價值」。外商在購買土地設廠時，須確認土地證上登記的土地剩餘使用年限。

二、投資強度

投資強度是外商在中國購買土地時一定會碰到的概念。所謂投資強度，通俗而言就是在購買的土地上需要達到的投資總額，通常都以每畝土地上達到多少金額的投資來計算（一畝＝666.67平方米）。如果達不到投資強度，外商將無法購得土地。投資強度直接決定外商的註冊資本及投資規模，因此外商須事先與當地招商部門確認。投資

強度在中國不同地區有不同的標準,而且該標準也經常在調整,在一些外商投資較飽和的地區,投資強度都會比較高,例如江蘇昆山地區,投資強度目前每畝都不會低於50萬美元。

三、土地條件

外商在購買土地設廠時,土地的使用狀況也應予以關注。「三通一平」(通水、通電、通路、平整土地)是基本建設項目開工的前提條件,通常情況下,很多土地都可以達到「五通一平」的使用條件(一般包括:通水、通電、通路、通訊、通氣、平整土地),一些開發得比較成熟的地區也有「七通一平」的,即在五通的基礎上增加通燃氣和通熱力。前期土地開發得越成熟,對於外商後期的開發投入顯然就可以減少很多。

四、容積率

除了土地條件以外,建築的容積率也是外商應予考慮的要素。容積率就是地上全部建築物面積與項目全部用地面積的比例。依一般的理解,在其他條件相同的基礎上,容積率越大,可以建的廠房越多,對土地的利用率也就越高。在一些土地資源較為缺乏的地區,當地招商部門通常都會對容積率設定一個下限指標。容積率直接影響到外商在購買土地後的廠房規劃與構建,不容忽視。

五、招拍掛(招標、拍賣、掛牌)

中國的土地市場分為一級市場和二級市場。從二級市場取得土地使用權,通常即是從其他企業購買土地,此時應當符合下列條件:土地已經按照與國土局簽訂的出讓合同約定,支付了全部的土地使用權出讓金,並取得了土地使用權證書;按照出讓合同約定進行了投資開發,屬於房屋建設工程的,完成開發投資總額的25%以上,屬於成片開發土地的,形成工業用地或者其他建設用地條件。

從一級市場取得土地使用權,則必須通過招標、拍賣、掛牌手續。不同性質的用地,其招拍掛條件不同,地方政府招商引資時,對投資金額大的項目往往不遺餘力,在招拍掛時往往會配合企業設置排他性條件或給企業量身訂做條件,以使企業能順利獲得目標地塊。對於通過招拍掛取得土地使用權並用於新設外商投資企業的,可以境外投資者身分參加招拍掛,一般須提供境外投資者的身分證明文件,而保證金或定金可以用外幣直接支付到國土資源局的專用外幣帳戶。

【98】租賃土地設廠注意事項

外商在中國投資設廠,對於土地及廠房可以選擇以前一章所述通過土地招拍掛程序購買取得,但現階段由於土地市場的供應緊張,土地購買成本大幅增加,很多外商往往也會選擇通過租賃的方式使用土地及廠房,這樣既能在一定程度上降低成本支出,也能減少將來因工廠戰略調整而需要遷址時的不便之處。

外商在中國租賃土地,應選擇國有土地。但實務中,也存在外商承租集體建設用地的情況。此時,外商通常與村集體經濟組織或該經濟組織創辦的企業簽訂租賃合同,承租集體建設用地進行設廠。根據中國土地管理的規定,集體土地不得出租用於非農建設,因此,租賃集體土地風險較大,外商應慎重。

國有土地的租賃存在著兩種方式,一是國有土地的租賃,其次是土地使用權的出租。所謂國有土地租賃是指國家將國有土地出租給使用者有償使用,且由使用者與縣級以上人民政府土地主管部門簽訂土地租賃合同。換個角度來說,國有土地租賃是國有土地有償使用的另一種形式,也是出讓方式的另一種補充行為,總的來說,國有土地

租賃就是承租人取得承租土地使用權。國有土地的租賃與國有土地的
出讓，可以採用招標、拍賣或者雙方協議的方式，但要注意的是，如
果是採用雙方協議方式出租國有土地，則租金不得低於出租底價和按
國家規定的最低地價所折算出的最低租金標準，同時雙方達成協議的
出租結果還要報上級土地主管部門備案，並向社會公開披露以接受監
督。國有土地租賃的承租人，在按規定支付土地租金並完成開發建設
後，經土地行政主管部門同意，或根據租賃合同約定，可將承租土地
使用權轉租、轉讓或抵押，並依法辦理登記。國有土地租賃的承租
人，在使用年限內有優先受讓的權利。

　　而另一種土地使用權的出租，在實務中十分普遍，像是廠房出
租、各種鋪面出租或住房出租等，其實都包含土地使用權出租行為在
內。土地使用權出租的條件，是由出租人與承租人協商確定租金或其
他租賃條件，並簽訂租賃合同後才算完成。外商對租賃合同應特別予
以重視，應盡可能在租賃合同中多為自己爭取權益。例如，外商做為
土地使用權出租的承租人，享有所承租土地及其地上建築物或其他附
著物（土地及房屋等）的使用權，而承租人是否能將承租的土地或房
屋轉租，以及轉租後的權利義務為何，都可在租賃合同中約定。此
外，對於比較容易發生的企業動拆遷情況，外商也應在租賃合同中約
定將來如果發生拆遷後做為承租方權益如何得到保障的條款。

　　實務中，通過租賃集體建設用地上已有的房屋，達到取得生產
經營場地的目的也是可行的，當然前提條件是已有的建設用地及地上
房屋，是通過合法的審批手續取得的。

【99】購買現有廠房注意事項

外商在中國經過招拍掛程序購買土地，再進行廠房建設施工，到最後工廠註冊完成投入使用，往往要經過相當漫長的一段時間。因此，很多外商會選擇購買現有的廠房，這樣表面上看至少較之於購買土地再興建廠房要省時省力很多，但是其中隱藏的種種風險，外商還是須特別注意。

一、廠房權利人、他項權利及相關問題

廠房的權屬問題，是外商在購買廠房時最先應關注的問題。具體來說，審查廠房的權屬主要包括以下幾項內容：

1. 審查廠房的出賣方是否為擬購廠房合法的產權人，這主要看廠房的房產證及土地證上的權利人是否為出賣方。

2. 審查產權的性質，即該廠房的用地是否為工業用地、廠房的用地期限及剩餘年限等，若是通過出讓方式取得，還應審查其與政府部門簽訂的土地出讓合同，確定交易的廠房是否與合同約定的一致、土地出讓金是否已經全部付清等。

3. 審查出賣方處分廠房是否經過出賣方內部法定程序。例如，對於出賣廠房等重大事項，通常均需要出賣方公司的股東會或董事會表決通過，因此，在購買廠房前應讓出賣方提供相關內部決議文件。

4. 審查擬購置的廠房是否已被出賣方出租，或者在廠房上設置了抵押等他項權利，是否存在查封等其他權利限制狀況，以及該地址上有沒有註冊其他公司等。

上述這些資訊中的一部分，外商可以通過在房產交易中心等房產登記機構進行查詢，也可以委託律師等專業機構和人員進行盡職調查中予以確認。

二、購買方式的選擇

在外商經過調查確認廠房的權屬沒有問題之後，面臨的就是通過何種方式購置廠房的問題了。外商既可以選擇通過資產買賣的方式直接購買廠房，也可以選擇通過股權買賣的方式間接獲得廠房。兩種方式各自有利弊。選擇直接購置廠房的方式，最大的問題是交易涉及的稅費非常高，主要包括土地增值稅（出賣方承擔）、營業稅（出賣方承擔）、企業所得稅（出賣方承擔）、印花稅（雙方均承擔）、契稅（購買方承擔）等。而且因為需要用所購置的廠房新設外商投資企業，故還將面臨在新設前以何主體購買的問題，當然，此時也可由境外投資者開立收購類帳戶來操作。收購類帳戶，指的是境外投資者擬在境內設立外商投資企業，如前期須在境內收購資產，例如：土地使用權及附著不動產、機器設備或其他資產等，在資產收購合同生效後，可申請開立的帳戶，用於存放與支付外匯收購款項。另外，按照「關於外國投資者併購境內企業的規定」，境外投資者購買境內資產設立外商投資企業，應自外商投資企業營業執照頒發之日起3個月內，向出售資產的境內企業支付全部對價。對特殊情況需要延長者，經審批機關批准後，應自外商投資企業營業執照頒發之日起6個月內支付全部對價的60%以上，1年內付清全部對價，並按實際繳付的出資比例分配收益。

而以股權轉讓的方式收購股權，由於收購方將一併繼承目標公司的債權債務，收購前期就需要進行比直接購買廠房複雜得多的盡職調查工作，評估被收購的工廠潛在的債權債務及商業風險，但實務中，無論再詳盡的盡職調查也會有無法全盤顧及的問題，特別是對於企業僅憑一紙合同所做出的一些擔保項目，很難在盡職調查中發現，因此，外商選擇股權轉讓的方式購買廠房時，應合理地評估和認識股權轉讓的性質及蘊含的風險。

三、原企業註銷登記或遷移

如果境外投資者直接購買境內的廠房用於設立外商投資企業，還應注意原已在廠房註冊登記的企業應及時辦理註銷登記或者遷移，並在資產收購合同中明確註明此事的辦理時間及逾期辦理的違約責任，以免因為原企業未及時辦理註銷登記或者遷移而給後續企業註冊、經營帶來障礙和麻煩。

【100】購買辦公樓做為註冊地址注意事項

外商在中國購買辦公樓做為註冊地址，主要有兩大類，第一類是外商直接在中國購買辦公樓新設公司，另一類是外商在中國已經有註冊的公司，出於各種原因的考慮而購置辦公樓進行再投資，或者將原公司遷址到新辦公樓。後者發生較多的情形是，早年註冊成立的一些貿易公司，當初由於政策的限制規定，很多外商往往只能在一些特定保稅區域內註冊，實際上公司的辦公地址卻一直是在區外租賃辦公樓使用。隨著外商貿易的市場放開，租金也逐年攀升，促成很多貿易公司從保稅區遷址到區外，選擇購買辦公樓重新做為註冊地址。外商在購買辦公樓的過程中，除了通常所關心的地段位置、配套設施、周邊環境、辦公樓形象、室內採光通風、環境綠化以及價格、物業管理水平等一系列因素以外，從法律風險防控的角度而言，以下事項外商也應該予以重點關注。

一、購買辦公樓的主體

近年來隨著中國房市的不斷升溫，中央及各地均推出一系列限制購房的政策進行調控。外商選擇直接在中國購買辦公樓新設公司的，自然也受到了一定影響和衝擊，根據建房[2010]186號「關於進

一步規範境外機構和個人購房管理的通知」規定，境外個人在境內只能購買一套用於自住的住房。在境內設立分支、代表機構的境外機構只能在註冊城市購買辦公所需的非住宅房屋。因此，境外個人或機構想要直接購買辦公樓做為註冊地址已變得不可能。

但是，對於境外機構或個人在中國投資設立的外商投資企業，無論是購買住房、辦公房或其他商業用房，均未有限制性或禁止性規定，這就意味著外商在中國購房遭遇障礙時並非沒有解決之道，而是可以通過設立外商投資企業的方式避開限購令的相關規定。實務操作中，各地對此的拿捏基本一致，上海和北京等城市，對於外商投資企業購買多套辦公用房均不予限制。在具體操作過程中，通常外商可選擇先在辦公樓所在地區尋找一虛擬地址進行註冊，待該外商投資企業設立完成後，再以該公司名義購買辦公樓，並辦理註冊地址遷移。

二、涉外辦公樓

由於中國之前規定外國企業代表處必須在涉外辦公大樓裡進行註冊（2011年3月1日後，法律取消了外國企業代表處一定要在涉外辦公樓裡註冊的規定），導致很多對中國政策不熟悉的外商誤認為外商投資企業也必須註冊在涉外辦公樓裡。事實上，中國對於外商投資企業從未提出過一定要註冊在涉外辦公樓裡的規定。因此，外商在購買辦公樓做為註冊地址時，大可不必局限於涉外辦公樓。

三、註冊資本

外商購買辦公樓新設公司時，還應注意在規劃公司的註冊資本時考慮辦公樓的價格，一般而言，從結匯的便利方面考慮，新公司的註冊資本應適當高於辦公樓的價格。由於目前中國一些城市辦公樓的價格都比較高，如果公司的註冊資本無法達到辦公樓價格，也可以用借外債的方式支付房款。

【101】租賃廠房與辦公樓做為註冊地址注意事項

租賃廠房或辦公樓做為公司的註冊地址，通常是外商在中國進行投資的首選方式，若處理不當，很有可能導致公司無法註冊的後果，外商應予以重視。

一、出租主體

出租主體是否適格，對於外商能否在租賃地址成功註冊有著至關重要的作用。首先，外商選擇租賃廠房或辦公樓，嚴格來說是要求出租方在其經營範圍中有出租物業或閒置廠房的明確登記，外商若向未登記此類經營範圍的主體承租房屋，則具有一定的風險。實務中各地對此拿捏的嚴格程度不一，如果碰上審核嚴格的地方，就可能直接導致外商無法進行註冊，因此，外商若一定要租賃此類廠房，可以在租賃合同中要求以辦理完新公司的營業執照、稅務登記證等公司必備證書，做為租賃合同的生效要件；其次，若外商租賃的廠房或辦公樓屬於出租人承租後再轉租的，外商應確認該廠房或辦公樓是否允許轉租，若原出租合同約定轉租須經原出租人同意或不允許轉租，此種情形下除非得到原出租人同意轉租的書面承諾，否則此類地址通常工商管理部門不會准予註冊。

二、租賃標的

租賃的廠房或辦公樓本身是否符合要求，對於外商能否成功註冊公司也具關鍵性。首先，外商應確認該地址是否已經有其他公司註冊，實務操作中，如果是辦公樓，那麼同一註冊地址上只允許有一家公司進行註冊。因此，外商租賃的辦公樓如果已經被其他公司在先註冊登記，則外商將可能無法再次註冊。為避免這種情況，外商可以到註冊地實地進行查看，也可以到房屋所在地的房產交易中心查詢房產

的出租資訊。為保險起見，外商應在雙方的租賃合同中，對於因出租方原因導致無法註冊的情況約定明確的救濟措施。比較特殊的是外商在商場裡租賃店鋪的情形，很多大型商場通常只有一張產證，權利人再將產證分割成各個獨立的店鋪出租給經營者。對於註冊地址的確定，工商管理部門主要依據外商提交的租賃合同、產權證以及房產分割平面圖進行審核，因此外商在租賃此類店鋪時，務必須讓出租方提供與租賃合同約定地址相符的店鋪分割平面圖。但如果租賃的是廠房，情況就比較特殊，很多工廠會將閒置廠房出租，因此，即使已經有其他公司在同一地址上註冊，如果工商管理部門拿捏的尺度比較寬鬆，還是可以在該地址上進行註冊。

其次，外商應注意廠房或辦公樓的產權性質。一般來說，做為註冊地址的廠房與辦公樓，要求是工業用房或商業用房（如果是租賃用做店鋪，則必須是商業用房），而不能是住宅用房。房產性質在產權證上一般均有登記，外商在承租之前應予查核。此外，即便是工業用房或商業用房也並不一定可以成功做為註冊地址，通常還要視公司經營行業而定，這裡情況比較複雜，各地尺度不一，例如昆山地區就規定工業用房不能用於註冊諮詢公司。建議外商在這種情況下可以在正式報送審批之前，先拿產權證與當地工商管理部門進行確認。

三、租賃合同

外商在簽訂租賃合同時，可能會影響到公司能否註冊成功的主要因素包括：

1. 租賃期限。實務中，工商管理部門通常會要求公司的租賃期限不得少於一年，若少於一年，工商管理部門可能會以公司的持續經營狀況存在不確定而不予註冊。另一方面，租賃合同的年限也不宜約定過長，一方面是便於企業隨著經營狀況好轉而自己購置辦公用房，另一方面則是出於節稅的考慮，稅務部門會根據租賃合同上約定的租

金徵繳印花稅，年限越長勢必租金總額也會越高，則公司繳納的印花稅也會比較高。

2. 合同簽署。這裡分為兩種情況，第一種情況是新註冊的公司已經取得工商管理部門的名稱核准通知，則租賃合同就直接可以以新公司的名義簽署；第二種情況是外商尚未取得名稱核准通知，各地的工商管理部門對此存在認定不一的情況，通常工商管理部門會要求租賃合同以新公司投資方代表人的名義簽署。

【102】註冊地址與稅收優惠的關係

中國幅員遼闊，經濟發展不平衡，政府為促進或重點發展某一地區經濟時，往往會給予該地區許多優惠措施，包括稅收優惠，以達到吸引投資、促進當地經濟發展的目的。但稅收優惠政策分為國家級別、地方級別等，外國投資者來中國投資前，須對不同區域的稅收政策進行初步瞭解，以便選擇最為有利的投資地。

目前國家層面的稅收優惠政策，主要有2011年7月27日，中國財政部、海關總署和國稅總局下發「關於深入實施西部大開發戰略有關稅收政策問題的通知」，規定自2011年1月1日至2020年12月31日，對設在西部地區包括四川、西藏等13個省的鼓勵類產業企業，減按15%的稅率徵收企業所得稅。對西部地區內資鼓勵類產業、外商投資鼓勵類產業及優勢產業的項目，在投資總額內進口的自用設備，於政策規定範圍內免徵關稅。

另外，有的區域雖無國家級別的稅收優惠政策，但地方政府會針對本區域的企業明確發文給予優惠和扶持，比如上海市綜合保稅區等。2010年5月7日，上海綜合保稅區管理委員會發布「上海綜合保

稅區管理委員會『十二五』期間財政扶持經濟發展若干意見」，該意見明確規定將大力扶持上海綜合保稅區內包括洋山保稅港區、外高橋保稅區（含外高橋保稅物流園區）及浦東機場綜合保稅區區域內的航運、物流、航運服務、貿易、加工製造、維修等行業，對註冊在本區域內的前述行業將給予不同比例的財政扶持和補貼。

最後還有一種地方政府內部的財政扶持規定，此種財政扶持是外國投資者會遇到的最為普遍的財政扶持，只不過這些規定都是內部掌握的，並非以發文形式明確予以公布。一般因企業繳納的所得稅、增值稅、營業稅等是由中央政府、省級政府、地方政府及街道等各自按一定比例留存，而地方政府為吸引投資，往往會事先同意將留存在本級政府的稅收中的一定比例返還給企業做為財政扶持以吸引投資者。

例如在上海，企業所得稅中的60%會上交中央政府，40%留存在上海市政府，而留存在上海市政府的稅收中，50%留存在上海市，另外50%留存在區級，而街道則會把留存在區級政府稅收中的一定比例還給企業做為扶持。如果街道把留存在區級政府的稅收中的18%返還給企業，企業最後實際的所得稅稅負率就只有24.10%，低於正常的25%的稅負率。

不同的地方政府基於諸多考慮，給予企業財政扶持比例並不相同，即使在上海市，不同區域、不同街道的財政扶持比例也不盡相同，因此，投資者在投資前需要對有意投資的區域進行比較，尤其需要瞭解其財政扶持的比例，以便做出最有利的投資規劃。當然，需要提醒的是，此種方式的財政扶持，並非法律、法規層面的規定，而是地方招商部門為吸引投資內部做出的規定，因此，投資者在投資之初須與地方政府談妥，並簽署協議，明確註明財政扶持比例、稅收返還的方式、期限等。

【103】外商熱門投資地介紹（一）──上海閘北區

　　與長寧、徐匯、閔行等外商投資集聚地相比，過去閘北區因承載了太多的歷史包袱及舊城改造任務而未獲得外商的關注。不過，「塞翁失馬，焉知非福」，在上海新一輪的轉型發展過程中，閘北區依託蘇河灣這個城市新地標的開發建設，踏準外商現代服務業進軍上海的節拍，無疑又比其他區域具有後發先至的優勢。

　　外商對於閘北區的認知，多數停留在上海新客站。事實上，做為上海市中心的北部城區，閘北區擁有縱貫全區的內環高架、中環路和南北高架、已建成和即將建成的四條地鐵及輕軌線，並坐擁中國第二大鐵路客運站和最大的鐵路零擔貨運站（編註：零擔貨運是指一張貨運單托運的貨物重量或容積不夠裝滿一車，而與其他托運貨物拼裝後進行運輸），及亞洲最大的長途汽車客運中心，這些與通暢的公交線路一起構成了閘北區四通八達的交通網絡，地理位置十分便利。

　　閘北區也是最能體現上海歷史品格和發展歷程的城區之一。做為滬上早期工業大本營，20世紀初蘇州河畔曾集聚了至少21家金融倉庫，如外界熟知的「四行倉庫」，還有205家大中型工廠，涉及絲綢、印刷、麵粉等20多個行業，早期的商務印刷館也開設在此，儼然一幅近代上海的「清明上河圖」。後來抗日戰爭使得閘北一度沉淪。如今，閘北區不單交通便捷，還是上海馬戲城、大寧國際商業廣場、海上文化中心等文化休閒服務業的集聚區。五星級酒店上海浦西洲際國際酒店在閘北的西片區拔地而起，東片區的中糧「大悅城」集購物、休閒、娛樂為一體，則成為上海青年白領休閒聚會的「新天地」。

　　未來五年，閘北區更是制定了「南高中繁北產業」的發展戰略，即南部按照「高端高檔」要求，聚焦蘇河灣開發，以東片城市更

新和西片功能修復為路徑，著力發展金融及衍生服務業、人力資源服務業、高端商貿服務業和高檔旅遊休閒業；中部則按照「繁榮繁華」要求，以商務商業為支撐，以文化娛樂為特色，以綠色生態為配套，打造商業商務發達、生態環境優美、休閒娛樂高雅的大型城市綜合體；北部則體現「產業支撐」要求，以市北高新園區功能優化為核心，積極發展雲計算（台灣稱雲端技術）等戰略性新興產業和國家級高新技術產業、研發總部、科技服務機構，形成龍頭帶動、配套協作的創新集群格局。

　　「十二五」規劃開局之初，上海確定了發展成為國際經濟中心、國際金融中心、國際貿易中心及國際航運中心的經濟戰略藍圖，閘北區政府主動融入上海的發展大局，成功申報成為國家服務業綜合改革試點區域，同時，中國上海人力資源服務產業園區和上海雲計算產業基地亦正式掛牌，市北高新區內正在努力打造成為上海國際貿易技術標準服務中心。如今的閘北，更為積極地引導人力資源服務業、金融衍生服務業、軟體和資訊服務業、商業商貿服務業及交通物流服務業等產業迅速發展，並雲集了飛利浦、科勒（Kohler）、TESCO、村田、淡水河谷（Vale S. A.）等數家跨國公司地區總部，引進了大潤發、鼎捷、104人力銀行、永和豆漿、神腦國際等知名台資企業。因此，閘北的後發先至之優勢，實際上也正是在其他區域招商日趨飽和的狀態下，閘北區恰好可充分調動其新落成的高端樓宇之資源而得以凸顯。

　　這些已經取得的金字招牌，為外商開闢了新的投資途徑。比如，外商在一般區域設立中外合資人才仲介機構，外方出資比例通常不得高於49%，但在閘北的上海人力資源服務產業園區內落戶，外資比例則可達到70%；做為國家服務業綜合改革試點區域，在閘北設立的外商投資企業，其出資方式可從原來僅限於貨幣、實物、土地使用

權等方式，拓寬到專利技術、數據庫、網域名稱等可依法轉讓的無形資產；對於符合條件的文化產業園區、創意創業集聚區管理企業名稱中的字號，不再僅限於使用中文表述；及支持以股權投資方式直接申請設立集團母公司等。

為鼓勵外商投資，閘北區對前來投資的企業以區級財政所得部分返還30%～60%不等，給予樓宇租金及裝修補貼，扶持和獎勵企業上市等各項優惠措施，使外商能夠切實受益。

【104】外商熱門投資地介紹（二）──上海浦東新區

浦東新區位於上海市的東部，在八○年代，「寧要浦西一張床，不要浦東一間房」是當時的共識，黃浦江把上海分成了兩個世界，浦西已經發展得像模像樣，而浦東只是一片農田菜地。1990年中國政府提出了「開發浦東，振興上海，服務全國，面向世界」的方針，從此浦東新區逐漸開始成為上海乃至全國經濟增長的引擎，2009年原南匯區併入浦東新區，合併後的浦東新區面積已經達到整個上海面積的1/5，經濟總量也達到了上海的1/4。在新浦東區域內，集聚了陸家嘴金融貿易區、張江高科技園區、外高橋保稅區、金橋出口加工區、洋山保稅港區等五個國家級開發區，以及國家級的臨港裝備產業基地，集聚了先進製造業、臨港工業、高新技術產業、生產性服務業等現代產業要素。

外商在浦東新區進行投資，根據行業不同可以選擇不同的投資區域，並享受該投資區域的鼓勵投資政策。例如，在浦東新區中南部的張江高科技園區內，對於集成電路產業、生物醫療產業、軟體產業、文化科技創業產業、光電子產業、新能源與環保產業等的發展，

已經形成了相當的規模，園區內囊括了日月光、葛蘭素史克、盛大網路、中芯國際等眾多世界500強企業。目前，園區建有國家上海生物醫藥科技產業基地、國家信息產業基地、國家集成電路產業基地、國家半導體照明產業基地、國家863信息安全成果產業化（東部）基地、國家軟體產業基地、國家軟體出口基地、國家文化產業示範基地、國家網遊動漫產業發展基地等多個國家級基地。

同時，園區為進駐的企業提供了系列服務政策，在企業融資方面，園區於2008年推出「張江高科技園區企業易貸通」，可為園區企業提供超短期融資和質押形式靈活的銀行貸款服務，為園區企業提供融資便利；在企業投廠建設方面，為園區企業提供基本建設的前期報建服務及相關諮詢，服務內容包括立項審批、設計審批、施工圖審圖、工程規劃許可證前期審圖、工程規劃許可證申請、建設項目檔案管理登記、道路紅線訂立、環評審批、職業病防範預評價、消防審核、施工、監理招投標、建設工程品質監督申報、施工許可證辦理等。

浦東新區對於外商投資也有一系列鼓勵政策。例如，2010年浦東新區即發文允許境內自然人，在浦東新區試點與外國公司、企業、其他經濟組織或個人共同舉辦中外合資、中外合作經營企業。根據中國外商投資領域相關法律規定，境內自然人不得做為股東參與中外合資、合作企業的設立，因此浦東新區此舉大大拓寬了外商與境內主體進行合資合作的道路。此外，對於一些新型的外商投資領域，例如股權投資、融資性擔保、融資租賃、小額貸款、保理等行業，浦東新區已有成功案例並正在逐步推進當中。

對於跨國公司地區總部的政策，浦東新區於2011年發布了關於推動浦東新區跨國公司地區總部加快發展的12條意見，從海關、檢驗檢疫、外匯、財政、人才、基地建設、便捷服務、戰略合作、集成

服務等方面，鼓勵跨國公司地區總部在浦東新區設立投資、管理、研發、營運、產品服務、結算等中心。

此外，浦東新區也率先擴大外商投資服務貿易領域的範圍，開展外資銀行經營人民幣業務、外資參股中資銀行、外資人民幣股權基金等試點，並將對外開放的範圍由生產製造擴大到金融保險、國際貿易、商業零售、現代物流、會計律師等服務業領域。

【105】外商熱門投資地介紹（三）——江蘇昆山花橋

江蘇昆山市做為中國外商最密集聚居的地區之一，已為外商所熟悉，而昆山市下轄的花橋鎮，以其便利的交通環境與具有吸引力的招商政策，已經成為近年來新興崛起的外商熱門投資地之一。

昆山花橋地處江蘇與上海的交界處，是中國目前唯一以現代服務業為主導產業的省級開發區。自2005年開始，江蘇省政府開始著力打造花橋經濟開發區。隨著上海商務成本的攀升，花橋在地價、房價、勞動力等要素成本，和基礎設施、項目建設等硬成本，以及政府服務的軟成本等方面的綜合優勢，將更加凸顯。

例如在交通方面，上海軌道交通11號線將延伸至花橋站，該項目計畫2012年底建成通車，是中國首個上海至江蘇跨省城市軌道交通項目，花橋與上海之間的「同城效應」更為凸顯。此外，滬寧城際鐵路2010年投入運行，正線全長300公里，平均每10分鐘就有一班列車停靠花橋站，是目前世界上標準最高、里程最長、運營速度最快的城際高速鐵路。設有昆山站的京滬高鐵也將於2012年投入運營，總長度1,318公里，平均每3分鐘就有一班快速列車往返於上海和北京之間，將使北京和昆山之間的往來時間縮短到5小時以內。

　　做為中國目前唯一以現代服務業為主導產業的開發區，花橋對於外來企業的進駐要求比較嚴格。所有進駐企業必須是非污染型企業，提倡低能耗型企業入駐，高能耗的企業限制進駐。同時，進駐的企業要遵守花橋政府關於保護環境方面的所有規定。花橋國際商務城致力於發展四大無污染產業：

　　一是服務外包，包括跨國公司、國內大型企業集團的IT服務、客戶服務等外移外包。花橋目前已經成為中國首個服務外包認證國家示範區，現已有全球前三大服務外包供應商之一的法國凱捷公司進駐。

　　二是金融機構後台處理中心，包括銀行、證券、保險等大型金融機構的財務結算中心、信用卡服務和客戶呼叫中心等。

　　三是製造業企業的區域性總部，包括運營中心、研發中心、採購中心、營銷中心、管理服務中心等。

　　四是物流採購中心，以及與之相配套的酒店、商業、文化和居住等項目。

　　目前正在建設中的海峽兩岸（昆山）商貿合作區，重點致力於台灣商品交易中心、台灣商品展示中心、台灣商品分撥配送中心、台灣商品物流保稅中心和綜合服務配套中心等五大中心，將成為服務江蘇、長三角地區乃至全中國的台灣商品集散地。完全建成後，將引進商家3萬戶，增加就業數8萬個，日均引入客商和參觀者10萬人次，年貿易額可實現2,000～3,000億元。

　　在招商引資方面，花橋也推出了一系列優惠政策。例如：

　　1. 對於地區總部，按註冊資本的高低將給予一次性人民幣500萬至1,500萬不等的資金補貼，年收入達到一定規模的地區總部，其在經營過程中實現的增值稅、營業稅、所得稅等形成的地方留成部分，也將分不同年限予以不同比例的獎勵。

　　2. 對於達到一定條件的服務外包企業，按公司規模及年收入情

況，給予一次性人民幣200萬至1,000萬不等的資金補貼，對在開發區
建造自用辦公樓產生的基礎設施配套費、契稅及房產稅部分給予減免
及補貼，服務外包企業員工的養老、醫療、失業、生育、工傷五大保
險，企業繳費可以按最優惠政策執行等。

　　3. 對於註冊在花橋商務城的銷售公司，其實現的增加值、營業
收入、利潤總額等形成的地方財力部分，在一定年限內給予一定比例
的獎勵，對於在花橋商務城租用辦公場所的費用，同樣在一定年限內
給予一定比例的補貼等。

【106】外商熱門投資地介紹（四）——中西部

　　2010年中國政府提出了「國務院關於進一步做好利用外資工作
的若干意見」，該意見明確提出了諸如引導外資向中西部地區轉移和
增加投資，鼓勵外商在中西部地區發展符合環保要求的勞動密集型產
業，對符合條件的西部地區內外資企業繼續實行企業所得稅優惠政
策，保持西部地區吸收外商投資好的發展勢頭等，一系列鼓勵外商在
中西部進行投資的政策。中西部地區相比於東部地區，在地理條件及
經濟發展各方面雖然處於一定劣勢，但近年來，由於東部地區的投資
漸趨飽和，加上中西部招商引資的力度不斷加強，已有越來越多的
外商開始向中西部進軍。2012年4月6日，中國國家稅務總局提出了
「關於深入實施西部大開發戰略有關企業所得稅問題的公告」，對
於西部地區企業享有的稅收優惠政策予以明確：自2011年1月1日至
2020年12月31日，對設在西部地區以「西部地區鼓勵類產業目錄」
中規定的產業項目為主營業務，且其當年度主營業務收入占企業收入
總額70%以上的企業，經企業申請，主管稅務部門審核確認後，可減

按15%稅率繳納企業所得稅。

一、重慶

重慶市是中國四大直轄市之一，位於中國內陸西南部。重慶市是中國重要的現代製造業基地，西南地區的綜合交通樞紐。2011年國務院批覆的「成渝經濟區區域規劃」，把重慶定位為國際大都市。重慶的兩江新區，與上海浦東新區、天津濱海新區以及深圳特區，並列中國的四大國家級開發區。兩江新區享受國家給予上海浦東新區和天津濱海新區的政策，並疊加重慶及西部的優惠政策，包括對於土地、金融、財稅、投資、外貿等領域賦予先行先試權，允許和支持試驗一些重大的、更具突破性的改革措施。

重慶市為吸引外商投資，相繼頒布了「重慶市鼓勵外商投資若干政策規定」、「重慶市工商行政管理局關於鼓勵外商來渝投資若干政策措施的意見」等政策規定，對於外商在重慶進行投資，可以享受一系列優惠政策，例如：

1. 允許自然人做為中方投資者，投資設立中外合資、合作經營企業。

2. 外國（地區）具備法人資格的社團組織和財團組織視為經濟組織，可以在重慶投資設立外商投資企業。

3. 外國（地區）自然人投資者來重慶開辦一人公司，不受一個自然人只能開辦一個一人有限公司的限制。

4. 允許外國（地區）投資者以境內外非貨幣財產出資。

5. 生產性外商投資企業，其企業所得稅減按24%的稅率徵收。其中經營期在10年以上的，從獲利年度起，第一至二年免徵企業所得稅，第三至五年減半徵收企業所得稅。

6. 外商投資的產品出口企業在國家規定減免稅期滿後，其出口產品產值占企業產品產值70%以上的年度，減按10%的稅率徵收企業

所得稅。

二、西安

　　西安古稱「長安」，是舉世聞名的世界四大文明古都之一，是中華民族的搖籃與中華文明的發祥地。現今的西安，是中國中西部地區最大、最重要的科研、高等教育、國防科技工業和高新技術產業基地。西安市目前已建成以機械設備、交通運輸、電子信息、航空航太、生物醫藥、食品飲料、石油化工為主的門類齊全的工業體系，培育了高新技術產業、裝備製造業、旅遊產業、現代服務業、文化產業等五大主導產業。

　　在吸引外商投資方面，西安市先後吸引了美國卡特彼勒（Caterpillar Inc.，台灣譯為「開拓重工」）、德國麥德龍（Metro AG）及萬寶盛華（Manpower Group）等世界500強企業來投資。截至2011年底，已有80家世界500強企業在西安市設立了130家企業或分支機構。做為中國首批設立的國家級高新技術產業開發區之一，西安高新區已形成了電子信息、下一代信息技術產業、生物醫藥等主導優勢產業，成為中西部經濟總量最大、創新創業最為活躍的高新區。近年來，這裡吸引了應用材料、GE、美光、華為等世界500強和知名電子信息企業進駐。2012年4月，中國改革開放以來電子信息行業最大外商投資項目——韓國三星電子一期投資70億美元的存儲晶片項目，正式落戶西安市高新區。

【107】註冊地與經營地不一致的風險及應對辦法

　　根據中國法律的規定，公司的住所是公司主要辦事機構所在地。經公司登記機關登記的公司住所只能有一個。公司的住所應當在

其公司登記機關轄區內。也就是說，法律只允許公司有一個辦公經營地點，該辦公經營的地點即為公司的註冊地址。但實務中，很多企業註冊地與經營地並不一致，特別是對於一些從事貿易行業的公司，早期往往由於行業限制的原因，只允許在特定區域進行註冊，但事實上企業的實際經營地卻並不在該區域。另有一些企業，出於經營成本或稅收政策的考慮，將公司註冊在開發區或工業園區內，很多開發區管委會出於招商的考慮，會提供全套的公司註冊、年檢、稅務申報繳納等服務，但事實上企業的業務本身不適合在園區內經營，於是選擇在其他地方從事，這種異地經營的方式事實上隱藏著一定的法律風險。

　　企業若存在異地經營的行為，根據法律規定，將會由負責企業註冊登記的工商管理部門進行一定處罰，工商管理部門通常會視企業違法的情節，要求企業限期進行整改，或者處以一定金額的罰款。實務中，在一般情況下，各地工商管理部門對於這種異地經營的處罰在拿捏程度上寬嚴不一，一些地方由於異地經營過於普遍，工商管理部門通常並不會真正進行處罰；而尺度較為嚴格的工商管理部門，則會將企業的異地經營行為認定為構成無照經營，進而直接吊銷企業的營業執照。另一方面，如果企業涉及訴訟事項，通常對企業提起的訴訟由企業註冊地的法院進行管轄，法院的文書等都會送到企業的註冊地址，若由於企業註冊地與經營地不一致而無法知曉企業的涉訴情況，進而失去出庭答辯的機會，經由法院缺席判決很有可能要承擔敗訴的風險。因此，企業還是應將註冊地與經營地做到一致，特別是對於一些想上市或進軍資本市場的企業，註冊地址與經營地址的一致性也是被重點關注的一項。

　　對於註冊地與經營地不一致的企業，一般而言，有兩種方式可以因應。第一種方式，公司可以在實際經營的地點設立分公司。這種方式由於花費成本較少，程序也較快，通常被做為解決異地經營問題

的首選方式。選擇這種方式要注意的是，如果企業跨城市或地區設立分公司，由於很多城市或地區對於分公司的審核標準不同，很多地方明確對於非經營性的分公司不予審批，因此企業只能選擇設立經營性的分公司。另一方面，在同一城市設立分公司，諸如上海市，分公司日常所需的發票領取、分公司的辦稅等事項還是要在總公司所在地進行，因此，對於一些註冊地與經營地相隔較遠的企業，仍會有諸多不便。

解決註冊地與經營地不一致的另一種方式，是企業進行遷址，即從註冊地遷址到實際經營地，實際經營地為公司唯一的註冊地址。遷址的方式不同於上述設立分公司，在於通過遷址即從根本上解決了企業異地經營的風險，也避免了總、分公司模式在日常經營管理上的不便。但是，企業選擇遷址方式，應注意：（1）整個遷址過程所需的時間較長，需要遷出地及遷入地的商務主管部門、工商管理部門、稅務部門等機關的審批，而且在辦理過程中可能還要面臨一兩個月左右無法正常開票的問題；（2）企業若在原註冊地址享受過財政補貼等優惠政策，特別是在一些開發區內，根據企業的經營年限可能會面臨開發區追繳並收回財政已補貼資金的風險。因此，企業決定遷址時，應事先做好遷址的評估工作。

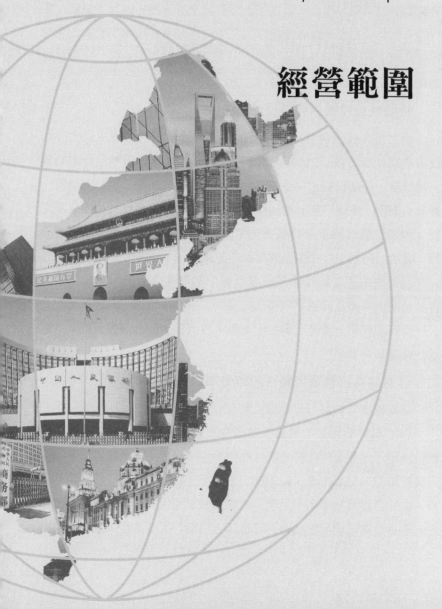

| 第六篇 |

經營範圍

【108】擬定經營範圍的原則和思路

經營範圍是外商投資企業從事經營活動的業務範圍。公司的經營範圍由公司章程規定，體現了企業的自主經營權，但為了規範企業的經營行為，工商行政管理機關對在中華人民共和國境內登記的企業經營範圍進行審查，符合法律規定，方予以核准登記。因此，設立外商投資企業，擬定經營範圍時應注意以下幾方面的內容。

一、瞭解禁止或限制外商投資的領域

設立外商投資企業，應按照指導外商投資方向的規定及「外商投資產業指導目錄（2011年修訂）」執行。凡屬於指導目錄中的禁止類行業，外商投資企業不得經營。比如高爾夫球場、別墅的建設、經營；圖書、報紙、期刊的出版業務；郵政公司、信件的國內快遞業務；傳統工藝的綠茶及特種茶加工；稀有和特有珍貴優良品種的研發、養殖、種植以及相關繁殖材料的生產等。

若公司的經營範圍涉及指導目錄中的限制類行業，此類項目的審批權則由省級及計畫單列市（如深圳、寧波、青島、大連、廈門）人民政府的商務主管部門審批，不能下放到該新設外商投資企業所在地的縣區級主管部門。

二、注意許可經營項目和一般經營項目

經營範圍分為許可經營項目和一般經營項目。

許可經營項目是指企業在申請登記前依據法律、行政法規、國務院決定，應當報經有關部門批准的項目。因此，經營範圍若涉及許可經營項目，比如生產、經營第二類、第三類醫療器械；設立中外合資、中外合作娛樂場所；生產、經營散裝或預包裝食品等，設立這類外商投資企業，須辦理相應許可證後方可進行工商登記，並在許可證

規定的有效期內經營相應的許可項目。

　　一般經營項目是指不須批准，企業可以自主申請的項目。在實務中，一般經營項目分為兩類，一類是領取營業執照後，必須獲得有關資質證書，才能在其資質等級許可的範圍內經營的項目，即經過後置許可審批才能從事經營的項目，比如建築施工活動。還有一類是辦理工商登記取得營業執照後，無須取得其他部門批准即可開展經營活動的項目，比如經營日用百貨、日用五金工具等。對於一般經營項目，申請人直接向工商行政管理機關申請登記，登記機關只審查企業的登記申請資料是否齊全、是否符合法定形式。

三、表述經營範圍的用語須規範

　　擬定經營範圍時，對於經營項目的表述可參照2011年11月1日實施的「國民經濟行業分類」及有關規定，自主選擇一種或者多種經營的類別。比如批發和零售業門類中，分為批發業和零售業兩個大類，批發業又分為 9 個中類、57類小類，零售業分為 9 個中類、56個小類。如果企業擬經營項目、品種包括小類中全部或大部分內容時，應使用中類項目用語，但經營項目、品種僅含小類中一個或少數幾個內容時，應使用小類項目用語。

四、關於跨行業、跨類經營

　　除法律、行政法規限制的項目外，外商投資企業可以跨行業、跨大類經營，但跨行業經營的企業，其經營範圍中的第一項經營項目所屬的行業為該企業的行業。

五、經營範圍應與企業經營條件相適應

　　比如從事「零售」業務，必須事先租賃合適的店面地址，如果零售的商品為食品，還需要考慮到場地、設備、從業人員等客觀條件是否能符合取得相關許可證的要求，進而影響到外商投資企業營業執

照的取得。因此，若企業的經營條件暫不符合某類行業的特殊要求，在設立時可暫將此項目排除在經營範圍之外，待條件成熟後再增加經營範圍。

最後，需要提醒外國投資者注意的是，公司應在登記機關核定的經營範圍內開展經營活動，超越經營範圍者，工商行政管理機關可以對企業做出行政處罰。

【109】經營範圍與許可證辦理（一）
──食品生產許可證

中國對食品生產、食品流通、餐飲服務活動的監督管理分別由質量技術監督、工商行政管理、食品藥品監督管理部門負責。

根據「食品安全法」的規定，從事食品生產，應當依法取得食品生產許可證。而且，中國質量監督檢驗檢疫總局規定，在食品或者其包裝上必須標註食品生產許可證證書編號，並加印（貼）市場准入標誌──QS標誌，沒有加印（貼）QS標誌的食品不准進入市場銷售。比如，某企業甲委託食品生產企業乙加工食品，那麼做為食品生產單位，乙必須具有食品生產許可證，委託方（甲）若沒有食品生產許可證，則在食品包裝的標註上除標明甲的資訊外，還應當註明加工單位（乙）的企業名稱和食品生產許可證編號。委託方（甲）若有食品生產許可證，委外生產的食品包裝可以採取兩種標準方式：1. 標準委託方的名稱、地址和被委託方（乙）的名稱和生產許可證編號；2. 標準委託方的名稱、地址以及生產許可證編號。

目前，中國食品生產許可範圍分為如下28類：

序號	產品名稱	發證產品
1	糧食加工品	小麥粉、大米、掛麵（編註：即乾麵條）、其他糧食加工品
2	食用油、油脂及其製品	食用植物油、食用油脂製品、食用動物油脂
3	調味品	醬油、食醋、味精、雞精調味料、醬類、調味料產品
4	肉製品	肉製品
5	乳製品	乳製品、嬰幼兒配方乳粉
6	飲料	飲料
7	方便食品	方便食品
8	餅乾	餅乾
9	罐頭	罐頭
10	冷凍飲品	冷凍飲品
11	速凍食品	速凍麵米食品、速凍其他食品
12	薯類和膨化食品	膨化食品、薯類食品
13	糖果製品（含巧克力及製品）	糖果製品、果凍
14	茶葉及相關製品	茶葉、含茶製品和代用茶
15	酒類	白酒、葡萄酒及果酒、啤酒、黃酒、食用酒精、其他酒

序號	產品名稱	發證產品
16	蔬菜製品	蔬菜製品
17	水果製品	蜜餞、水果製品
18	炒貨食品及堅果製品	炒貨食品及堅果製品
19	蛋製品	蛋製品
20	可哥（即可可）及焙烤咖啡產品	可哥製品、焙炒咖啡
21	食糖	糖
22	水產製品	水產加工品、其他水產加工品
23	澱粉及澱粉製品	澱粉及澱粉製品、澱粉糖
24	糕點	糕點食品
25	豆製品	豆製品、其他豆製品
26	蜂產品	蜂產品、蜂花粉及蜂產品製品
27	特殊膳食食品	嬰幼兒及其他配方穀粉產品
28	其他食品	

　　以上海為例，對於前述28類產品，除肉製品、飲料、罐頭、冷凍飲品、酒類（包括葡萄酒及果酒、啤酒）、特殊膳食食品等，由國家質量監督檢驗檢疫總局核發「食品生產許可證」外，其餘均由上海市質量技術監督局核發「食品生產許可證」。

　　擬設立食品生產企業的外商投資企業申請食品生產許可時，應當向生產所在地質量技術監督部門提出，並提交下列資料：

1. 食品生產許可申請書。

2. 申請人的身分證（明）或資格證明影本。

3. 擬設立食品生產企業的「名稱預先核准通知書」。

4. 食品生產加工場所及其周圍環境平面圖和生產加工各功能區間布局平面圖。

5. 食品生產設備、設施清單。

6. 食品生產工藝流程圖和設備布局圖。

7. 食品安全專業技術人員、管理人員名單。

8. 食品安全管理規章制度文本。

9. 產品執行的食品安全標準；執行企業標準的，須提供經衛生行政部門備案的企業標準。

　　質量技術監督管理部門受理申請後，受理部門組成核查組，對企業進行實地核查，對產品現場抽樣、檢驗，並將企業申請資料、現場核查和產品檢驗材料匯總上報至省級或國家質量監督管理部門。對現場核查和產品檢驗合格的企業，經相應質量技術監督局審定，做出准予生產許可的決定，並自決定之日起10日內，向企業發放食品生產許可證及副本。

　　食品生產許可證有效期為三年。已經取得食品生產許可證的外商投資企業須注意：在有效期屆滿六個月前，向原許可機關提出換證申請。期滿未換證的，視為無證；擬繼續生產食品的，應當重新申請，重新發證，重新編號，有效期自許可之日起重新計算。

　　由於中國對食品生產企業的管理較為嚴格，對於生產許可證實行年審制度，即取得食品生產許可證的企業，應每年在規定的時間內向所在地的市（地）級以上質量技術監督部門提出年審申請，由質量技術監督部門在企業生產許可證的副本上簽署年審意見。

【110】經營範圍與許可證辦理（二）
——食品流通許可證

　　根據中國「食品安全法」的規定，從事食品流通經營，應當依法取得食品流通許可，並憑「食品流通許可證」辦理工商登記。未取得「食品流通許可證」、未經工商登記，不得從事食品流通經營。

　　外商投資企業的經營範圍中如有「批發（零售）預包裝食品、散裝食品、乳製品（含或不含嬰兒配方乳粉）、現場製售某食品（不含堂吃〔編註：「堂吃」指在該製售現場當下食用〕）」等內容，則須向工商行政部門申請核發「食品流通許可證」，登記註冊機構依據「食品流通許可證」所核准的事項，進行相關經營範圍的登記。

　　下列情形不需要取得食品流通許可：

　　1. 取得食品生產許可的食品生產者在其生產場所銷售其生產的食品。

　　2. 取得餐飲服務許可的餐飲服務提供者在其餐飲服務場所銷售其製作加工的食品。

　　3. 農民個人銷售其自產的食用農產品。

　　根據「食品流通許可證管理辦法」的規定，申請領取「食品流通許可證」，應當符合食品安全標準，並符合下列要求：

　　1. 具有與食品經營相適應的經營場所。比如：經營冷凍冷藏食品的，須具有相應的食品加工、包裝、貯存等場所，並能保持該場所環境整潔。

　　2. 具有與食品經營相適應的經營設備或設施。比如：有相應的消毒、更衣、盥洗、採光、照明、通風、防腐、防塵、防蠅、防鼠、防蟲、洗滌以及處理廢水、存放垃圾和廢棄物的設備或者設施。

　　3. 有食品安全專業技術人員、管理人員和保證食品安全的規章

制度。比如,須提供食品經營從業人員健康證明、食品安全管理人員、專業技術人員的身分證明及包括進貨檢驗制度、從業人員健康檢查制度、食品檢查存放運輸等制度。

4. 具有與食品經營相適應的經營設施空間布局和操作流程。比如:在布局時須防止待加工食品與直接入口食品、原料與成品交叉污染,避免食品接觸有毒物、不潔物。如果經營的是燒烤類和烹調加工類現場製售的食品,還須取得環保部門污水、油煙、廢氣等排放及設施符合要求的證明資料。

食品流通許可證登記,實行屬地管轄原則,由工商行政管理部門負責轄區內食品經營主體審核、發放食品流通許可證。食品流通許可證的有效期為三年,在有效期屆滿前須注意向發證機關申請續展。

實務中,新設外商投資食品經營企業申請食品流通許可,以該新設企業的投資人為許可申請人。對於已經設立的外商投資企業,若增加涉及食品流通的經營範圍,以該企業為許可申請人,但若增加的經營範圍是企業的分支機構經營的,則由分支機構申領「食品流通許可證」,若有多個分支機構從事食品經營,則各分支機構應當分別申領「食品流通許可證」。

【111】經營範圍與許可證辦理(三)
——餐飲服務許可證

中國對食品生產經營實行許可制度。從事餐飲服務,應當依法取得餐飲服務許可。因此,如果外商投資企業的經營範圍中出現「餐飲、堂吃(編註:「堂吃」指在店內食用)」等字樣,應在取得「餐飲服務許可證」後方可從事餐飲服務活動,且該許可證的取得為辦理

工商登記的前置程序。提供餐飲服務，可以總公司或分公司名義經營，若僅由分公司經營，則總公司營業執照的經營範圍表述為「餐飲（僅限分支機構）」。

一般而言，餐飲服務提供者的業態為以下幾類：

1. 飯店：以飯菜為主要經營項目，包括火鍋店、燒烤店等。

2. 速食店：以集中加工配送、當場分餐食用並快速提供就餐服務為主要加工供應形式的單位。

3. 小吃店：以點心、小吃為主要經營項目的單位。

4. 飲品店：以供應酒類、咖啡、茶水或者飲料為主的單位。

5. 甜品站：餐飲服務提供者在其餐飲主店經營場所內或附近開設，具有固定經營場所，直接銷售或經簡單加工製作後銷售，由餐飲主店配送，以冰激淩（台灣稱為冰淇淋）、飲料、甜品為主的食品的附屬店面。

6. 食堂：設於機關、學校、企業、工地等地點（場所），為供應內部職工、學生等就餐的單位。

7. 船舶供餐：在水上客運船舶上為乘客提供餐飲服務的單位。

8. 中央廚房：由餐飲連鎖企業建立的，具有獨立場所及設施設備，集中完成食品成品或半成品加工製作，並直接配送給餐飲服務單位的單位。

9. 從事生產學生盒飯、社會盒飯、桶飯的集體用餐配送單位：根據集體服務對象訂購要求，集中加工、分送食品，但不提供就餐場所的單位。

辦理餐飲服務許可證，按屬地管轄原則，向經營地食品藥品監督管理部門申請辦理。新設公司在申辦許可證前，應先到經營地工商管理機關申請名稱核准，取得名稱預核准證明，再去環保部門辦理環境影響評價報告審批，取得同意設立公司的相關審批意見後，持下列

文件辦理餐飲服務許可證：

　　1.「餐飲服務許可證申請書」。

　　2. 工商行政管理部門出具的名稱核准證明影本。

　　3. 法定代表人（負責人或者業主）的身分證明影本。

　　4. 餐飲服務經營場所和設備布局、工藝流程、衛生設施等示意圖（應當標明用途、面積、尺寸、比例、人流物流、設備設施位置等）。

　　5. 餐飲服務經營場所屬於非居住性用房的房屋產權證明影本，租賃經營的還須提供租賃協議影本。

　　6. 食品安全規章制度目錄及具體相關制度。

　　7. 主要負責人、食品安全管理人員、關鍵環節操作人員的有效食品安全培訓合格證明影本。

　　8. 環保部門核發的環境影響評價報告審批意見影本。

　　食品藥品監督管理部門收到申請資料後五日內做出是否受理的決定，受理後20日內做出審批決定，做出准予決定後10日內發放「餐飲服務許可證」。

　　「餐飲服務許可證」有效期為三年。臨時從事餐飲服務活動的，「餐飲服務許可證」有效期不超過六個月。外商投資餐飲服務時，應注意在許可證有效期屆滿前向原發證部門書面提出延續申請。此外，對於同一餐飲服務提供者在不同地點或者場所從事餐飲服務活動的，按規定應當分別辦理「餐飲服務許可證」，如經營地點或者場所改變，還應當重新申請辦理「餐飲服務許可證」。

　　例如，外商投資的某貿易公司欲設立分公司經營小吃店，首先應當去分公司所在地工商管理部門辦理企業名稱預先核准，取得核准通知書後，到分公司所在地食品藥品監督局申辦餐飲服務許可證，分公司取得餐飲服務許可證之後，方可在工商部門登記分公司，取得分

公司的營業執照。如果設立多個分公司經營連鎖店，則應按每個分公司分別辦理餐飲服務許可證。取得餐飲服務許可證的分公司，在許可證規定的地址出售自行製作加工的食品，不需要另行辦理食品生產和食品流通許可證，但如果銷售從其他渠道進來的食品則需要辦理「食品流通許可證」。

由於申請「餐飲服務許可證」所需的申報資料較多，食品藥品監督部門對餐飲服務經營場所和設備布局、加工流程、衛生設施等要求較高，還須進行現場核查。如果外商投資者沒有相關實務經驗，建議委託相關專業機構代為辦理。

【112】經營範圍與許可證辦理（四）
——醫療器械生產企業許可證

根據「醫療器械監督管理條例」的規定，凡單獨或者組合使用於人體的儀器、設備、器具、材料或者其他物品，包括所需要的軟體，均屬於醫療器械。外國投資者開辦第一類醫療器械生產企業，應當向藥品監督管理部門備案，開辦第二類、第三類醫療器械生產企業，應當經藥品監督管理部門審查批准，並發給「醫療器械生產企業許可證」，無「醫療器械生產企業許可證」的，工商行政管理部門不予頒發營業執照。

以上海為例，開辦第一類醫療器械生產企業，由企業生產地址所在區（縣）的工商行政管理部門受理，同時分送企業生產地址所在區（縣）食品藥品監督管理部門預審，擬辦企業須提供如下資料：

1. 「上海市第一類醫療器械生產企業登記表」。

2. 品質管制體系自查報告。

3.「營業執照」影本（實行並聯審批時可緩交，批准後再補交）。

4. 生產場地證明文件，包括房產證明或租賃協議和被租賃方的房產證明影本、生產地址地理位置圖、生產場地平面圖。

5. 法定代表人的基本情況，包括身分證明影本。

6. 擬生產產品的工藝流程圖，並註明主要控制項目和控制點（關鍵和特殊工序的設備、人員及工藝參數控制的說明）。

7. 自我保證聲明。

工商行政管理部門自做出准予登記決定之日起三個工作日內，將營業執照影本送達區（縣）食品藥品監督管理部門。食品藥品監督管理部門審核資料符合要求的，在五個工作日內於「上海市第一類醫療器械生產企業登記表」上加蓋業務受理章，並送達申請人。

開辦第二類、第三類醫療器械生產企業，申請人取得工商行政管理部門出具的擬辦企業名稱預先核准通知書後，向上海市食品藥品監管局提出申請，並提交以下資料：

1.「上海市醫療器械生產企業許可證（開辦）申請表」（一式二份）。

2. 法定代表人、企業負責人的基本情況（包括學歷、職稱、工作簡歷）及資質證明（身分證明、學歷證明、職稱證明、任命文件影本）。

3. 生產場地證明（產權證和／或租賃協議；承租方應出具持產權證方蓋章的產權證明影本），並符合相應的場所使用性質，附生產場地的平面圖，並標明樓號及層面。

4. 擬生產產品適用的產品標準。

5. 企業生產、品質和技術負責人的簡歷、學歷或者職稱證書（影本）；相關專業技術人員、技術工人登記表，並標明所在部門和職位；高級、中級、初級技術人員的比例情況表（標明各級技術人員

的人數及占職工總數的比例）。

6. 內審員證書影本（指開辦第三類醫療器械生產企業）。

7. 擬生產產品範圍、品種和相關產品簡介（包括產品的結構組成、原理、預期用途的說明）。

8. 擬生產產品的工藝流程圖，並註明主要控制項目和控制點；關鍵和特殊工序的設備、人員及工藝參數控制的說明。

9. 主要生產設備和檢驗儀器清單。

10. 生產品質管制規範文件目錄：主要有採購、驗收、生產過程、產品檢驗、入庫、出庫、品質跟蹤、用戶反饋、不良事件和品質事故報告制度等文件以及企業組織機構圖。

11. 生產無菌醫療器械的，應當提供符合無菌醫療器具管理規範 YY0033標準的國家有關部門認可的檢測機構所出具一年內合格生產環境檢測報告（影本）。

12. 申請資料真實性的自我保證聲明。

上海市食品藥品監管局自受理之日起30個工作日內（質量體系考核時間除外），對申報資料進行審查，並進行現場檢查。經審查符合規定的，做出准予發證的書面決定，並於10個工作日內發給「醫療器械生產企業許可證」。

需要提醒注意的是，醫療器械生產企業設立後，必須在取得醫療器械產品生產註冊證書後，方可生產醫療器械。「醫療器械生產企業許可證」有效期五年，有效期屆滿應當重新審查發證。

【113】經營範圍與許可證辦理（五）
——醫療器械經營企業許可證

　　開辦醫療器械經營企業，對於經營第一類醫療器械產品的企業來說，不需要辦理醫療器械經營企業許可證，但應當向食品藥品監督管理部門備案。而經營第二類、第三類醫療器械產品的企業，應當向經營所在地食品藥品監督部門申請辦理「醫療器械經營企業許可證」，後經工商登記，方可從事經營業務。

　　醫療器械的類別依據中國國家食品藥品監督管理局制定的2005版「醫療器械分類目錄」進行劃分，由食品藥品監督管理部門進行認定。

　　各省、直轄市藥監局對經營醫療器械類企業的開辦標準，在註冊資金、經營場所、人員配備及資質等各方面規定，略有不同（以江蘇省和上海市為例，見下頁表格）。

　　以上海為例，向食品藥品監管部門申請許可證時，應提交如下資料：

1. 工商行政管理部門出具的企業名稱預核准證明文件。
2. 擬辦企業品質管制人員的身分證、學歷或者職稱證明影本及個人簡歷。
3. 擬辦企業組織機構圖。
4. 擬辦企業註冊地、倉庫地理位置圖、平面圖（註明面積）、租賃協議（附租賃房屋產權證明）影本。
5. 擬辦企業產品品質管制制度文件及儲存設施、設備目錄。
6. 醫療器械經營企業許可證申請表。
7. 醫療器械經營企業許可證申請資料登記表。

	註冊資金	經營場所	人員資質
江蘇省	經營第二類醫療器械產品的企業,註冊資金應不低於50萬元人民幣;經營第三類醫療器械產品的企業,註冊資金應不低於100萬元人民幣。超過五個大類後,每增加一個大類,註冊資金應追加50萬元人民幣。經營所有第二、第三類醫療器械的企業,註冊資金應在800萬元人民幣以上。	經營二類醫療器械和三類醫療器械五個類別以下的經營場所面積,不得少於100平方米(建築面積,下同),經營五個類別以上的經營場所面積,不得少於200平方米。經營二類醫療器械的,倉庫面積不少於100平方米,經營三類醫療器械的,倉庫面積不少於200平方米。	經營三類醫療器械產品或二類醫療器械產品五個(含五個)類別以上的,應設置品質管制機構(至少有三人組成)。經營二類醫療器械五個類別以下的,可配備專職品質管制人員,負責企業品質管制工作等。
上海市	藥監局對註冊資金沒有規定。	企業應有與經營規模相適應的相對獨立的營業、辦公場所,與生活區分開;使用面積一般不低於30平方米,不得設在住宅類型房屋內。醫療器械倉庫的使用面積應與產品的經營規模相適應,原則上不低於15平方米。	經營二個以下類別醫療器械的企業至少應設專職品質管制人員;醫療器械經營企業經營三個以上類別醫療器械的,應設品質管制機構,下設品質管制部門或質量員和質量驗收部門或驗收員;經營範圍為各類醫療器械的企業,應在品質管制機構下設品質管制組和質量驗收組等。

　　醫療器械經營企業可以跨省轄區增設倉庫，但要求較嚴格，比如異地倉庫須具有與經營企業本部互聯的，能夠時時交換醫療器械儲存、出入庫資料的電腦管理系統。在程序上也較為繁瑣，需要由發證部門提請倉庫所在地省級食品藥品監督管理部門根據設置條件協助檢查驗收，且倉庫設置條件應符合倉庫所在地醫療器械經營企業驗收標準的要求。

　　若企業設立後發生分立、合併或者跨原管轄地遷移情形，須注意應當重新申請「醫療器械經營企業許可證」。

　　實務中，辦理「醫療器械經營企業許可證」的程序一般為：申請人遞交申請資料（包括網上申報和現場遞交）→食品藥品監管部門受理→醫療器械處審核（含資料實質性審核和現場驗收）→公示→核發「醫療器械經營企業許可證」→公告。

　　提醒外國投資者注意的是，「醫療器械經營企業許可證」的有效期為五年，在有效期屆滿前應當及時申請換證，一旦過期，只能重新按新辦程序申請核發。

【114】經營範圍與許可證辦理（六）
——全國工業產品生產許可證

　　中國對重要工業產品實行生產許可證制度管理，在中國境內生產列入下列目錄產品的企業，應當向企業所在地的省、自治區、直轄市質量技術監督局申請，進而取得工業產品生產許可證。未取得生產許可證不得生產實行生產許可證制度管理的產品。

工業產品目錄

序號	產品類別	序號	產品類別	序號	產品類別
1	人造板	2	建築用鋼筋	3	預應力混凝土用鋼材
4	耐火材料	5	鋼絲繩	6	軸承鋼材
7	泵	8	空氣壓縮機	9	鉛酸蓄電池
10	機動脫粒機	11	防爆電氣	12	砂輪
13	內燃機	14	電線電纜	15	電焊條
16	電力整流器（電力電子）	17	輕小型起重運輸設備	18	衛星電視廣播地面接收設備
19	集成電路卡及集成電路卡讀寫機	20	化肥	21	農藥
22	橡膠製品	23	防噴器及防噴器控制裝置	24	鑽井懸吊工具
25	電熱毯	26	助力車	27	眼鏡
28	預應力混凝土枕	29	預應力混凝土鐵路橋簡支梁	30	港口裝卸機械
31	公路橋樑支座	32	機動車輛制動液	33	特種勞動防護產品
34	建築鋼管腳手架扣件	35	建築捲揚機	36	摩托車乘員安全帽
37	水泥	38	輸水管	39	摩擦材料及密封製品

序號	產品類別	序號	產品類別	序號	產品類別
40	建築防水卷材	41	銅及銅合金管材	42	鋁、鈦合金加工產品
43	廣播通信鐵塔及桅桿	44	電力金具	45	輸電線路鐵塔
46	電力調度通訊設備	47	水工金屬結構	48	水文儀器
49	岩土工程儀器	50	製冷設備	51	救生衣
52	抽油設備	53	燃氣器具	54	飼料粉碎機械
55	人民幣鑑別儀	56	危險化學品	57	危險化學品包裝物、容器
58	棉花加工機械	59	防偽技術	60	無線廣播電視發射設備
61	稅控收銀機				

以上海為例，企業生產列入目錄的產品，包括國家質檢總局發證和省級發證的產品，均向上海市質量技術監督局提出申請。企業須提交下列資料：

1.「全國工業產品生產許可證申請書」。

2. 營業執照影本。

3. 組織機構代碼影本。

4. 國家質量監督檢驗檢疫總局公告的工業產品實施細則中要求的其他資料（61類產品有專項實施細則，可通過國家質檢總局網站查詢，不再贅述）。

　　質量技術監督局受理後，會提前五日通知，對企業進行實地核查。實地核查合格的，審查人員封存樣品，並告知企業檢驗機構名單及聯繫方式，由企業自主選擇。檢驗機構完成檢驗工作後出具檢驗報告，最終由質量技術監督局審定後發證。

　　如果外商投資企業的經營範圍涉及前述需要辦理工業產品生產許可證才能生產的工業產品，而企業暫時沒有申辦該許可證時，可通過委託有證企業加工的方式實現經營目的，但雙方必須分別到所在地省級許可證辦公室申請備案。

　　以上海為例，委託加工備案應符合下頁表格所列條件。

　　此外，企業自取得工業產品生產許可證之日起，每年度應當向省級許可證辦公室提交自查報告。工業產品生產許可證有效期為五年。生產許可證有效期屆滿，企業繼續生產的，應當在生產許可證有效期屆滿六個月前向所在地省、自治區、直轄市質量技術監督局提出換證申請。

序號	委託企業	被委託企業
1	取得工商行政管理部門核發的有效營業執照，經營範圍應當含蓋申請委託加工備案的產品。	取得工商行政管理部門核發的有效營業執照，經營範圍應當含蓋申請委託加工備案產品。
2	申請委託加工備案產品涉及產業政策的，應符合產業政策有關要求。	已獲得生產許可證。
3	已簽訂了有效委託加工合同並公證，且委託加工合同必須明確委託企業負責全部產品銷售。	已簽訂了有效委託加工合同並公證，且委託加工合同必須明確委託企業負責全部產品銷售。

【115】經營範圍與許可證辦理（七）
——文化娛樂經營許可證

　　外商投資企業的經營範圍若涉及舞廳（迪斯可舞廳、交誼舞廳、歌舞廳）、卡拉ok廳（餐飲卡拉ok廳）、音樂茶座（音樂餐廳、音樂酒吧）、檯球室、遊藝機房、文化遊樂場、棋牌室等經營項目，需要進行前置審批，辦理「文化經營許可證」或者「娛樂經營許可證」和有關消防、衛生、環境保護的批准文件後，方可到工商行政管理部門辦理登記手續，領取營業執照。

　　根據「娛樂場所管理條例」以及「外商投資產業指導目錄」的規定，外國投資者可以與中國投資者依法設立中外合資經營、中外合作經營的娛樂場所，但不得設立外商獨資經營的娛樂場所。因此，中國目前禁止外商開辦獨資娛樂場所，對於外商經營娛樂場所屬於產業指導目錄中的限制類，僅限合資、合作。

　　根據「娛樂場所管理條例」規定，外商有意設立中外合資經營、中外合作經營的娛樂場所，應當向所在地省、自治區、直轄市人民政府文化主管部門提出申請。經營地以上海為例，申請設立娛樂場所經營單位涉外項目須向上海市文化廣播影視管理局提出申請，按經營類別分別申請「文化經營許可證」或者「娛樂經營許可證」，比如經營棋牌室，則申請「娛樂經營許可證」，經營舞廳、音樂茶座、檯球室、遊藝廳，則申請「文化經營許可證」；經營地以蘇州、昆山為例，須向經營地文化部門提交申報資料，由江蘇省文化廳審批決定是否核發「娛樂經營許可證」，在投資形式方面，江蘇省規定合資、合作類經營單位中方投資者在外商投資項目中的投資比例之和，必須為51%及以上。

　　設立娛樂場所經營單位，應當具備的條件如下：

1. 有單位名稱、住所、組織機構和章程。

2. 有確定的經營範圍和娛樂項目。

3. 有與其提供的娛樂場所項目相適應的場地和器材設備。

4. 娛樂場所的安全、消防設施和衛生條件等符合中國國家規定的標準。

以上海為例，經營單位提交資料時須提供文化、娛樂許可證申請表、企業章程、娛樂場所投資人、法定代表人、負責人身分證影本、「申請設立娛樂場所聲明書」、營業場所的建築平面圖、公安消防部門出具的「公眾聚集場所投入使用、營業前消防安全檢查合格證」影本、環境保護行政主管部門或環境噪聲監測部門出具的符合國家規定環境噪聲排放標準的證明文書影本、工商行政管理部門出具的企業名稱預先核准通知書影本、經營場所的房屋產權證影本（應由產權人簽名或蓋章）或房屋租賃合同和出租人的房地產權證影本（應由產權人簽名或蓋章）等文件。若經營遊藝機房、文化遊樂場，則提交的資料更多，且須經過聽證程序。

此外，須注意：娛樂場所不得設立在可能干擾學校、醫院、機關正常學習、工作秩序的地點。娛樂場所的邊界噪聲必須符合國家規定的環境噪聲排放標準。娛樂場所經營單位的投資人、法定代表人和主管人員，不得犯有下列違法犯罪行為：

1. 因犯有強姦罪，強制猥褻、侮辱婦女罪，組織、強迫、引誘、容留、介紹賣淫罪，賭博罪，製作、販賣、傳播淫穢物品罪，或者走私、販賣、運輸、製造毒品罪，曾被判處有期徒刑以上刑罰。

2. 因犯罪曾被剝奪政治權利。

3. 因吸食、注射毒品曾被強制戒毒。

4. 因賣淫、嫖娼曾被處以行政拘留。

「文化經營許可證」、「娛樂經營許可證」的有效期，上海、

江蘇均為二年，每年需要年檢一次。許可證有效期到期前，合資、合作娛樂經營單位應注意辦理延續手續。

【116】經營範圍與許可證辦理（八）
──特種行業許可證

　　中國對於因經營業務的內容和性質容易被違法犯罪人員利用，需要採取特定治安管理措施的行業，稱為特種行業，比如典當業、旅館業、公章刻制業、廢舊金屬回收業、開鎖和修鎖業。從事上述經營活動，應當取得公安機關頒發的「特種行業許可證」。

　　儘管「外商投資產業指導目錄」並沒有將典當業列為禁止類，但鑑於商務部未對外商及港、澳、台商投資典當行（即當舖）制定相關細則，現行的「典當管理辦法」僅適用於內資典當行，故典當業其實尚未對外資開放。

　　實務中，外資很少涉足公章刻制、廢舊金屬回收、開鎖和修鎖行業，本篇以外商投資經營旅館業為例，介紹「特種行業許可證」的辦理事宜。

　　外商申請開辦接待旅客住宿的旅館、飯店、賓館、接待浴客住宿的洗浴場所及公寓式酒店等，須取得治安、衛生、消防、環保等相關許可後，方可辦理營業執照，此處的治安許可即為辦理「特種行業許可證」。

　　以上海為例，開辦單位應當在辦理「特種行業許可證」之前，至工商行政管理部門取得擬開辦企業的名稱核准通知書，並取得公安消防部門出具的符合消防要求驗收意見書或證明資料，然後向所在地公安派出所治安受理窗口提出書面申請，並提交下列資料：

1. 要求開辦的申請報告。

2. 工商行政管理部門的企業名稱核准通知書影本。

3. 有當地派出所簽署蓋章的「特種行業經營申請登記表」。

4. 上級行政主管部門的批准文件或董事會決議。

5. 房產證明與房屋租賃合同影本。

6. 房屋質量監督部門出具的「房屋質量鑑定意見書」。

7. 消防部門同意開業的「消防檢查意見書」。

8. 法定代表人、經營負責人的有效身分證明。

9. 標明房號的經營場地內部設施平面圖和文字說明。

10. 安全管理制度。

公安機關受理申請資料後，由公安派出所初審，初審期限為10個工作日；初審後，報公安分縣局或所屬公安處（局）的治安部門審核，期限為10個工作日。

當然，公安機關會進行現場核查，對符合以下治安安全條件的，發放「特種行業許可證」：

1. 旅館擁有客房總面積須在30平方米以上，每一個客房內床位平均占有面積不少於4平方米，房屋高度不低於2.6米，其中設雙層床位的平均占有面積不少於6平方米。

2. 旅館須相對獨立。綜合性建築的經營旅館部分應與其他部分分門進出；機關、團體、部隊、學校等企事業單位開設的旅館，也應與單位的工作學習、宿舍等場所分離，以保證互不干擾。旅館客房一側毗鄰其他建築的，須安裝隔離設施，出入通道口應有安全防範措施。

3. 旅館的總體布局（服務台、行李寄存室、貴重物品保管櫃、財務室、倉庫和通訊、監控等要害部門的設置）須符合防火、防盜、防破壞、防治安災害事故要求，旅館前台應安裝「旅館業治安管理資

訊系統」。

4. 旅館的房屋結構、消防設備、出入口和通道等必須符合消防要求。

5. 必須按規定建立各項治安管理制度，配備專職或兼職治安保衛人員。

持有特種行業許可證的外商投資企業須接受原發證公安部門的年度審核。另外，如果出現經營地址改變、擴建等許可條件發生變化情形，須重新向公安機關申請「特種行業許可證」。

【117】經營範圍與許可證辦理（九）
——特種設備製造許可證

特種設備是指涉及生命安全、危險性較大的鍋爐、壓力容器（含氣瓶）、壓力管道、電梯、起重機械、客運索道、大型遊樂設施和場（廠）內專用機動車輛。凡經營範圍中涉及生產（含設計、製造、安裝、改造、維修）上述設備，必須經特種設備質量監督管理部門許可，方可從事相應的活動。

「特種設備製造許可證」辦理實施機關，為國家質檢總局和省級質量技術監督局，詳見下頁分類表。

以上海為例，申請從事特種設備製造的單位，應當向上海市質量監督管理局提供以下資料：

1. 特種設備製造許可申請表（一式四份）。

2. 工廠概況說明。

3. 依法取得的工商營業執照或者政府有關部門依法頒發的登記、註冊證件（影本）。

項目	國家質檢總局實施審批	省級質量技術監督局實施審批
1.鍋爐	（1）承壓蒸汽鍋爐（A、B、C級）	（1）D級鍋爐
	（2）承壓熱水鍋爐（A、B、C級）	
	（3）有機熱載體鍋爐	
2.壓力容器	（1）固定式壓力容器（A級）	（1）D級壓力容器
	（2）移動式壓力容器（C級）	
	（3）氣瓶（B級）	
3.壓力管道元件	（1）A級	（1）B級
4.電梯	（1）乘客電梯（A、B、C級）	（1）B、C級載貨電梯
	（2）液壓電梯（B級）	（2）C級液壓電梯
		（3）雜物電梯
		（4）自動扶梯
		（5）自動人行道
5.起重機械	（1）A級	（1）B、C級載貨電梯
6.客運索道	全部	無
7.大型遊樂設施	全部	無

項目	國家質檢總局實施審批	省級質量技術監督局實施審批
8.場（廠）內專用機動車輛	全部	無
9.相關部件、安全裝置	（1）與國家質檢總局負責受理、審批級別的鍋爐配套的部件	（1）鍋爐壓力容器中直徑小於1,800mm的封頭
	（2）鍋爐壓力容器中直徑大於或者等於1,800mm的封頭	
	（3）電梯部件	
	（4）起重機械部件	
	（5）除水位表、水位控制報警裝置、壓力控制報警裝置、溫度控制報警裝置、燃燒連鎖保護裝置、液位元計、快開門式壓力容器安全連鎖裝置以外的安全附件和安全保護裝置	
	（6）鍋爐壓力容器用鋼板、鋼管、焊接資料	

4. 中華人民共和國組織機構代碼證（影本）。

5. 工廠已獲得的認證或認可證書（影本）。

6. 典型產品名稱及相關參數和規格。

7. 產品圖紙和設計文件。

8. 工廠品質手冊。

9. 其他必要的補充資料。

質量技術監督局受理後，申請單位應準備試製產品或者進行型

式實驗，由型式試驗機構出具型式試驗報告。申請單位攜帶批准受理的申請資料和相關設備的型式試驗報告，約請鑑定評審機構進行現場實地鑑定評審，由鑑定評審機構向質量技術監督局出具鑑定評審報告。質量技術監督局收到鑑定評審報告後，進行公示，經過審查，符合條件的頒發特種設備製造許可證。

需要提醒投資者注意的是，在申請辦理許可、核准期間，申請人不得從事特種設備相應活動，否則許可實施機關對申請人提交的資料有權不予受理或者不予許可、核准，並在一年內不再受理申請人新的許可、核准申請。

【118】經營範圍與許可證辦理（十）
——危險化學品經營許可證

中國對危險化學品經營銷售實行許可制度。經營銷售危險化學品的企業，應當依法取得「危險化學品經營許可證」（以下簡稱「危化品經營許可證」），並憑經營許可證依法辦理相應的工商登記等手續，未取得經營許可證，任何單位和個人不得經營銷售危險化學品。

根據安監總局的規定，「危化品經營許可證」分為甲、乙兩種，其中，甲種經營許可證的審批機關為省、自治區、直轄市人民政府經濟貿易主管部門或其委託的安全生產監督管理部門（如上海為上海市安全生產監督管理局），可經營的項目為「劇毒化學品和其他危險化學品（成品油的經營許可納入甲種經營許可證管理）」；乙種經營許可證的審批機關為設區的市級人民政府負責危險化學品安全監督管理綜合工作的部門（如上海各區的安全生產監督管理局），可經營的項目為「銷售除劇毒化學品以外的危險化學品」。

申請甲種和乙種經營許可證的資料相同，具體包括：

1. 「危險化學品經營許可證申請表」。

2. 安全評價報告。

3. 經營和儲存場所建築物安全或消防驗收文件的影本。

4. 經營和儲存場所、設施產權或租賃證明文件影本。

5. 單位主要負責人和主管人員、安全生產管理人員和業務人員專業培訓合格證書的影本。

6. 安全管理制度和職務安全操作規程。

以上資料中，申請單位如無法出具消防安全驗收文件，也可提供消防監督檢查意見書或消防備案證明，或者由評估機構出具評價合格的結論並經安監局現場確認符合。另外，經營項目中包含倉儲、運輸等，一般還須提供倉儲單位、運輸單位的危險品經營資質證明及委託合同。

同時，危險化學品經營銷售單位（以下簡稱經營單位），應當具備以下基本條件：

1. 經營和儲存場所、設施、建築物符合國家標準「建築設計防火規範」（GBJ16）、「爆炸危險場所安全規定」和「倉庫防火安全管理規則」等規定，建築物應當經公安消防機構驗收合格。

2. 經營條件、儲存條件符合「危險化學品經營企業開業條件和技術要求」（GB18265）、「常用危險化學品儲存通則」（GB15603）的規定。

3. 單位主要負責人和主管人員、安全生產管理人員和業務人員經過專業培訓，並經考核，取得執行資格。

4. 有健全的安全管理制度和職務安全操作規程。

5. 有本單位事故應急救援預案。

最後，在實務中，關於申請「危化品經營許可證」需要注意以

下問題：

　　1. 經營單位改建、擴建或者遷移經營、儲存場所，擴大許可經營範圍的，應當事先重新申請辦理經營許可證。

　　2. 經營單位變更單位名稱、經濟類型或者註冊的法定代表人或負責人，應當於變更之日起20個工作日內，向原發證機關申請辦理變更手續，換發新的經營許可證。

　　3. 經營許可證有效期為三年。經營單位應在經營許可證有效期滿前三個月內向原發證機關提出換證申請，經審查合格後換新證。

【119】經營範圍與許可證辦理（十一）
——藥品生產許可證

　　外商投資企業投資醫藥生產領域，除了須滿足「外商投資產業指導目錄」要求之外，還須取得省級食品藥品監督管理局（下稱藥監局）核發的「藥品生產許可證」。現就辦理「藥品生產許可證」所需要的條件、提供的資料以及實務辦理中注意事項等具體說明如下。

一、辦理「藥品生產許可證」需要滿足的條件

　　1. 符合中國國家制定的藥品行業發展規劃和產業政策，即需要取得國家藥監局的新藥證書。

　　2. 具有依法經過資格認定的藥學技術人員、工程技術人員及相應的技術工人，企業法定代表人或者企業負責人、品質負責人無「藥品管理法」第七十六條規定的情形。

　　3. 具有與其藥品生產相適應的廠房、設施和衛生環境。

　　4. 具有能對所生產藥品進行品質管制和品質檢驗的機構、人員以及必要的儀器設備。

5.具有保證藥品品質的規章制度。

6.中國有關法律、法規，對生產麻醉藥品、精神藥品、醫療用毒性藥品、放射性藥品、藥品類易致毒化學品等另有規定的，則依照其規定。

二、辦理「藥品生產許可證」需要提交的資料

1.申請人的基本情況及其相關證明文件。

2.擬辦企業的基本情況，包括擬辦企業名稱、生產品種、劑型、設備、工藝及生產能力；擬辦企業的場地、周邊環境、基礎設施等條件說明以及投資規模等情況說明。

3.工商行政管理部門出具的擬辦企業名稱預先核准通知書，生產地址及註冊地址、企業類型、法定代表人或者企業負責人。

4.擬辦企業的組織機構圖（註明各部門的職責及相互關係、部門負責人）。

5.擬辦企業的法定代表人、企業負責人、部門負責人簡歷、學歷和職稱證書；依法經過資格認定的藥學及相關專業技術人員、工程技術人員、技術工人登記表，並標明所在部門及職務；高級、中級、初級技術人員的比例情況表。

6.擬辦企業的周邊環境圖、總平面布置圖、倉儲平面布置圖、品質檢驗場所平面布置圖。

7.擬辦企業生產工藝布局平面圖（包括更衣室、盥洗間、人流和物流通道、氣閘等，並標明人、物流向和空氣潔淨度等級），空氣淨化系統的送風、回風、排風平面布置圖，工藝設備平面布置圖。

8.擬生產的範圍、劑型、品種、品質標準及依據。

9.擬生產劑型及品種的工藝流程圖，並註明主要品質控制點與項目。

10.空氣淨化系統、制水系統、主要設備驗證概況；生產、檢驗

儀器、儀表、衡器校驗情況。

11. 主要生產設備及檢驗儀器目錄。

12. 擬辦企業生產管理、品質管制文件目錄。

三、注意事項

1.「藥品生產許可證」的申請，需要在企業設立完成並且所需的生產設施設備入場之後，市藥監局才可辦理。

2. 外商投資企業在設立藥品生產企業過程中，商務主管部門一般會要求申請企業徵求藥監局的意見，此時，企業需要做好籌建初期的GMP設計、建設的論證工作，論證內容還應包括環保、消防安全等，以避免籌建過程中的建設返工（編註：「返工」是指品質不合要求，退回重新加工或製作）和投資損失。

3. 通常情況下，主管部門收到資料後會在短期內做出是否受理的決定，並組織檢查組對企業進行現場檢查。

【120】經營範圍與許可證辦理（十二）
——藥品經營許可證

外商投資在中國設立藥品批發和零售企業，需要取得藥品經營許可證，設立藥品批發企業需要取得省級藥監局批准，設立藥品零售企業需要取得地級市或區藥監局批准。

各地「藥品經營許可證」的申請流程大致相同，本文以上海市為例介紹藥品零售企業設立所需條件、流程、提交資料。

一、開辦藥品零售企業條件

開辦藥品零售企業，需要滿足如下條件：

1. 具有依法經過資格認定的藥學技術人員。

2. 具有與所經營藥品規模相適應的營業場所、設備、倉儲設施和衛生環境；一般情況下，基本營業場所面積需要達到40平方米，倉儲面積需要達到20平方米。

3. 具有與所經營藥品相適應的品質管制機構或者人員。

4. 具有保證所經營藥品品質的規章制度。

5. 組建零售連鎖企業應具有10家以上零售藥店（直營店）。

二、滿足合理布局規定

另外，開辦零售企業需要滿足「合理布局」的規定，即應符合當地常住人口數量、地域、交通狀況和實際需要的要求，符合合理布局、方便群眾購藥的原則，新開辦零售企業需要做到：

1. 新開辦的零售藥店應當與現有零售藥店保持300米以上（含300米）的距離。

2. 本市城鎮地區新開辦零售藥店，還應符合常住人口（含戶籍人口和暫住人口）7,000人以上（含7,000人）平均配置一個零售藥店的要求，農村地區不受按人口配置的限制。

3. 必須符合經營地所在行政轄區內有關商業網點的布局和發展規劃要求。

三、申請籌建應提交的資料

申請藥品經營許可證，首先需要向市藥監局區分局（下稱區分局）申請籌建，籌建完成後再向區分局申請驗收。

申請籌建時應提交如下資料：

1. 「上海市藥品零售企業籌建申請表」。

2. 擬辦企業法定代表人、企業負責人、品質負責人的學歷、執業資格或職稱證明影本（交驗原件）、身分證影本及個人簡歷及其他

專業技術人員資格證書影本（交驗原件）。

3. 房屋使用意向證明（產權證和租賃意向協議）影本（交驗原件）。

4. 選址的地理位置圖（乙類非處方藥櫃除外）。

5. 連鎖加盟店還必須提供與藥品零售連鎖企業所簽定的品質保證協議。

6. 法律、法規和規章規定的其他相關資料。

區分局自受理申請之日起五個工作日（大型開架式藥店10個工作日）內，對申報資料進行審查，並做出是否同意籌建的決定，以書面通知申辦人。

四、申請驗收應提交的資料

申請驗收時，應提交如下資料：

1. 「上海市藥品零售企業許可申請表」、「上海市藥品零售企業許可審查表」。

2. 企業名稱預先核准通知書。

3. 房屋使用證明（產權證和租賃協議）影本（交驗原件）。

4. 經營場所和倉庫平面布局圖。

5. 依法經過資格認定的藥學專業技術人員資格證書及聘書，企業品質負責人還須遞交經市食品藥品監督管理局考核的合格證書。

6. 企業品質管制文件及主要設施、設備目錄。

區分局應當自收到完整申請資料之日起15個工作日內，按市食品藥品監管局「上海市開辦藥品零售企業驗收實施標準」組織現場驗收，現場驗收結束之後再做出是否發給「藥品經營許可證」的決定。

中國對藥品批發企業進行宏觀調控，由於目前上海市和江蘇省藥品批發市場已經處於飽和狀態，實務中，在上海及江蘇等地，已經很難申請到新的藥品批發企業的「藥品經營許可證」。

【121】經營範圍與許可證辦理（十三）
——化妝品生產企業衛生許可證

根據中國當前的法律規定，設立化妝品生產企業，需要取得省級食品藥品監督管理局的「化妝品生產企業衛生許可證」（下稱衛生許可證），因實務中辦理衛生許可證的要求基本一致，以下以上海市為例說明如何取得「化妝品生產企業衛生許可證」。

申請「化妝品生產企業許可證」必須先取得企業的名稱預先核准通知書，外商投資企業還須先取得商務主管部門的「批准證書」。營業執照並不是辦理衛生許可證的必要條件。

一、應滿足的條件

根據上海市食品藥品監督管理局（以下簡稱市藥監局）的要求，申請衛生許可證，需要滿足如下條件：

1. 對於新建、改建、擴建化妝品生產場地的選址、建築設計應符合化妝品衛生標準和要求，市衛生行政部門應對其選址、建築設計進行審查，並參加竣工驗收。其中，生產地址需要跟居民區相隔30米的距離，以及與污染源有30米的距離。

2. 直接從事化妝品生產人員（包括臨時工）需要依據規定實施健康檢查，每年都需要接受培訓，並且需要有培訓考核紀錄。

3. 生產特殊用途化妝品投放市場前，需要由國務院衛生行政部門進行產品衛生安全性評價；非特殊用途化妝品需要於產品投放市場後2個月以內，報市衛生行政部門備案。

4. 需要滿足「化妝品企業衛生規範」（2007年版）對選址、設施和設備、原料和包裝材料、生產過程、成品貯存和出入庫、衛生管理及人員等提出的具體要求。

根據市藥監局要求，化妝品生產場所屬於新建、擴建、改建的，申請人在提出衛生許可證新證申請前，可向市食藥監局提出新建、擴建、改建工程的預防性衛生監督申請，並取得預防性衛生監督審查意見；預防性衛生監督包括選址審查、設計審查和竣工驗收。

二、應提供的資料

申請衛生許可證，需要向市藥監局提供如下資料：

1. 申請書。

2. 申請人名稱預先核准的有效證明。

3. 屬外商投資或台港澳僑投資企業的，提供「中華人民共和國外商投資企業批准證書」或「中華人民共和國台港澳僑投資企業批准證書」，及經營範圍含「籌建XX化妝品生產衛生許可項目」內容的工商營業執照。

4. 屬委託辦理的，提供委託代理人資格證明，包括法定代表人（或負責人、業主）委託書及委託代理人身分證明。

5. 生產場所合法使用的證明資料。

6. 生產場所、品質檢驗場所的平面布局圖，生產工藝流程簡圖（註明主要品質控制點和控制項目），主要生產設備和檢驗儀器的目錄及其用途的資料。

7. 針對生產車間空氣品質、生產環節和生產用水衛生品質的檢測報告。

8. 自身衛生管理組織、制度等資料。

9. 從業人員名單和健康檢查情況，衛生管理人員、檢驗人員的資質證明資料。

10. 屬於新建、擴建、改建的，提供相應的預防性衛生監督審查意見。

11. 法律、法規、規章規定提供的其他資料。

　　市藥監局收到上述資料後在 5 個工作日做出是否受理的決定，並在20個工作日做出審批決定，市藥監局受理後進行資料和現場審核。現場實地核查時，應當通知相關市食藥監局下屬區（縣）分局共同進行。

　　衛生許可證有效期是四年，市食藥監局每二年依據原申報資料對化妝品生產企業複核一次，符合規定的，加貼有效憑證；不符合規定的，可依法變更甚至收繳衛生許可證。另，市食藥監局和區縣分局依法對已取得「化妝品生產企業衛生許可證」的單位進行定期和不定期監督檢查，定期檢查每年第一、第三季度各一次；審查發放「化妝品生產企業衛生許可證」當年和複核年度各減少一次。

【122】經營範圍與許可證辦理（十四）
——化妝品生產許可證

　　外商投資化妝品生產領域，除了取得「化妝品生產企業衛生許可證」之外，還需要取得「化妝品生產許可證」，本文將介紹「化妝品生產許可證」的條件、辦理流程以及實務辦理中應注意的事項等。

　　根據「中華人民共和國工業產品生產許可證管理條例」規定，辦理「化妝品生產許可證」需要經過省級質量技術監督局和國家質量監督檢驗檢疫總局（以下簡稱國家質檢總局）批准，實務中辦理「化妝品生產許可證」各地差別不大，以下以上海市為例說明如何辦理「化妝品生產許可證」。

一、應滿足的條件

　　申請「化妝品生產許可證」，需要滿足如下條件：

　　1. 有營業執照。

2. 有與所生產產品相適應的專業技術人員。

3. 有與所生產產品相適應的生產條件和檢驗檢疫方法。

4. 有與所生產產品相適應的技術文件和工藝文件。

5. 有健全有效的品質管制制度和責任制度。

6. 產品符合有關中國國家標準、行業標準以及保障人體健康和人身、財產安全的要求。

7. 符合中國國家產業政策的規定，不存在明令淘汰和禁止投資建設的落後工藝、高耗能、污染環境、浪費資源的情況。

二、應提交的資料

滿足上述條件的，申請人需要提交如下資料：

1. 「全國工業產品生產許可證申請書」一式三份。

2. 營業執照和組織機構代碼證影本一式三份（影本加蓋企業公章，企業申請時須攜帶原件）。

3. 組織機構代碼證（影本，一式三份）。

4. 化妝品生產企業衛生許可證（影本，一式三份）。

5. 申請書電子版本（3.5寸磁碟或光碟）。

6. 法律法規規定需要提交的其他資料。

三、須注意事項

申請化妝品生產許可證，在實務中需要特別注意：

第一，市質監局或審查部會對申請企業進行實地核查和產品檢驗，如有一項不合格，企業就會被判定為審查不合格；實地檢查由市質監局或審查部指派二至四名審查員組成審查組，實地檢查時間一般為一至三天。

第二，企業實地檢查合格的，市質監局會對產品抽樣與檢驗，審查組會要求封存樣品。經實地核查合格，需要送樣檢驗的，告知企

業在封存樣品之日起七日內將樣品送達檢驗機構。需要現場檢驗的，由核查人員通知企業自主選擇的檢驗機構進行現場檢驗。企業產品檢驗不合格的，判為企業審查不合格，由市質量質監局或審查部書面上報國家質檢總局，由國家質檢總局做出不予行政許可的決定。

第三，市質監局或審查部審定，國家藥監局發證。

由市質監局負責組織審查的，市質監局按照有關規定對企業資料進行匯總和審核，並自受理企業申請之日起30日內將申報資料報送審查部；由審查部負責組織審查的，審查部按照有關規定對企業的資料進行匯總和審核。審查部自受理企業申請之日起40日內，將申報資料報送國家質檢總局。國家質檢總局自受理企業申請之日起60日內，做出是否准予許可的決定。

第四，關於集體公司的生產許可證申請，集團公司及其所屬子公司、分公司或者生產基地（以下統稱所屬單位）具有法人資格的，可以單獨申請辦理生產許可證；不具有法人資格的，不能以所屬單位名義單獨申請辦理生產許可證。

化妝品生產許可證的審批時間為自受理申請之日起60日內，產品檢驗所需時間不計算在內。化妝品生產許可證的有效期為五年，有效期屆滿，企業繼續生產的，應當在生產許可證期滿六個月前向市質監局提出換證申請。在實務操作中，化妝品生產許可證申請的難度不大，只要符合條件的，基本能夠獲得審批。

【123】經營範圍與許可證辦理（十五）
——旅行社業務經營許可證

外商投資企業投資旅行社，首先需要獲得中國國家旅遊局出具的「旅行社業務經營許可證」，以下是外商投資企業申請旅行社業務許可證的條件、申請資料以及實務中應注意的事項。

一、申請條件

外商投資企業申請「旅遊社業務許可證」，需要具備如下條件：

1. 有固定的經營場所

申請者擁有產權的營業用房，或者申請者租用的、租期不少於1年的營業用房；營業用房應當滿足申請者業務經營的需要。

2. 有必要的營業設施

兩部以上的直線固定電話；傳真機、影印機；具備與旅遊局及其他旅遊經營者聯網條件的電腦。

3. 有充足的資金

外商投資的旅行社註冊資本不得少於人民幣30萬元，同時，經營國內旅遊業務和入境旅遊業務的旅行社，應當存入品質保證金20萬元人民幣；經營出境旅遊業務的旅行社，應當存入品質保證金120萬元人民幣。

二、申請資料

申請人需要提供如下資料：

1. 外國投資者的資格證明資料，包括：註冊登記副本、銀行資信證明、會計師事務所出具的財務狀況證明資料、相關電腦公司提供的入網證明、本國旅遊行業協會會員證明、申請前一年的年度報告。

2. 設立申請書。內容包括申請設立的旅行社的中英文名稱及英

文縮寫、設立地址、企業形式、出資人、出資額和出資方式、申請人
及受理申請部門的全稱、申請書名稱和申請時間。

　　3. 旅行社項目建議書。

　　4. 旅行社可行性研究報告。

　　5. 旅行社的合同與章程。

　　6. 旅行社法定代表人、經理和副經理履歷表及身分證明。

　　7. 經營場所證明。

　　8. 營業設施、設備情況證明或說明。

　　9. 工商行政管理部門出具的「企業名稱預先核准通知書」。

　　10.合資旅行社的中國合營者還須提供以下證明資料：營業執照
副本、開戶銀行帳號出具的資金信用證明人、註冊會計師及其會計師
事務所或者審計師事務所出具的驗資報告。

三、辦理流程

　　依據相關規定，設立外商投資的旅行社須經中國國家旅遊局批
准，具體而言，申請人應先向當地旅遊主管部門提交旅行社設立的申
請資料，再由當地的旅遊主管部門將資料逐級報送國家旅遊局，國家
旅遊局監督管理司旅行社管理處為具體的審批部門。

　　審批時限為自受理申請之日起30個工作日，對同意設立的，由
國家旅遊局出具「外商投資旅行社業務許可審定意見書」，申請人持
「外商投資旅行社業務許可審定意見書」、公司章程、合資或合作雙
方簽訂的合同，向國務院商務主管部門提出設立外商投資企業的申
請。國務院商務主管部門應當依照有關法律、法規的規定，做出批准
或者不予批准的決定。予以批准的，頒發外商投資企業批准證書，申
請人取得公司批准證書後，再向國家旅遊局申請領取「旅行社業務經
營許可證」。最後，由申請人持「旅行社業務經營許可證」和外商投
資企業批准證書，向工商行政管理部門辦理設立登記。

【124】經營範圍與許可證辦理（十六）
——人力資源服務許可證（職業仲介）

根據中國「就業服務與就業管理規定」及其相關法規，職業仲介機構可以從事下列業務：（1）為勞動者介紹用人單位；（2）為用人單位和居民家庭推薦勞動者；（3）開展職業指導、人力資源管理諮詢服務；（4）收集和發布職業供求資訊；（5）根據國家有關規定從事互聯網職業資訊服務等。按照原中國勞動部的規定，從事職業仲介經營活動須辦理職業仲介經營許可證，2008年中國勞動部與人事部合併後，職業仲介機構與人才仲介機構的經營許可證統一為「人力資源服務許可證」，辦理機關也同樣為人力資源和社會保障行政主管機構，而辦理職業仲介「人力資源服務許可證」的條件仍維持不變。

一、辦理職業仲介「人力資源服務許可證」的條件

根據「中外合資、中外合作職業介紹機構設立管理暫行規定」，設立職業仲介機構，辦理職業仲介「人力資源服務許可證」須滿足如下條件：

1. 外商投資職業仲介經營行業，只能採取中外合資、合作的形式，不得設立外商獨資的職業仲介機構。

2. 職業仲介機構的投資方均須為從事職業介紹的法人，有開展職業介紹服務的經歷，並具有良好信譽。

3. 職業介紹機構註冊資本不低於30萬美元。

4. 有三名以上具備職業介紹資格的專職工作人員。

5. 有明確的業務範圍、機構章程、管理制度；有與開展業務相適應的固定場所、辦公設施；主要經營者應具有從事職業介紹服務工作經歷。

　　不同地區對職業仲介機構的細節要求也有不同規定，以上海為例，設立職業仲介機構的經營場所還須滿足如下條件：

　　1. 辦公及經營場所的房屋應是商業用房。

　　2. 辦公及經營場所的建築面積不低於50平方米。

　　3. 辦公及經營場所如是租賃的，租賃合同期在一年以上。

　　同時，開展職業介紹業務的從業人員資格應當符合以下條件：

　　1. 公司或者非公司法人應當有五名以上的職業介紹經紀人。

　　2. 合夥企業應當有二名以上的職業介紹經紀人。

　　3. 個人獨資企業應當有一名以上的職業介紹經紀人。

二、申請資料

　　按照規定，設立職業仲介機構應提交如下資料：

　　1. 中、外雙方各自的登記註冊證明（影本）。

　　2. 主要經營者的資歷證明（影本）和簡歷。

　　3. 擬任專職工作人員的簡歷和職業資格證明。

　　4. 住所使用證明。

　　5. 擬開展經營範圍的文件。

　　同樣的，不同地區的主管部門對設立職業仲介機構須提交的資料也有不同要求。仍以上海為例，申請職業仲介「人力資源服務許可證」還須提交如下資料：

　　1. 申請書、「上海市設立營利性職業仲介機構申請表」。

　　2. 工商行政管理部門核發的「企業名稱核准通知書」。

　　3. 房產使用證明（提供50平方米以上商務用房房產證或租賃合同及房產證）。

　　4. 職業介紹經紀人資格證書影本。

　　5. 工作人員教育程度、學歷證明。

　　6. 機構法定代表人及主要負責人的學歷證明及三年以上勞動人

事工作經歷證明。

7. 機構管理章程和制度。

8. 經紀人執業資格證書、勞動合同影本以及單位繳納社會保險等相關證明。

9. 其他規定提交的資料。

三、主管機關及辦理程序

依照相關規定，出具中外合資、合作職業仲介「人力資源服務許可證」的主管部門，為省級人力資源和社會保障部門（如上海為上海市人力資源和社會保障部）。申請人取得工商行政管理部門核發的「企業名稱核准通知書」後，應先到省級商務主管部門辦理職業仲介企業設立申請，取得相關商務主管部門的批覆、批准證書後，再到人力資源和社會保障部門（或由商務主管部門轉報）申請辦理「人力資源服務許可證」。

【125】經營範圍與許可證辦理（十七）
──人力資源服務許可證（人才仲介）

依據現行的法律法規，外商可在中國投資設立中外合資人才仲介機構，從事人才招聘、人才推薦、人才供求資訊發布、諮詢等服務項目。設立中外合資人才仲介機構必須取得省級人力資源和社會保障部門頒發的「人力資源服務許可證」，現結合「人才市場管理規定」的內容，對辦理「人力資源服務許可證」需要哪些條件、具體的辦理流程，以及實務辦理中需要注意哪些問題予以說明。

一、需要滿足的條件

1. 主體資質方面，中方投資者應當是成立三年以上的人才仲介

機構，外方投資者也應當是從事三年以上人才仲介服務的外國公司、企業和其他經濟組織，合資各方具有良好信譽。如外方投資者為香港或澳門服務提供者，中方投資者可為成立一年以上的人才仲介機構。

2. 有健全的組織機構；有熟悉人力資源管理業務的人員，其中必須有五名以上取得人才仲介職業資格證書的工作人員。

就上海市閘北區人保局的要求來說，需要一名仲介師和四名仲介人員，即一師四員，這五名人員必須具有仲介職業資格證書，同時須與單位簽署勞動合同。

3. 有與其申請的業務相適應的固定場所、資金和辦公設施，註冊資金不少於30萬美元，且中方合資者的出資比例不得低於51%。如投資方為香港或澳門服務提供者，最低註冊資本金可降低為12.5萬美元，且持有的股權比例可達70%。

需要注意的是，根據2007年11月16日的「中外合資人才仲介機構管理暫行規定」的補充規定及上海市人保局的操作，如註冊在浦東新區的香港和澳門投資的人才仲介服務機構，並且持有CEPA證書（內地與香港關於建立更緊密經貿關係的安排），外商可以獨資設立人才仲介服務機構，即持股比例可以達到100%。

4. 有健全可行的機構章程、管理制度、工作規則，有明確的業務範圍。

二、資料清單

各地人力資源和社會保障部門對申請「人力資源服務許可證」所需資料的要求不盡相同，以上海為例，申請「人力資源服務許可證」須提交如下資料：

1. 申請書、「上海市設立中外合資人才仲介機構申請表」。

2. 可行性研究報告。

3. 合資各方註冊文件。

4. 合資協議。

5. 合資各方公司簡介，以及開展人才仲介服務三年以上的資歷證明。

6. 房產使用證明（提供50平方米以上商務用房房產證，或租賃合同及房產證）。

7. 工商行政管理部門核發的「企業名稱核准通知書」。

8. 合資機構的法定代表人身分證明、簡歷。

9. 工作人員基本情況證明（職業資格證書、勞動合同影本以及單位繳納社會保險證明）。

10. 工作設備（型號、數量）情況。

11. 合資企業的工作章程和管理制度。

最後需要說明的是，上海市人力資源和社會保障局對註冊地址的要求特別嚴格，設立中外合資人才仲介機構，一般要求辦公場所的面積不低於50平方米，用途必須為商業，且設立時申請機構需要說明辦公設施的型號、數量情況，如被發現註冊地址不符合法律規定，或與辦公地址分離（即所謂的虛擬地址），人力資源和社會保障局會給予企業相應的處罰，情節嚴重的，可能會註銷人力資源服務許可證。

【126】經營範圍與許可證辦理（十八）
——道路運輸經營許可證

外商投資道路旅客運輸及客運站、道路貨物運輸及站場業務，首先需要取得交通部的立項批覆，然後去省級交通管理部門申請「道路運輸經營許可證」。

以下以上海市為例，說明辦理「道路運輸經營許可證」的條

件、程序以及注意事項。

一、應具備的條件

申請「道路運輸經營許可證」，最關鍵要取得交通部的立項批件。

（一）申請道路運輸立項的投資方需要具備的條件

1. 符合國務院交通主管部門制定的道路運輸發展政策和企業資質條件。

2. 符合擬設立外商投資道路運輸企業所在地的交通主管部門制定的道路運輸業發展規劃的要求。

3. 投資各方應當以自有資產投資並具有良好的信譽。

（二）從事道路旅客運輸業務還須符合的條件

1. 主要投資者中至少一方必須是在中國境內從事五年以上道路旅客運輸業務的企業。

2. 外資股份比例不得多於49%。

3. 企業註冊資本的50%用於客運基礎設施的建設與改造。

4. 投放的車輛應當是中級及以上的客車。

5. 允許香港、澳門地區經營專營公共汽車（巴士）的客運公司在內地市級城市設立獨資企業，從事城市公共客運和計程車業務。

二、應提交的資料

（一）申請道路運輸立項應提交的資料

1. 申請書，內容包括投資總額、註冊資本和經營範圍、規模、期限等。

2. 項目建議書。

3. 投資者的法律證明文件。

4. 投資者資信證明（包括資金存款餘額和資金信用）。

5. 投資者以土地使用權、設施和設備等投資的，應提供有效的資產評估證明。

6. 董事會決議。

7. 設立中外合資、中外合作企業，還應提交合作意向書。

8. 審批機關要求的其他資料。

立項批覆的辦理時限為：市交通局初審15個工作日，交通部審核30個工作日，交通部審批通過的，頒發立項批件。

投資方收到立項批件後，向上海市商務委報送設立道路運輸企業的申請，市商務委根據相關規定做出是否批准的決定，批准設立的，頒發「外商投資企業批准證書」，然後投資方在30日內持立項批件和批准證書，向市道路交通運輸管理部門申請領取「道路運輸經營許可」。

其中，普通貨運、專用運輸（冷藏保鮮、罐式容器）的非專業運輸經營許可，由上海市城市交通運輸管理處實施許可，市交通港口局負責上述項目以外的全市範圍內的外商投資道路運輸業經營許可。

（二）投資方申請「道路運輸經營許可證」需要提交的資料

1. 道路旅客運輸經營申請表。

2. 工商部門出具的企業名稱預先核准通知書。

3. 已聘用或者擬聘用駕駛員從業資格證、駕駛證及其影本，和公安交警部門出具的三年內無重大以上交通責任事故的證明。

4. 企業章程文本。

5. 投資人、負責人身分證明及其影本。

6. 安全生產管理制度文本影本。

7. 擬投入車輛承諾書，包括客車數量、類型及等級、技術等級、座位數以及客車外廓長、寬、高等；若擬投入客車屬於已購置或者現有的，應當提供行駛證、車輛技術等級檢測報告、客車等級評定

證明及其影本。

8. 上海市道路運輸車輛燃料消耗量達標車型核查報告影本。

9. 交通運輸部立項（變更）批件。

10. 市交通港口局轉發交通運輸部批件的批文通知。

11. 外商投資企業批准證書。

實務中，如從事省際道路運輸經營，還須滿足市交通局要求的專業標準和技術規範，諸如：需要與其經營業務相適應並經檢驗合格的客車，技術性能符合GB18565的要求，外廓尺寸、軸荷和品質符合GB1589的要求；經營省際包車客運的經營者，應自有中高級營運客車20輛以上、客位600個以上；駕駛人員也應符合相應的條件，還需要明確的路線，健全的安全生產規章制度等。

上海市道路交通行政部門在資料齊備之日起，客貨運輸在20個工作日，運輸相關業務在15個工作日內做出審批，通過審批的頒發「道路運輸經營許可證」，有效期為普通貨運、專用運輸（冷藏保鮮、罐式容器）及貨運場站為四年，機動車維修不超過六年，新增省際客運班線及客運站的經營有效期是四年。

【127】經營範圍與許可證辦理（十九）
——印刷經營許可證

外商投資包裝設計印刷品及出版物、其他印刷品企業，須在辦理商務主管部門審批前，向當地的新聞出版主管部門申請「印刷經營許可證」。根據「印刷業管理條例」、「設立外商投資印刷企業暫行規定」等相關法律法規的規定，註冊地所在地省級新聞出版行政部門為辦理外商投資企業「印刷經營許可證」的主管部門。辦理「印刷經

營許可證」時，應注意如下事項：

一、關於投資者的要求

　　中國允許設立從事出版物、包裝設計印刷品、其他印刷品印刷經營活動的中外合營印刷企業，允許設立從事包裝設計印刷品印刷經營活動的外資印刷企業。申請設立外商投資印刷企業的中、外方投資者，均應為能夠獨立承擔民事責任的法人，並具有直接或間接從事印刷經營管理的經驗。

　　同時，外方投資者還應當符合如下條件：

1. 能夠提供國際先進的印刷經營管理模式及經驗。

2. 能夠提供國際領先水平的印刷技術和設備。

3. 能夠提供較為雄厚的資金。

　　因此，在申請「印刷經營許可證」時，主管部門會重點關注投資方背景情況，投資方須提供文件證明其在註冊地的實際經營情況，同時還須提供新設企業擬進口或購買的設備、印刷產品情況。

二、註冊資本要求

　　按規定，從事出版物、包裝設計印刷品印刷經營活動的外商投資印刷企業，註冊資本不得低於1,000萬元人民幣；從事其他印刷品印刷經營活動的外商投資印刷企業，則其註冊資本不得低於500萬元人民幣。

三、董事會組織要求

　　從事出版物、其他印刷品印刷經營活動的中外合營印刷企業，其中方投資者應當控股或占主導地位。其中，從事出版物印刷經營活動的中外合營印刷企業的董事長應當由中方擔任，董事會成員中方應當多於外方。

四、應提交的資料

按規定，申請「印刷經營許可證」須提交如下資料：

1. 設立外商投資印刷企業申請書。

2. 各方投資者法定代表人簽署的項目建議書及項目可行性研究報告。

3. 各方投資者的註冊登記證明（影本）、法定代表人身分證明（影本）和資信證明。

4. 國有資產管理部門對擬投入國有資產的評估報告確認文件。

除前述文件外，各地新聞出版主管部門還可以要求提供其他相關文件，以上海為例，申請「印刷經營許可證」還須提供如下資料：

1. 上海市印刷企業登記發證申請表。

2. 企業名稱預先核准通知書。

3. 預購印刷設備清單。

4. 各方投資者及擬設立企業的法定代表人任職文件及簡歷、身分證明。從事出版物、其他印刷品印刷經營活動還須提供擬設立印刷企業的董事長和董事會成員的任職文件及簡歷、身分證明。

5. 各方投資者的資信證明：（1）外方投資者由資金往來帳戶行出具，中方投資者由基本帳戶行出具；（2）能反映其信譽狀況（無欺詐行為）和存款狀況；（3）可以使用外文書寫，但應當附上中文譯文。

6. 中方投資者及擬設立企業的驗資報告（由會計事務所等具有法定資格的驗資機構出具）。

7. 資產評估報告等相關證明文件（各方投資者以設備、土地、廠房等實物或技術、發明專利等無形資產投資的，須提交相應資料）。

8. 擬設立企業住所使用證明（土地使用證明或廠房租賃合同）。

　　另外，按上海的規定，如從事出版物印刷業務，除了前述要求外，還須要滿足廠房建築面積不少於800平方米，出版物印刷設備需具備兩台以上最近10年生產的，且未列入「淘汰落後生產能力、工藝和產品的目錄」的自動對開膠印印刷設備，而法定代表人及主要生產、經營負責人則必須取得市新聞出版局頒發的「印刷法規培訓合格證書」。

【128】經營範圍與許可證辦理（二十）
——營業性演出許可證

　　根據2008年中國國務院修改的「營業性演出管理條例」（以下簡稱「條例」）及2009年施行的「營業性演出管理條例實施細則」（以下簡稱「實施細則」）的規定，所謂營業性演出，是指以營利為目的，通過下列方式為公眾舉辦的現場文藝表演活動：

　　1. 售票或者接受贊助。

　　2. 支付演出單位或者個人報酬。

　　3. 以演出為媒介進行廣告宣傳或者產品促銷。

　　4. 以其他營利方式組織演出。

　　根據「條例」及「實施細則」的規定，無論是設立從事文藝表演活動的文藝表演團體，還是設立從事演出組織、營銷、居間等經營和經紀活動的演出經紀機構，皆須向政府文化主管部門提出申請，取得「營業性演出許可證」；外商投資演出場所經營單位，亦需要取得「營業性演出許可證」。取得「營業性演出許可證」需要滿足一定的條件，例如：設立演出經紀機構，應當有3名以上專職演出經紀人員和與其業務相適應的資金。外商取得「營業性演出許可證」則需要更

多的條件。

　　首先，外商設立演出經紀機構、演出場所經營單位，只能採取中外合資或合作經營的方式（香港及澳門特別行政區的投資者可以採取獨資的方式設立演出經紀機構及演出場所經營單位）。外商不能設立外商獨資經營的演出經紀機構、演出場所經營單位，亦不能設立任何形式的文藝表演團體。

　　其次，設立中外合資經營的演出經紀機構、演出場所經營單位，中國合營者的投資比例應當不低於51%；設立中外合作經營的演出經紀機構、演出場所經營單位，中國合作者應當擁有經營主導權。

　　外商投資企業申請設立中外合資經營、中外合作經營的演出經紀機構，須向省級文化主管部門（例如上海市為上海市文化廣播影視管理局）提交下列文件，申請取得「營業性演出許可證」：

1. 申請書。

2. 名稱預先核准通知書、住所。

3. 法定代表人或者主要負責人的身分證明。

4. 演出經紀人員的資格證明。

5. 資金證明。

6. 可行性研究報告、合同、章程。

7. 合資、合作經營各方的資信證明及註冊登記文件。

8. 中方合資、合作經營者的投資或者提供的合作條件，屬於國有資產的，應當依照有關法律、行政法規的規定進行資產評估，提供有關文件。

9. 合資、合作經營各方協商確定的董事長、副董事長、董事或者聯合管理委員會主任、副主任、委員的人選名單及身分證明。

10. 其他依法需要提交的文件。

　　中外合資、合作經營演出經紀機構的董事長或者聯合委員會的

主任應當由中方代表擔任，並且中方代表應當在董事會或者聯合委員會中居多數。

申請設立中外合資、合作經營的演出場所經營單位，須向文化主管部門提交文件，申請取得「營業性演出許可證」。提交的文件與上述申請設立演出經紀機構所需資料相似（上述3、4、5項文件無須提交），此外，還需要提交土地使用權證明或租賃證明。

省級文化主管部門應當自收到申請後20日內，出具審查意見並報國務院文化主管部門審批。國務院文化主管部門應當自收到上述審查意見之日起20日內做出決定，批准則頒發「營業性演出許可證」；不批准的，應當書面通知申請人並說明理由。

【129】經營範圍與許可證辦理（二十一）
——出版物經營許可證

根據中國的相關法律、法規，出版業主要包括報紙、期刊、圖書、影音製品、電子出版物等出版物的出版和發行兩大塊業務，出版主要是指出版物的出版、印刷、複製、製作等業務，發行包括總發行、批發、零售以及出租、展銷等活動。

根據「外商投資產業指導目錄」（2011年修訂）以及2011年實施的「出版管理條例」、「出版物市場管理規定」，出版業務因涉及意識形態領域的管理，中國目前採取了較為嚴格的限制規定，即外商不得從事圖書、報紙、期刊的出版業務以及影音製品和電子出版物的出版、製作業務，若從事出版物印刷須由中方控股。而發行業務方面，則允許外國投資者以中外合資、中外合作以及外商獨資的方式設立從事圖書、報紙、期刊、電子出版物發行活動的公司，但從事圖

書、報紙、期刊連鎖經營業務，連鎖門店超過30家的，不允許外資控股。對於影音製品的發行業務，也要求只能採用中外合作方式（根據中國2011年3月新頒布的「出版管理條例」、「出版物市場管理規定」，對合作企業中方比例沒有限制）。

一、從事總發行業務應當具備的條件

1. 有確定的企業名稱和經營範圍，並以發行出版物為主營業務。

2. 有與出版物總發行業務相適應的組織機構和發行人員，至少1名負責人應當具有高級以上出版物發行員職業資格，或者新聞出版總署認可的與出版物發行專業相關的中級以上專業技術資格。

3. 註冊資本不少於人民幣2,000萬元，經營場所營業面積不少於1,000平方米。

4. 具備健全的管理制度並具有符合行業標準的資訊管理系統。

5. 最近三年內未受到新聞出版行政部門行政處罰，無其他嚴重違法紀錄。

至於設立出版物批發、零售、出租及出版物連鎖經營企業或其他單位，申請的條件就大大降低。例如設立出版物批發經營企業或申請從事出版物批發業務，其註冊資本僅要求不少於人民幣500萬元，在營業場所的面積及所需人員條件方面的要求也有所降低。

二、從事出版物批發、零售、出租等應提交的資料

1. 申請書，載明單位基本情況及申請事項。

2. 組織機構和章程。

3. 銀行資信證明。

4. 經營場所的情況和使用權證明。

5. 法定代表人及主要負責人的身分證明。

6. 負責人的發行員主要資格證書或其他專業技術資格證明。

7. 企業資訊管理系統情況的證明資料。

8. 其他需要的證明資料。

三、受理申請的機關及批准程序

從事不同的發行業務,須向不同級別的新聞出版行政部門提出申請。其中,從事總發行業務,須向所在地省級新聞出版局提交申請資料,經其審核後,報新聞出版總署審批;設立出版物批發企業,須向所在地地市級文化廣電新聞出版局提交資料,經其審核後報省級新聞出版局審批;設立出版物零售企業,須向縣級文化廣電新聞出版局提交申請資料。

新聞出版總署應當在受理申請之日起60個工作日內,做出批准或不批准的決定;省級及縣級出版行政主管部門應當在20個工作日內做出批准或不批准的決定,並書面告知申請人,予以批准的,由受理申請的出版行政主管部門頒發「出版物經營許可證」。

【130】經營範圍與許可證辦理(二十二) ——音像製品經營許可證

中國對出版、製作、複製、進口、批發、零售影音製品,實行許可制度;未經許可,任何單位和個人不得從事影音製品的出版、製作、複製、進口、批發、零售等活動。

一、外商從事影音製品行業的範圍和方式

對於外商從事影音製品,早在2001年12月10日,文化部和原對外貿易經濟合作部發布的「中外合作音像製品分銷企業管理辦法」規定,外商從事影音製品必須採用中外合作方式,並且中方合作者持股比例不低於51%(外商不能控股)。

　　2011年3月，「國務院關於修改『音像製品管理條例』的決定」開始實施，明確規定允許設立從事影音製品發行業務的中外合作經營企業。同年3月中國國務院頒布了新的「出版管理條例」，新聞出版總署和商務部另外又頒布了「出版物市場管理規定」，均要求外商投資企業只能採用中外合作的經營方式涉足中國影音製品的發行行業，但與之前相比，取消了外方不得控股的限制。

二、設立影音製品批發、零售的單位應具備的條件

　　值得說明的是，在2011年3月「國務院關於修改『音像製品管理條例』的決定」及同年3月新的「出版管理條例」及「出版物市場管理規定」實施之前，符合條件申請設立影音製品批發、零售的單位，應當由文化行政部門發給「音像製品經營許可證」；但是上述規定實施之後，審批部門變更為出版行政主管部門，設立影音製品批發、零售的單位取得的不是「音像製品經營許可證」，而是「出版物經營許可證」。

　　設立影音製品批發、零售的單位應當具備的條件：

　　1. 有影音製品批發、零售單位的名稱、章程。

　　2. 有確定的業務範圍。

　　3. 有適應業務範圍需要的組織機構和人員。

　　4. 有適應業務範圍需要的資金和場所；其中申請設立影音製品批發的單位，註冊資本不少於人民幣500萬元。

　　5. 須採用中外合作經營的方式。

　　6. 法律、行政法規規定的其他條件。

三、申請「出版物經營許可證」應當提交的資料

　　1. 申請書，載明單位基本情況及申請事項。

　　2. 組織機構和章程。

3. 投資者的銀行信用證明。

4. 經營場所的情況和使用權證明。

5. 法定代表人及主要負責人的身分證明。

6. 負責人的發行員主要資格證書或其他專業技術資格證明。

7. 企業資訊管理系統情況的證明資料。

8. 其他需要的證明資料。

四、受理申請的機關及批准程序

從事不同的發行業務，向不同級別的出版行政部門提出申請。其中，設立影音製品批發企業應當向所在地省、自治區、直轄市新聞出版局提交資料；申請從事影音製品零售業務，應當報縣級文化廣電新聞出版局審批。

上述受理申請的出版行政主管部門應當在20個工作日內做出批准或不批准的決定，並書面告知申請人，予以批准的，由受理申請的出版行政主管部門頒發「出版物經營許可證」。

隨著2011年3月後中國一系列新的法律、法規的施行，使得外商在中國從事影音製品有了部分改變，影音製品經營許可證已成為過去，取而代之的為「出版物經營許可證」。

【131】經營範圍與許可證辦理（二十三）
──增值電信業務經營許可證

根據「中華人民共和國電信條例」（以下簡稱電信條例），電信業務分為基礎電信業務和增值電信業務。增值電信業務，是指利用公共網路基礎設施提供的電信與資訊服務的業務，如呼叫中心業務、語音信箱、電子郵件等。

　　中國對經營電信業務實行許可制度，即必須依照電信條例的規定，取得國務院信息產業主管部門或者省、自治區、直轄市電信管理機構頒發的電信業務經營許可證。而外商投資企業要經營增值電信業務，則需要滿足更多的條件。

一、應具備的條件

　　首先，在股權結構方面，根據「外商投資電信企業管理規定」，外商從事電信業務，須採取中外合資的方式，且外方投資者在企業中的出資比例，最多不得超過50%。

　　其次，在註冊資本方面，經營全國或者跨省、自治區、直轄市範圍的增值電信業務，其註冊資本最低限額為1,000萬元人民幣；經營省、自治區、直轄市範圍內的增值電信業務，其註冊資本最低限額為100萬元人民幣。

　　另外，根據「外商投資電信企業管理規定」、「電信業務經營許可管理辦法」及電信條例的規定，申請經營增值電信業務應當具備以下條件：

　　1. 經營者為依法設立的公司。

　　2. 有與開展經營活動相適應的資金和專業人員。

　　3. 有為用戶提供長期服務的信譽或者能力。

　　4. 經營增值電信業務的外方主要投資者，應當具有經營增值電信業務的良好業績和運營經驗。

　　5. 有必要的場地、設施及技術方案。

　　6. 公司及其主要出資者和主要經營管理人員三年內無違反電信監督管理制度的違法紀錄。

　　7. 中國國家規定的其他條件。

二、應提交的資料

根據以上規定，申請人應當提交的資料如下：

1. 書面申請，包括申請電信業務的種類、業務涵蓋範圍等內容。

2. 申請人基本資訊。包括申請人的基本情況、申請人的股權架構及股東的基本情況、依法經營的承諾書、最近一期的年度會計報告或驗資報告等會計資料、擬從事增值電信業務的人員、場地和基本設施等。

3. 業務發展可行性研究報告和技術方案。

4. 為客戶提供長期服務和品質保障的措施、資訊安全保障措施及證明申請人信譽的資料。

5. 須有關主管部門事先審核同意的，應提交審核同意文件。

三、流程

外商投資電信企業取得增值電信業務經營許可證的流程如下：

第一步：提出申請，取得「外商投資經營電信業務審定意見書」。

外商投資電信企業如經營省、自治區、直轄市範圍內增值電信業務，由中方主要投資者向省、自治區、直轄市電信管理機構提出申請；外商投資電信企業經營如跨省、自治區、直轄市範圍的增值電信業務，由中方主要投資者向國務院工業和信息化主管部門提出申請。審批機關予以批准的，頒發「外商投資經營電信業務審定意見書」；不予批准的，應當書面通知申請人並說明理由。

第二步：取得「外商投資企業批准證書」。

根據「外商投資電信企業管理規定」第十五條規定，外商投資電信企業的中方主要投資者憑「外商投資經營電信業務審定意見書」，向國務院商務主管部門或省、自治區、直轄市人民政府商務主管部門提交申請資料，由商務主管部門予以批准並頒發「外商投資企

業批准證書」。

第三步：申請「電信業務經營許可證」。

根據「外商投資電信企業管理規定」第十六條的規定，外商投資電信企業的中方主要投資者憑「外商投資企業批准證書」，到國務院工業和信息化主管部門辦理「電信業務經營許可證」手續，取得「電信業務經營許可證」。

按照上述流程取得「外商投資企業批准證書」和「電信業務經營許可證」後，即可向工商行政管理機關辦理外商投資電信企業註冊登記手續。

【132】經營範圍與許可證辦理（二十四）
——互聯網信息服務許可證

互聯網信息服務是指通過互聯網向上網用戶提供信息的服務活動，分為經營性與非經營性兩類。做為增值電信業務中的一種，經營性互聯網信息服務是指通過互聯網向上網用戶有償提供信息或網頁製作等服務活動，即只有先交納一定費用才可通過互聯網瀏覽或下載語音、文字資料、圖像等信息。

一、應當具備的條件

根據「互聯網信息服務管理辦法」的規定，中國對經營性互聯網信息服務實行許可制度。外商投資企業從事經營性互聯網信息服務，應該向國務院信息產業主管部門申請辦理互聯網信息服務增值電信業務經營許可證（即ICP經營許可證）。此外，還需要滿足更多的條件。

首先，股權結構方面，根據「外商投資電信企業管理規定」，

外商投資企業從事經營性互聯網信息服務，需要採取中外合資的方式，並且外方投資者在企業中的出資比例最終不能超過50%。

其次，註冊資金方面也有要求。經營全國的或者跨省、自治區、直轄市範圍的經營性互聯網信息服務，其註冊資本最低限額為1,000萬元人民幣；經營省、自治區、直轄市範圍內的經營性互聯網信息服務，其註冊資本最低限額為100萬元人民幣。

二、應提供的資料

根據以上規定，申請從事經營性互聯網信息服務，一般應當提供以下資料：

1. 申辦從事經營性互聯網信息服務的書面申請以及依法經營電信業務的承諾書，其內容應當包括：申請電信業務的種類、業務覆蓋範圍、公司名稱等內容。

2. 申請人的概況，包括申請人的營業執照、公司章程、股權架構及股東的基本情況、擬從事經營性互聯網信息服務的人員、場地和設施等情況。

3. 業務發展可行性研究報告和可行性方案。

4. 為客戶提供長期服務和品質保障的措施、信息安全保障措施及證明申請人信譽的資料。

5. 最近一期經會計師事務所審計的年度財務會計報告或驗資報告等其他會計資料。

6. 從事新聞、出版、教育、醫療保健、藥品、醫療機械等服務的，需要遞交有關主管部門的審核同意文件。

7. 擬開辦電子公告服務欄目的，應當在申請經營性互聯網信息服務許可時，按照中國國家規定提交專項申請報告。

三、受理申請的機關及辦理流程

關於受理申請的機關，外商投資電信企業從事經營性互聯網信息服務須採取中外合資的方式，同時由中方主要投資者向國務院工業和信息化主管部門提出申請。

工業和信息化主管部門應當自收到申請之日起60日內審查完畢，做出批准或不批准的決定。予以批准的，頒發互聯網信息服務增值電信業務經營許可證（即ICP經營許可證），不予批准的，應當書面通知申請人並說明理由。

【133】經營範圍與許可證辦理（二十五）
——保險兼業代理許可證

保險兼業代理，是指保險兼業代理人受保險人委託，在從事自身業務的同時，為保險人代辦保險業務。從事保險兼業代理的單位稱為保險兼業代理人，包括銀行、郵政、物業管理、房地產開發等機構。不同類型的保險業務對保險兼業代理人的要求亦有所不同。根據「保險兼業代理管理暫行辦法」等法律、法規的規定，中國對從事保險兼業代理的單位實行許可證制度，即從事保險兼業代理的單位須取得中國保險監督委員會（以下簡稱「中國保監會」）頒發的「保險兼業代理許可證」。

外商投資企業可以從事保險兼業代理業務。

一、應具備的條件

根據「保險兼業代理管理暫行辦法」的規定，申請從事保險兼業代理業務的單位應當具備的條件為：

1. 具有工商行政管理機關核發的營業執照。
2. 有同經營主業直接相關的約定規模的保險代理業務來源。

3. 有固定的場所。

4. 具有在其營業場所直接代理保險業務的便利條件。

二、應提交的資料

申請從事保險兼業代理資格，應向中國保監會提交的資料為：

1. 保險兼業代理人資格申報表（一式三份）。

2. 工商營業執照副本影本。

3.「組織機構代碼證」影本。

4. 保險兼業代理人資格申報電腦資料磁碟片。

5. 被代理保險公司「經營保險業務許可證」影本。

6. 加蓋公司公章的上一年度（或最近一期）財務報表。

7. 經營場所的照片。

8. 中國保監會要求的其他資料。

需要說明的是，根據中國保監會的要求，申請保險兼業代理資格或增加保險兼業代理險種，除銀行類機構外，應委託擬建立兼業代理關係的保險公司向中國保監會提出。

三、受理申請的機構

根據「保險兼業代理管理暫行辦法」的規定，申請從事保險兼業代理業務的單位應當向中國保監會提交資料，中國保監會對經核准取得保險兼業代理資格的單位核發「保險兼業代理許可證」。但是實務中，中國保監會將上述許可權下放，申請人向省級保監局提出申請即可。

對於不符合申報基本條件的不予核准；法人機構未取得保險兼業代理資格或未開展代理業務，其分支機構申請兼業代理資格亦不予許可。

四、需要注意的問題

從實務操作來看，外商投資企業亦可從事保險兼業代理業務，但已獲准審批的多數集中在外資銀行領域。2012年3月，中國保監會頒發了「中國保險監督管理委員會關於暫停區域性保險代理機構和部分保險兼業代理機構市場准入許可工作的通知」（以下簡稱「通知」）。根據以上「通知」的內容，中國保監會為規範保險代理市場的准入和退出，確保保險代理市場清理整頓工作取得實效，將暫停金融、郵政以外的所有保險兼業代理機構資格核准，但是相關的規章制度尚未修改或頒布。

雖然有關保險兼業代理的法律、法規尚未修改或頒布，但是可以確定，「通知」頒布以後，就目前而言，從事金融、郵政以外的單位申請「保險兼業代理許可證」將不被核准。

【134】經營範圍與許可證辦理（二十六）
——危險廢物經營許可證

根據「中華人民共和國固體廢物污染環境防治法」及「危險廢物經營許可證管理辦法」（以下簡稱「辦法」）的規定，危險廢物，是指列入國家危險廢物名錄或者根據國家規定的危險廢物鑑別標準和鑑別方法認定的具有危險性的廢物。

中國對企業從事危險廢物的經營實行許可制度，即企業只有取得「危險廢物經營許可證」才可到工商部門辦理註冊登記手續。

一、「危險廢物經營許可證」的分類

「危險廢物經營許可證」按照經營方式，分為「危險廢物收集、貯存、處置綜合經營許可證」和「危險廢物收集經營許可證」。其中，領取「危險廢物綜合經營許可證」的單位，可以從事各種危險

廢物的收集、貯存、處置經營活動；領取「危險廢物收集經營許可
證」的單位，可以從事經營的範圍相對比較小，只能從事機動車維修
活動中產生的廢礦物油和居民日常生活中產生的廢鎘鎳電池的危險廢
物收集經營活動。

二、申請條件及應提交的資料

　　根據「辦法」的規定，申請領取「危險廢物收集經營許可證」
的條件相對比較簡單，只對運輸工具、包裝工具等提出了簡單要求，
但是申請領取「危險廢物綜合經營許可證」，要求的條件比較嚴格，
具體如下：

　　1. 人員要求：要求有具備環境工程專業及固體廢物污染處理經
歷的人員。

　　2. 對於申領危險廢物綜合經營許可證的企業，「辦法」對運輸
工具、包裝工具及相關設施設備提出了明確要求，除應當符合環保標
準、安全標準外，醫療廢物集中處理設施還應當符合中國國家有關醫
療廢物處置的衛生標準和要求。

　　3. 應當具備相應的處置技術及工藝，同時具備相應的規章制度
及污染防治和事故應急救援措施。

　　4. 對於以填埋方式處置危險廢物的企業，應當依法取得填埋場
所的土地使用權。

　　關於資料的提交，應根據上述條件提交相應的資料，對此，
「國家環境保護總局關於危險廢物經營許可證申請和審批有關事項的
通告」對資料有明確、詳細的規定。

三、審批部門

　　中國對危險廢物經營許可證實行分級審批頒發。其中：

　　1. 危險廢物收集經營許可證，由縣級人民政府環境保護主管部

門審批頒發。

2.醫療廢物集中處置單位的危險廢物經營許可證，由醫療廢物集中處置設施所在地設區的市級人民政府環境保護主管部門審批頒發。

3.下列單位的危險廢物經營許可證，由國務院環境保護主管部門（國家環境保護總局污染控制司固體處負責受理資料）審批頒發：

（1）年焚燒1萬噸以上危險廢物的。

（2）處置含多氯聯苯、汞等對環境和人體健康威脅極大的危險廢物的。

（3）利用列入國家危險廢物處置設施建設規劃的綜合性集中處置設施處置危險廢物的。

4.除以上以外的危險廢物經營許可證，由省級環境保護主管部門審批頒發。

四、受理審批時間

發證機關應當自受理申請之日起20個工作日內，對申請單位提交的證明資料進行審查，並對申請單位的經營設施進行現場核查。符合條件的，頒發危險廢物經營許可證，並予以公告。

五、有效期及換證、變更

危險廢物綜合經營許可證有效期為五年；危險廢物收集經營許可證有效期為三年，自批准之日起計算。期滿後需要繼續從事危險廢物經營活動的，須在期限屆滿前30個工作日前向原發證機關申請換證。

申請變更的應提交變更申請報告、工商變更登記文件和原危險廢物經營許可證。申請報告應說明變更理由和需要變更的具體事項。

【135】經營範圍與許可證辦理（二十七）
——成品油、危化品等特殊商品倉儲許可證

根據中國法律規定，中國對從事成品油、危險化學品等特殊商品的倉儲經營實行許可制度。未取得相應許可證書的，不能從事上述商品的倉儲經營。

一、成品油倉儲經營批准證書的辦理

所謂成品油，是指汽油、煤油、柴油及其他符合中國國家產品質量標準、具有相同用途的乙醇汽油和生物柴油等替代燃料。

（一）申請成品油倉儲經營資格的企業，應提交的資料

1. 書面申請文件。

2. 油庫、加油站（點）及其配套設施的產權證明文件；國土資源、規劃建設、安全監管、公安消防、環境保護、氣象、質檢等部門核發的油庫、加油站（點）及其他設施的批准證書及驗收合格文件。

3. 工商部門核發的「企業法人營業執照」或「企業名稱預先核准通知書」。

4. 安全監管部門核發的「危險化學品經營許可證」。

5. 外商投資企業還應提交「中華人民共和國外商投資企業批准證書」。

6. 省級人民政府商務主管部門核發的油庫規劃確認文件。

7. 審核機關要求的其他文件。

（二）受理申請的部門

申請從事成品油倉儲經營資格的企業，應當向所在地省級人民政府商務主管部門（例如上海市，為上海市商務委員會）提出申請，省級人民政府商務主管部門審查後，將初步審查意見及申請資料上報

商務部，由商務部決定是否給予成品油倉儲經營許可。

（三）辦理時限

省級人民政府商務主管部門收到成品油倉儲經營資格申請後，應當在20個工作日內完成審查，並將初步審查意見及申請資料上報商務部。商務部自收到省級人民政府商務主管部門上報的資料之日起，20個工作日內完成審核。對符合條件的，應當給予成品油倉儲經營許可，並頒發「成品油倉儲經營批准證書」。

二、危險化學品經營許可證的辦理

所謂危險化學品，是指具有毒害、腐蝕、爆炸、燃燒、助燃等性質，對人體、設施、環境具有危害的劇毒化學品和其他化學品。實務中一些倉儲型企業，有些倉庫可以專門從事或出租給第三方從事危險化學品的倉儲，故外商投資企業自身如果沒有倉庫，可以租賃符合條件的倉庫從事危險化學品的倉儲。

（一）申請危險化學品經營許可證的企業，應提交的資料

1. 書面申請報告。

2. 「危險化學品經營許可證申請表」。

3. 安全評價報告。

4. 經營和儲存場所建築物消防安全驗收文件的影本。

5. 經營和儲存場所、設施產權或租賃證明文件影本。

6. 單位主要負責人和主管人員、安全生產管理人員和業務人員專業培訓合格證書的影本。

7. 安全管理制度和職務安全操作規程。

（二）受理申請的部門

從事危險化學品經營的企業，應當向所在地設區的市級人民政府安全生產監督管理部門（例如江蘇蘇州的企業，向蘇州市安全生產監督管理局）提出申請。

（三）辦理時限

設區的市級人民政府安全生產監督管理部門依法進行審查並對申請人的經營場所、儲存設施進行現場核查，自收到證明資料之日起30日內做出批准或者不予批准的決定。予以批准的，頒發危險化學品經營許可證；不予批准的，書面通知申請人並說明理由。

【136】經營範圍與許可證辦理（二十八）
——體育經營許可證

外商從事與體育相關的經營活動，主要為健身、體育仲介、體育活動策劃與組織、體育表演、體育培訓等業務。但由於中國對體育經營活動是否實行許可證制度並未有統一、明確的規定，各地的規定亦有所不同。許多省分對從事專業技術性強、高危險性體育項目經營活動已實行許可證制度，如山西省、重慶市、內蒙古自治區等。但目前上海、蘇州、無錫等地對經營者從事體育經營活動（包括高危險性體育項目）並不要求取得體育經營許可證，以上海為例，擬從事體育經營活動的經營者無須取得上海市體育局的許可，即可辦理工商登記手續。

目前，中國國家體育總局正在醞釀提出全國統一的有關體育經營活動的規範，「高危險性體育項目經營許可管理辦法」（以下簡稱「辦法」）（徵求意見稿）已經頒布。根據「辦法」，中國對從事高危險性體育項目（對高危險性體育項目的內容並沒有明確規定）將實行許可制度，即從事高危險性體育項目的經營者只有取得中國體育行政部門的許可證後，方可至工商部門辦理工商登記手續。

如果「辦法」生效，那麼辦理體育經營許可證需要注意的問題

如下：

一、經營高危險性體育項目應該具備的條件

1. 相關體育設施、設備、器材符合國家標準。

2. 具有達到規定數量的取得國家職業資格證書的社會體育指導人員和救助人員。

3. 具有安全生產工作責任制，安全操作規程，突發事件應急預案，體育設施、設備、器材安全檢查制度等安全保障制度和措施。

4. 法律、法規規定的其他條件。

二、申請經營高危險性體育項目，需要提供以下資料

1. 申請書。申請書應該包括申請人的名稱、住所，擬經營的高危險性體育項目，擬成立經營機構的名稱、經營場所地址等內容。

2. 體育設施、設備、器材符合國家相關標準的證明資料。

3. 體育場所的所有權或使用權證明。

4. 社會體育指導人員、救助人員的職業資格證明資料。

5. 安全保障制度和措施。

6. 法律、法規規定的其他資料。

三、受理申請的體育行政部門

根據「辦法」的規定，申請經營高危險性體育項目，依法應由中國國家工商總局登記的，則向國家體育總局提出經營許可證申請。

申請經營高危險性體育項目，依法應由縣級以上工商行政管理部門登記的，由省級體育行政主管部門根據轄區的實際情況，制定許可分級辦法。

四、辦理時限

根據「辦法」的規定，縣級以上體育行政主管部門自收到申請之日起30日內進行實地審查，做出批准或不批准的決定。批准的，應

當發給許可證，不批准的，應當書面說明理由。

目前，「辦法」尚在徵求意見之中，仍未生效，故在其生效之前，上海、無錫、蘇州等地從事體育經營活動的經營者無須取得體育行政部門的許可即可辦理工商登記手續，但是若「辦法」生效，則從事高危險性體育項目須按照「辦法」的規定執行。

【137】經營範圍與許可證辦理（二十九）
——中外合作辦學許可證

「中外合作辦學許可證」是外國教育投資者與中國教育機構在中國境內合作舉辦教育機構，經教育行政部門頒發統一編號的許可證書。中國不允許外國教育組織或者個人在中國境內單獨設立以中國公民為主要招生對象的學校及其他教育機構。中國政府鼓勵引進優質教育資源，鼓勵在高等教育、職業教育領域，鼓勵中國高等教育機構與外國知名的高等教育機構之間，鼓勵在中國西部地區、邊遠貧困地區，舉辦中外合作辦學。香港、澳門和台灣的教育機構與內地教育機構舉辦合作辦學的，屬於中外合作辦學，可以經申請獲得「中外合作辦學許可證」後進入中國從事教育事業的經營。

「中外合作辦學許可證」許可的辦學範圍是有限制的，具體為：（1）禁止興辦實施義務教育和軍事、員警、政治等特殊性質教育機構；（2）外國宗教組織、機構、院校和教職人員不得從事合作辦學活動；（3）中外辦學機構也不得進行宗教教育和開展宗教活動。中外合作辦學者根據辦學內容不同，分別向教育或勞動行政機構申請「中外合作辦學許可證」，並符合相應的資質條件方可經營。

一、受理申請的單位

「中外合作辦學許可證」的申請，根據辦學等級及性質的不同，向不同的主管機構提出。

（一）設立本科以上高等教育的中外合作辦學機構，由國務院教育行政部門審批。

（二）設立專科、非學歷高等教育的，由擬設立機構所在地的省級政府審批。

（三）設立中等學歷教育和自學考試助學、文化補習、學前教育的，由省級政府教育行政部門審批。

（四）設立實施職業技能培訓的，由省級政府勞動行政部門審批。設立分為前後，為籌備設立和正式設立，但具備辦學條件，達到設置標準的，可以直接申請正式設立。

二、應提交的資料

申請「中外合作辦學許可證」，首先要通過籌備設立審批，提交資料包括：（1）申辦報告；（2）合作協議；（3）資產來源、資金數額及證明文件；（4）不低於中外合作辦學者資金投入15%的啟動資金到位證明等。經批准籌備設立中外合作辦學機構，應在獲得批准批覆之日起三年內提出正式設立申請，超過三年的，要重新申報通過籌備設立審批。

而後，進入正式設立環節，提交資料包括：（1）正式設立申請書；（2）籌備設立批准書；（3）籌備設立情況報告；（4）章程，首屆理事會、董事會或者聯合管理委員會組成人員名單及相關證明文件；（5）中外合作辦學機構資產的有效證明文件；（6）校長或主要行政負責人、教師、財會人員的資格證明文件；（7）聘任外籍教師和外籍管理人員的相關資格證明文件。

「中外合作辦學許可證」的申請時間為每年3月或者9月，設立申請經過審批機關組織專家評議，獲得正式設立審批通過，並取得

「中外合作辦學許可證」後，進行工商註冊登記。中外合作辦學設立的教育機構，除外國教育機構與中國實施學歷教育的高等學校設立的實施高等教育的機構外，都應當具有法人資格，即該中外合作辦學的教育機構可以有限公司或股份公司的形式註冊登記，取得由工商行政管理局頒發的「營業執照」後開始營業。

【138】經營範圍與許可證辦理（三十）
——製造、修理計量器具許可證

根據中國國家質量監督檢驗檢疫總局發布的「製造、修理計量器具許可監督管理辦法」，計量器具是指列入「中華人民共和國依法管理的計量器具目錄」的裝置、儀器儀表和量具。製造、修理計量器具的單位必須按申請辦理「製造計量器具許可證」或「修理計量器具許可證」。製造計量器具的單位是指以銷售為目的製造計量器具的企業、事業單位；修理計量器具的單位，是指針對社會承接計量器具修理業務的企業、事業單位。企業、事業單位製造計量器具，不針對社會銷售而為本單位使用的，以及試製樣機或根據用戶的特殊需要進行非標準加工的，免於申請製造許可證。

一、應具備的條件

根據規定，申請「製造計量器具許可證」應具備以下條件：

1. 具備與所製造的計量器具相適應的生產設施，包括生產和工裝設備以及生產過程中的計量檢測設施等。

2. 具有保證產品品質的出廠檢定條件，包括考核合格的計量標準，相應的工作計量器具和檢測設備，適宜的檢定環境。

3. 工程技術人員和工人的技術狀況符合生產的需要，計量檢定

人員經考核合格。

4. 具有完整的產品設計圖紙、工裝圖紙、工藝文件、型式批准證書或樣機試驗合格證、技術說明書等。

5. 制定必要的計量管理制度。

申請「修理計量器具許可證」應具備以下條件：

1. 具備與修理、調試相適應的設備和工作環境。

2. 具有保證修理品質的檢定條件，包括考核合格的計量標準、相應的工作計量器具和檢測設備、適宜的檢定環境。

3. 修理人員的技術狀況適應修理業務的需要，計量檢定人員經考核合格。

4. 建立了檢定和修理的品質保證制度並具備有關技術文件。

二、應提交的資料

申請製造許可證或修理許可證的單位，應向質監局遞交申請書和有關資料。中國各級質監局對產品品質管制、計量管理、品質認證監督、特種設備管理、食品安全監督等，具有行政管理許可權。申請人提交的資料經過質監局初審後，安排所屬或授權的計量檢定機構進行考核評審，經考核合格的，質監局頒發製造許可證或修理許可證。

申請單位應提交的資料主要包括：

1. 本企業營業執照原件及影本。

2. 申請書。

3.「製造計量器具許可考核通用規範」自我評價紀錄表。

4. 與生產規模相適應的檢驗人員培訓證明。

5.「計量器具型式批准證書」原件及影本，型式評價報告影本（免於型式試驗的除外）。

6. 按產品執行標準的要求，製造單位或技術機構所做的型式試驗報告（適用於到期複查，對於系列產品，只須提交代表性產品的報

告，考核結束後交還申請單位）。

7. 現行有效的產品標準和計量技術規範（如檢定規程、校準規範等）影本（考核結束後交還申請單位）。

8. 國家重點管理的計量器具如有國家規定必備條件的，還須遞交考核必備條件自查報告。

9. 製造計量器具許可簡化考核申請及相關證明資料（如通過品質管制體系認證、測量管理體系認證、計量合格確認憑證影本，政府部門連續抽查合格報告影本，增項考核的同系列產品許可證影本）。

審批機關收到資料後進行審查，如果資料齊全，正式通知企業受理申請。申請單位做好考核前的準備工作，包括整理品質計量管理制度、標準器送檢、檢定人員取證、環境條件完善等。審批考核組進行計量法制管理、產品品質、生產條件考核，形成考核報告。考核不合格的，企業應在指定時間內進行整改，寫出整改報告報考核組。企業持證製造、修理計量器具滿一年，須接受質監局的年審。

【139】經營範圍與許可證辦理（三十一）
——種畜禽生產經營許可證

生產經營種畜禽的單位和個人，必須向縣級以上人民政府畜牧行政主管部門申領「種畜禽生產經營許可證」；工商行政管理機關憑此證依法辦理登記註冊。其中，畜禽是指種用的家畜家禽，包括家養的豬、牛、羊、馬、驢、駝、兔、犬、雞、鴨、鵝、鴿、鵪鶉等及其卵、精液、胚胎等遺傳材料。生產經營畜禽冷凍精液、胚胎或者其他遺傳材料的，由國務院畜牧行政主管部門或者省、自治區、直轄市人民政府畜牧行政主管部門核發「種畜禽生產經營許可證」。

一、辦理程序

「種畜禽生產經營許可證」辦理程序如下：1. 種畜禽生產經營企業申請辦理「種畜禽生產經營許可證」，必須由其所在地主管機構審查同意；2. 申辦原種場、祖代場和市屬單位、中外合資、獨資企業所屬的良種家畜配套場、父母代場，向市級畜牧辦公室提出申請；縣（區）所屬良種家畜配套繁育場、良種家畜配種站和父母代場，向所屬縣（區）主管機構提出申請，縣（區）主管機構初審合格後匯總上報市畜牧辦公室；3. 市畜牧辦公室受理種畜禽生產經營企業的申請時，對申請報告及其所在地畜牧行政主管機關同意的批件和有關資料進行審核；4. 審核通過後，委託市畜牧獸醫站組織市、區（縣）有關專家，進行現場檢查；5. 檢查合格的，由市畜牧辦公室發給「種畜禽生產經營許可證」。

二、應具備的條件

生產經營種畜禽的單位和個人，須滿足以下條件：1. 符合良種繁育體系規劃的布局要求；2. 所用種畜禽合格、優良，來源符合技術要求，並達到一定數量；3. 有相應的畜牧獸醫技術人員；4. 有相應的防疫設施；5. 有相應的育種資料和紀錄。

對生產經營種畜禽的場所要求的條件如下：

（一）場所的基礎條件

1. 場址的地勢、交通、通訊、能源和防疫隔離條件良好等。

2. 生產區符合環保要求。

3. 種畜禽舍布局合理、生產工藝及設備配套齊全。

4. 種牛場和種羊場有足夠的放牧場或飼料地。

5. 具有資料檔案室、疫病診斷室，配備必要的儀器設備。

（二）技術能力配備條件

1. 種畜禽場場長具有中專以上學歷或中級以上技術職稱。

2. 技術人員具備中專以上相關專業學歷。

3. 直接從事生產的工人經過專業技術培訓，取得相應技術職業證書。

4. 安排資金用於員工的職業技術培訓。

（三）群體規模條件，即群體數量的規模要求

種畜禽生產經營群體規模條件，有種畜禽生產群體規模和國家確定保護的畜禽品種群體規模兩類，具體應根據當地要求確認。

（四）種畜禽生產條件

1. 必須制定種畜禽選育計畫，包括選育方法、配種制度及性能測定方案等。

2. 各畜禽品種根據育種要求建立核心群。

3. 種公畜不得少於六個血統，且系譜清楚。

4. 保持合理的種群更新率。

5. 種畜禽品質必須符合本品種國家標準，或者參照地方標準。國外引進的品種參照供方提供的標準。

6. 要有科學、健全的飼養管理制度，採用先進的飼養工藝，按照營養標準配製日糧，滿足不同畜禽品種和生理階段的營養需要。

（五）技術資料條件

1. 要有完整系統的原始紀錄和統計分析資料。

2. 種畜禽要進行良種登記，系譜資料齊全。

3. 各項資料按年度裝訂成冊並存檔（如採用無紙記錄系統，各項資料應存入電腦軟碟）。

（六）種畜禽保健條件

1. 有免疫程序、場內防疫和監測制度。

2. 無一、二類烈性傳染病和國家規定的其他疫病。

3. 場內設有病畜隔離舍、死畜處理設施。

（七）經營管理條件

1. 建立健全生產經營管理制度和工作責任制。

2. 出場種畜禽有清楚系譜證、種畜禽合格證和動物檢疫合格證。

3. 建立售後服務制度。

種畜禽生產經營企業未取得「種畜禽生產經營許可證」生產經營種畜禽，未按照規定的品種、品系、代別和利用年限生產經營種畜禽，推廣未依法評審並批准的畜禽品種，銷售種畜禽未附具「種畜禽合格證」、種畜系譜的，依法處罰措施為沒收違法所得，並可以處以違法所得兩倍以下的罰款；未按照規定的品種、品系、代別和利用年限生產經營種畜禽，或銷售種畜禽未附具「種畜禽合格證」、種畜系譜，情節嚴重的，可以吊銷「種畜禽生產經營許可證」。

【140】超越經營範圍的認定及法律責任

企業超越經營範圍，是指企業的經營行為超越了營業執照所核定的經營範圍而從事經營活動。企業經營行為表現為以法人名義進行的各種營業活動，如貿易、服務等行為。企業的經營行為是否超越經營範圍，主要根據工商管理機關核准的經營範圍確定。企業經過工商註冊登記，從營業執照成立之日起始具有法人資格，並依照營業執照中經營範圍列明的項目從事經營活動。企業超越經營範圍的經營，根據行為性質及後果，須承擔相應的法律責任。

企業超越經營範圍可以分為以下幾類：（1）超出營業執照上指定的經營項目、商品品種和商品類別從事經營活動；（2）超出營業執照上核定的營業方式從事經營活動；（3）擅自超出營業執照指定的供應對象從事經營活動；（4）登記主管機關對營業執照上指定的

營業範圍進行調整，企業仍按照調整前的經營範圍從事經營活動。企業超越經營範圍的經營行為，因其性質的不同，產生的法律後果也不同，並非必然無效。

若企業超越經營範圍的行為並未違反法律的強制性規定，而且未損害國家、有關當事人和第三人利益的情況下，只要經營行為本身符合民法的基本原則，且已經過企業及相對人執行，應當認定合同有效。如果企業超越經營範圍的行為相對人是善意的，而企業是故意或過失從事超越經營範圍的行為，而且是由有過錯的一方主動提出確認行為無效請求的，應認定合同為有效。即企業法人不得以超越經營範圍而無效對抗善意的相對人，主張超越經營範圍的經營行為無效的權利只有善意的相對人可以行使，除非該相對人在行為時明知或應知企業法人超越了經營範圍。如果超越經營範圍的行為違反法律、行政法規的強行性規定，例如違反法律的禁止性規定，違反國家制訂的要由專門部門專營專賣的規定，或者經營標的物為限制流通物品的，應認定行為無效。

企業超越經營範圍的經營行為認定及法律後果，因實際情況差異而不同，舉例說明如下：

首先，企業經營範圍中若明確銷售的商品種類為電子產品，但企業實際銷售商品包括服裝等超越經營範圍的其他商品，如此的經營行為便屬於超越經營範圍的行為。雖然企業超越經營範圍銷售商品，但銷售行為應認定有效，而非基於企業超越經營範圍事由來判斷銷售行為無效。

其次，企業超越經營範圍中明確的經營方式，例如經營範圍指明提供服務的方式為餐飲諮詢，但企業實際從事餐飲生產或銷售行為。依照法律強制性規定，從事餐飲生產或者銷售的經營，需要衛生、食品相關管理部門批准後方可經營，故屬於違反法律強制性規定

的經營行為，該超越經營範圍的經營行為應認定無效。

再次，企業超越經營範圍中指定的服務或其他經營對象的行為，如企業經營範圍中明確從事母嬰護理服務，但企業實際對廣大消費者提供美容護理等服務，即屬於超越經營範圍的經營行為。

最後，企業經營範圍為在行政許可範圍內從事醫藥貿易行為，企業由於違規操作或安全責任事故導致藥品監督機構批准的醫藥經營權限遭到取消，但企業依舊從事原許可權範圍內的經營行為，便超越了經營範圍。由於企業超越經營範圍違反了法律有關醫藥經營的強制性規定，應認定為無效，企業應承擔醫藥監管部門課以行政責任及其他民事責任。

企業超越經營範圍從事的經營活動被認定為無效的民事行為，從行為開始起就沒有法律約束力，應當承擔恢復行為前權利義務狀態及過錯賠償等責任。企業經營行為被確認為無效的，企業因該行為取得的財產，應當返還給受損失的一方。有過錯的一方應當賠償對方因此所受的損失，雙方都有過錯的，應當各自承擔相應的民事責任。惡意損害國家、集體或第三方利益，可能面臨財產被收繳的後果，從事非法經營須承擔更為嚴重的法律責任。

【141】超越經營範圍訂立合同的效力分析

超越經營範圍訂立合同，是指企業與交易相對方簽訂交易內容超越企業經營範圍的合同。「中華人民共和國民法通則」第四十二條規定，「企業法人應當在核准登記的經營範圍內從事經營。」企業經依法登記成立，須在批准登記的經營範圍內從事經營活動。企業的經營範圍通過公司章程確定，經工商登記後依照核准經營範圍執行。公

司的經營範圍屬於法律、行政法規限制的項目，應當依法經過批准後
方可經營。企業超越經營範圍訂立的合同，若不觸及法律關於無效情
形的規定，且不存在合同被變更或撤銷的情形，而且不屬於效力待定
的合同，一般應認定為有效，企業須承擔合同約定的相應義務。企業
超越經營範圍訂立合同可能無效的情形，主要指違反法律禁止性、強
制性的規定而訂立的合同。

企業超越經營範圍訂立的合同，如果不違反法律的強制性規
定，未損害國家、合同當事人和其他第三人利益的情況下，合同已經
履行或雙方合意可以履行的，應當認定合同有效。企業超越經營範圍
訂立的合同存在效力瑕疵的情形有：

第一，企業超越經營範圍訂立的合同無效。當事人一方可以向
法院提出認定無效的請求：1. 一方以欺詐、脅迫的手段訂立合同，
損害國家利益；2. 惡意串通，損害國家、集體或者第三人利益；3.
以合法形式掩蓋非法目的，即指合同的交易是合法有效的，但實際是
為了逃稅、非法獲利等目的；4. 損害社會公共利益，此處公共利益
指具有公共性、合理性、正當性及公平性的非經營或商業性的利益。
5. 其他違反法律強制性規定訂立的合同。

第二，企業超越經營範圍訂立的合同可變更、撤銷。當事人一
方可以向人民法院或者仲裁機構，提出變更或者撤銷請求：1. 因重
大誤解訂立的合同；2. 在訂立合同時存在顯失公平情形；3. 一方以
欺詐、脅迫的手段或者乘人之危，使對方在違背真實意思的情況下訂
立的合同，受損害方有權請求變更或者撤銷。

第三，企業的法定代表人、負責人超越許可權訂立的超越經營
範圍的合同。除相對人知道或者應當知道其超越許可權的以外，該代
表行為有效，企業應履行合同義務。企業的銷售代表等代理人沒有代
理權、超越代理權或者代理權終止後，以被代理人名義訂立的合同，

未經企業法人追認，對企業不發生效力，由行為人承擔責任。如果企業追認的，應當認定有效。法人代表沒有代理權、超越代理權或者代理權終止後，以被代理人名義訂立合同，相對人有理由相信行為人有代理權的，該合同應認定為有效。

　　對於超越經營範圍訂立的合同的效力認定，如果合同相對方是善意的，而超越經營範圍的企業是故意或過失的情況，企業一方主動提出確認合同無效的，一般不會因為超越經營範圍事由而認定合同無效。企業不得以超越經營範圍訂立合同無效對抗善意的相對人，而善意的相對人可以主張超越經營範圍訂立的合同無效，即該相對人在訂約時不知或不應知企業法人超越了經營範圍。

　　對於超越經營範圍訂立合同進行經營的企業，合同相對方除了通過民事救濟途徑，還可通過行政方式進行維權，例如可以向工商部門進行投訴等公力救濟。因此，為避免交易過程中的糾紛，在簽訂合同之前應當對合同相對方做充分的瞭解、調查，以便減少履約過程中的法律風險。

【142】無照經營的認定及法律責任

　　企業無照經營行為有以下幾類，一類為應當取得而未依法取得許可證或者其他批准文件和營業執照，擅自從事經營活動的無照經營行為；一類為已經辦理註銷登記或者被吊銷執照，以及執照有效期屆滿後未按照規定重新辦理登記手續，擅自繼續從事經營活動的無照經營行為；一類為超出核准登記的經營範圍，擅自從事應當取得許可證或者其他批准文件方可從事的經營活動的違法經營行為。以上無照經營行為，指沒有取得商務局、工商管理部門核發的批准證書、企業營

業執照，或衛生局、食藥監局、質監局等特殊行業的管理機構對食品餐飲、化工產品等行業的許可經營證書，或者超越證照書面列明的許可經營範圍而從事經營活動。工商行政管理局或特殊行業的管理機構，如食藥監局、衛生局、質監局等機構，有權對無證照經營行為進行調查、處理。

縣級以上工商行政管理局有權對涉嫌無照經營行為進行查處取締，可以在職權範圍內採取以下措施：1. 責令停止相關經營活動；2. 向與無照經營行為有關的單位和個人調查、瞭解有關情況；3. 進入無照經營場所實施現場檢查；4. 查閱、複製、查封、扣押與無照經營行為有關的合同、票據、帳簿以及其他資料；5. 查封、扣押專門用於從事無照經營活動的工具、設備、原材料、產品（商品）等財物；6. 查封有證據表明危害人體健康、存在重大安全隱患、威脅公共安全、破壞環境資源的無照經營場所。但是工商行政管理部門違法使用或者損毀被查封、扣押的財物，造成當事人經濟損失的，應當承擔賠償責任。

企業無照經營或者為企業無照經營提供便利、抗拒執法機關查處等行為，須承擔相應的法律責任，具體介紹如下：

（一）無照經營行為的法律責任

無照經營行為，由工商行政管理局依法予以取締，沒收違法所得；觸犯刑律的，依照刑法關於非法經營罪、重大責任事故罪、重大勞動安全事故罪、危險物品肇事罪或者其他罪的規定，依法追究刑事責任；尚不構成刑事處罰的，併處 2 萬元以下的罰款；無照經營行為規模較大、社會危害嚴重的，併處 2 萬元以上20萬元以下的罰款；無照經營行為危害人體健康、存在重大安全隱患、威脅公共安全、破壞環境資源的，沒收專門用於從事無照經營的工具、設備、原材料、產品（商品）等財物，併處 5 萬元以上50萬元以下的罰款。對法律有特

殊規定的行業的無照經營行為，例如觸犯「印刷業管理條例」、「互聯網上網服務營業場所管理條例」、「菸草專賣法」、「危險化學品安全管理條例」等法律法規的規定，要按照相關規定查處。

（二）為無照經營行為提供便利條件的法律責任

知道或者應當知道屬於無照經營行為而為其提供生產經營場所、運輸、保管、倉儲等條件的，由工商行政管理局責令立即停止違法行為，沒收違法所得，併處 2 萬元以下的罰款；為危害人體健康、存在重大安全隱患、威脅公共安全、破壞環境資源的無照經營行為提供生產經營場所、運輸、保管、倉儲等條件的，併處 5 萬元以上50萬元以下的罰款。

（三）動用被查封、扣押財物的法律責任

當事人擅自動用、調換、轉移、損毀被查封、扣押財物的，由工商行政管理部門責令改正，處被動用、調換、轉移、損毀財物價值5%以上20%以下的罰款；拒不改正的，處被動用、調換、轉移、損毀財物價值一倍以上三倍以下的罰款。

（四）抗拒執法的法律責任

拒絕、阻礙工商行政管理部門依法查處無照經營行為，構成違反治安管理行為的，由公安機關依照「中華人民共和國治安管理處罰條例」的規定予以處罰；構成犯罪的，依法追究刑事責任。

【143】混合經營與兼營比較分析

混合經營與兼營，涉及營業稅和增值稅徵繳。營業稅是對提供應稅勞務、轉讓無形資產和銷售不動產徵稅，增值稅是對銷售貨物徵稅。如果一項銷售行為既涉及應稅勞務又涉及貨物，為混合銷售行

為。從事貨物的生產、批發或零售的企業、企業性單位及個體經營者的混合銷售行為，視為銷售貨物，不徵收營業稅；其他單位和個人的混合銷售行為，視為提供應稅勞務，應當徵收營業稅。納稅人既提供應徵營業稅的勞務，又從事應徵增值稅的貨物銷售行為，為兼營行為。納稅人兼營應稅勞務與貨物，凡不分別核算或不能準確核算的，其應稅勞務與貨物一併徵收增值稅，不徵營業稅。具體分析如下。

混合經營，是實際經營中的銷售行為同時包括貨物和非加工性勞務（如維修勞務等屬於營業稅徵稅範圍的勞務活動）的經營方式。營業稅徵收對象具體內容為，在中華人民共和國境內提供「中華人民共和國營業稅暫行條例」規定的應稅勞務、轉讓無形資產或者銷售不動產的行為。應稅勞務是指有價或視同有價提供交通運輸業、建築業、金融保險業、郵電通信業、文化體育業、娛樂業、服務業等範圍的勞務。加工、修理修配勞務是非應稅勞務。

混合經營的特點是，銷售貨物與提供非應稅勞務是由同一納稅人實現，價款是同時從一個購買方取得的。增值稅實施細則中規定，對於從事貨物的生產、批發或零售的企業、企業性單位及個體工商戶的混合銷售行為，均為銷售貨物，徵收增值稅，對於其他單位和個人的混合銷售行為，不徵收增值稅，而徵收營業稅。

根據「增值稅暫行條例實施細則」的規定，混合銷售行為屬於應當徵收增值稅的，其銷售額應是貨物銷售額與勞務提供額合計，該提供勞務的銷售額應視同含稅銷售額處理，且該混合銷售行為涉及的勞務所用購進貨物的進項稅額，凡符合規定的，在計算該混合銷售行為增值稅時，准予從銷項稅額中抵扣。

兼營行為，是指納稅人既經營貨物銷售，又提供營業稅應稅勞務，但是銷售貨物或應稅勞務不同時發生在同一購買者身上，且從事的勞務與某一項銷售貨物或加工修理修配勞務並無直接的聯繫和從屬

關係。對於納稅人的兼營行為，應分別核算應稅勞務的營業額和應納增值稅的銷售額，即應當將不同稅種範圍的經營項目分別核算、分別申報納稅。

混合銷售與兼營有相同的方面，又有明顯的區別。混合銷售與兼營的相同之處是二者經營範圍都有銷售貨物和提供勞務這兩類經營項目。混合銷售與兼營二者區別為，混合銷售強調的是在同一銷售行為中存在兩類經營項目的混合，銷售貨款及勞務價款是同時從一個購買方取得的；兼營強調的是在同一納稅人的經營活動中存在著兩類經營項目，但是這兩類經營項目不是在同一銷售行為中發生，即銷售貨物和應稅勞務不是同時發生在同一購買者身上。

另外，需要提示注意混合銷售行為的幾項特殊規定：

1. 從事運輸業務的單位或個人，發生銷售貨物並負責運輸，所售貨物的混合銷售行為，徵收增值稅。

2. 電信單位自己銷售無線尋呼機、行動電話，並為客戶提供有關的電信服務的，屬於混合銷售，徵收營業稅，對單純銷售無線尋呼機、行動電話，不提供有關的電信勞務服務的，應徵收增值稅。

【144】新企業如何認定和繳納流轉稅

企業新設，在取得營業執照後30天內辦理稅務登記，此時面臨流轉稅稅種核定的問題，須結合營業範圍進行認定並注意流轉稅繳納的有關事項。

一、如何認定稅種

企業取得工商營業執照以及稅務登記證後，應向主管稅務部門提供營業執照副本影本、組織機構代碼證影本、稅務登記證影本、稅

務登記表、開戶許可證等資料，辦理稅種核定手續。專管員在對資料的準確性進行審核後確定稅種（包括流轉稅、流轉稅附加、所得稅等），如果委託銀行繳納稅款的，還需要簽訂「委託交納稅款三方協議」。專管員在稅收徵收管理系統中進行登記企業資訊和稅種資訊，次月企業就可以進行稅務正常申報了。

所有的稅種認定，最主要是確認流轉稅，因為對於查帳徵收的企業來說，企業所得稅的認定毫無疑問，而大陸的流轉稅分為增值稅和營業稅，二者只選其一，即對某一項經濟業務內容要麼徵收增值稅，要麼徵收營業稅，不存在重複的問題。因此，流轉稅須依據企業營業執照上的經營範圍進行核定，並且增值稅由國稅主管，營業稅由地稅主管。

二、明確流轉稅納稅義務

增值稅納稅義務人是指在大陸境內銷售貨物或者提供加工、修理修配勞務以及進口貨物的單位，營業稅納稅義務人是指在大陸境內提供勞務、轉讓無形資產或者銷售不動產的單位。這裡可以看出，新辦企業經營範圍中如涉及銷售貨物、生產產品、提供加工、修理勞務的內容，須繳納增值稅；新辦企業經營範圍中如涉及設計、諮詢、裝潢、建築、代理等內容，須繳納營業稅。

此處有兩個地方需要注意：

1. 根據「交通運輸業和部分現代服務業營業稅改徵增值稅試點實施辦法」（財稅[2011]111號）的規定，上海自2012年1月1日起對部分原徵收營業稅項目改徵增值稅，改徵增值稅的項目主要包括技術服務、設計諮詢、交通運輸、有形動產租賃。如果接受境外公司提供的技術服務或是諮詢服務，則也適用增值稅項目，上海的公司在稅務部門代扣代繳稅款後可以進行抵扣。

2. 混合銷售的稅務問題。若企業的某項經濟業務存在混合銷售

的情況，應當按照主營業務屬於增值稅還是營業稅涉稅項目，統一繳納增值稅或營業稅，但當企業銷售自產貨物並同時提供建築業勞務時，則須分別核算貨物的銷售額和非增值稅應稅勞務的營業額，並根據其銷售貨物的銷售額計算繳納增值稅，非增值稅應稅勞務的營業額不繳納增值稅；未分別核算的，由主管稅務部門核定其貨物銷售額。

三、如何計算繳納流轉稅

1. 增值稅

增值稅納稅義務人分為一般納稅人和小規模納稅人。

一般納稅人銷售貨物或者提供應稅勞務，應納稅額為當期銷項稅額抵扣當期進項稅額後的餘額（稅率包括17%、13%、11%、6%、0%五檔），計算公式：

應納稅額＝當期銷項稅額－當期進項稅額

銷項稅額＝銷售額×稅率

當期銷項稅額小於當期進項稅額不足抵扣時，其不足部分可以結轉下期繼續抵扣。

小規模納稅人銷售貨物或者應稅勞務，實行按照銷售額和徵收率（徵收率為3%）計算應納稅額的簡易辦法，並不得抵扣進項稅額，計算公式：

應納稅額＝銷售額×徵收率

2. 營業稅

營業稅納稅人提供應稅勞務、轉讓無形資產或者銷售不動產，按照營業額和規定的稅率計算應納稅額，計算公式：

應納稅額＝營業額×稅率

上述營業額為營業稅納稅人提供應稅勞務、轉讓無形資產或者銷售不動產收取的全部價款和價外費用，但如果納稅人提供符合規定的運輸、旅遊、總分包等業務，可以按照差額繳納營業稅。

增值稅和營業稅一般均按月繳納，自期滿之日起15日內向機構所在地主管稅務部門申報納稅。

【145】增值稅改革試點介紹

2011年11月16日，中國財政部和國家稅務總局發布「營業稅改徵增值稅試點方案」，同時印發「交通運輸業和部分現代服務業營業稅改徵增值稅試點實施辦法」、「交通運輸業和部分現代服務業營業稅改徵增值稅試點有關事項的規定」和「交通運輸業和部分現代服務業營業稅改徵增值稅試點過渡政策的規定」，明確從2012年1月1日起，在上海市交通運輸業和部分現代服務業開展營業稅改徵增值稅試點。

增值稅改革試點地區，是在綜合考慮服務業發展狀況、財政承受能力、徵管基礎條件等因素情況下，先期選擇經濟輻射效應明顯、改革示範作用較強的地區開展。改革試點行業為交通運輸業、部分現代服務業等生產性服務業，並將逐步推廣至其他行業。待條件成熟時，選擇部分行業在全國範圍內進行全行業試點。

增值稅改革試點的行業，第一類為交通運輸業，是指使用運輸工具將貨物或者旅客送達目的地，使其空間位置得到轉移的業務活動。交通運輸業具體包括：1.陸路運輸服務；2.水路運輸服務；3.航空運輸服務；4.管道運輸服務。

第二類是部分現代服務業，是指圍繞製造業、文化產業、現代物流產業等提供技術性、知識性服務的業務活動。部分現代服務業具體包括：

1.研發和技術服務，包括研發服務、技術轉讓服務、技術諮詢

服務、合同能源管理服務、工程勘察勘探服務。

2. 資訊技術服務,是指利用電腦、通訊網路等技術對資訊進行生產、收集、處理、加工、存儲、運輸、檢索和利用,並提供資訊服務的業務活動,分為軟體服務、電路設計及測試服務、資訊系統服務和業務流程管理服務。

3. 文化創意服務,包括設計服務、商標著作權轉讓服務、知識產權服務、廣告服務和會議展覽服務。

4. 物流輔助服務,包括航空服務、港口碼頭服務、貨運客運場站服務、打撈救助服務、貨物運輸代理服務、代理報關服務、倉儲服務和裝卸搬運服務。

5. 有形動產租賃服務,包括有形動產融資租賃和有形動產經營性租賃。

6. 鑑證諮詢服務,包括認證服務、鑑證服務和諮詢服務。

改革試點的稅率調整,是在現行增值稅17%和13%兩檔稅率的基礎上,新增設11%和6%兩檔低稅率,交通運輸業適用11%的稅率,研發和技術服務、文化創意、物流輔助和鑑證諮詢等現代服務業適用6%的稅率;試點納稅人原享受的技術轉讓等營業稅減免稅政策,調整為增值稅免稅或即徵即退;現行增值稅一般納稅人向試點納稅人購買服務,可抵扣進項稅額;試點納稅人原適用的營業稅差額徵稅政策,試點期間可以延續;原歸屬試點地區的營業稅收入,改徵增值稅後仍歸屬試點地區。

在計稅的方式上,交通運輸業、建築業、郵電通信業、現代服務業、文化體育業、銷售不動產和轉讓無形資產,原則上適用增值稅一般計稅方法;金融保險業和生活性服務業,原則上適用增值稅簡易計稅方法。增值稅計稅的依據,原則上為發生應稅交易取得的全部收入,對一些存在大量代收轉付或代墊資金的行業,其代收代墊金額可

予以合理扣除。服務貿易進口在國內環節徵收增值稅，出口實行零稅率或免稅制度。

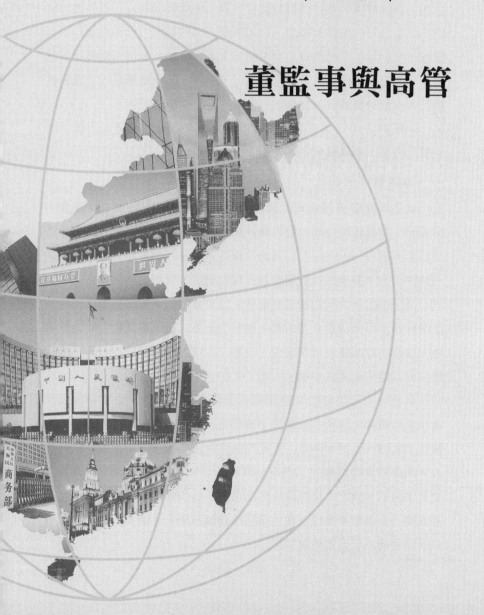

| 第七篇 |

董監事與高管

【146】公司組織機構介紹

根據中國「公司法」的相關規定，一個健全的公司組織機構應該包括決策機構、執行機構和監督機構，決策機構為公司最高權力機構，決定公司一切重大事項，例如決定公司的經營方針和投資計畫、批准公司的年度財務預算方案、決算方案等，而針對決策機構確定的事項，再由執行機構負責日常的執行。另外，公司還應該設立監督機構，對決策機構負責，監督執行機構的日常運轉情況。

中國的公司分為有限責任公司和股份有限公司兩種，兩種不同性質的公司，組織機構也不盡相同。

一、有限責任公司

首先，有限責任公司的最高權力機構為公司的股東或股東會，按規定，有限責任公司的股東應為50人以下，有限公司為一人公司的（即股東只有一人，一人公司的股東既可以是一個自然人，也可以是一個法人），股東即為公司的最高權力機構，有限公司的股東為二人以上的，則由全體股東組成股東會，股東會為公司的最高權力機構。股東會除了可以決定公司的重大經營方針外，還有權決定公司的董事會人選、制訂並修改公司章程，決定公司增加、減少註冊資本、進行合併分立等一切重大事項。

其次，有限責任公司應設立執行董事或董事會，負責執行股東會決定的事項。按照「公司法」的規定，有限公司的董事會成員的人數為3至13人，董事應該由公司的股東會選舉產生，如果股東只有一人，則由股東委派產生。另外，如果公司本身規模比較小，不需要設立董事會的，公司可以只設一名執行董事，由該名執行董事行使董事會職權。公司董事會成立後，應召開會議選舉公司的董事長、副董事長，負責組織公司董事會開展工作。

　　再次，公司還應該聘任總經理、副總經理及其他高級管理人員，負責公司的日常經營管理，總經理應由公司董事會負責聘任。

　　最後，公司還應該設立監事或監事會，對公司董事、高級管理人員執行公司職務的行為進行監督。公司監事會成員不得少於三人。股東人數較少或者規模較小的有限責任公司，可以設一至二名監事，不設監事會。公司的監事也同樣應由公司股東會選舉產生。

　　需要特別說明的是，並不是所有有限公司的最高權力機構均為股東會，中外合資企業、中外合作企業的組織結構均有別於一般的有限公司，按照中國「中外合資經營企業法」的規定，中外合資企業的最高權力機構應為公司的董事會，由中方和外方共同委派董事共同對中外合資企業進行管理，其中，一方委派的董事任董事長的，應由另一方委派的董事擔任副董事長。而根據「中外合作經營企業法」的規定，中外合作企業除了可以設立董事會外，還可以設立聯合管理機構做為最高權力機構，不過這種模式目前已經非常少見了。

二、股份有限公司

　　股份有限公司的組織架構有別於有限責任公司，股份有限公司分為發起設立和募集設立兩種，設立股份有限公司，應當有 2 人以上 200 人以下為發起人，股份有限公司的最高權力機構為股東大會，決定公司一切重大事項。

　　股份有限公司的董事會也應由股東大會選舉產生，其成員為 5 人至 19 人。董事會成員中可以有公司職工代表。董事會中的職工代表由公司職工通過職工代表大會、職工大會或者其他形式民主選舉產生。與有限責任公司不同的是，按「公司法」的規定，上市公司必須設立獨立董事，且獨立董事的人數不能少於董事總人數的 1/3。

　　另外，有別於有限責任公司，股份有限公司必須設監事會，其成員不得少於 3 人。監事會應當包括股東代表和適當比例的公司職

工代表，其中職工代表的比例不得低於1/3，具體比例由公司章程規定。監事會中的職工代表由公司職工通過職工代表大會、職工大會或者其他形式民主選舉產生。

【147】法定代表人的權利義務分析

中國「民法通則」第三十八條規定：「依照法律或者法人組織章程規定，代表法人行使職權的負責人，是法人的法定代表人。」法定代表人是指依法代表法人行使民事權利、履行民事義務的主要負責人。按照「公司法」的相關規定，公司的董事長、執行董事及總經理，均可擔任公司的法定代表人。「中外合作經營企業法」還規定了聯合管理委員會主任可以擔任法定代表人。關於公司法定代表人的權利義務，散見於「民法通則」、「民事訴訟法」及「公司法」等法律法規的規定中。

一、組織和領導公司的生產經營活動

法定代表人有權組織和領導公司的生產經營活動，對公司的日常經營進行管理。

按公司法的相關規定，公司應聘任總經理，負責公司的日常經營管理，即總經理是董事股東會、董事會決議事項的實際執行者，而法律規定的不須由公司股東會或董事會決議的事項，則通常可以由總經理決定，故如果公司的法定代表人由總經理擔任的話，可通過行使總經理的職權對公司的日常經營進行管理。

另一種情況下，公司的法定代表人是由公司的董事長擔任，在中國的法律中，除非公司章程中另有規定，否則董事長並沒有超越其他董事的特權，因此，董事長須通過召集董事會成員會議，以董事會

決議的方式影響和決定公司的重大事項，除非董事長、執行董事身分同時兼任總經理。

二、對外代表公司處理一切民事活動

法定代表人是公司的代表，對外代表公司處理一切民事活動。

所謂民事法律行為是公民或者法人設立、變更、終止民事權利和民事義務的合法行為，從法律上，儘管公司法人具備獨立的民事權利能力和民事行為能力，但其必須通過代表人來實現其法人的意志，進行相應的民事活動，而法定代表人即法人的法定代表，可以代表法人對外簽署協議、承諾、聲明等一切文件。另外，根據「民事訴訟法」的相關規定，如果公司法人對外產生爭議，也應該由法定代表人代表法人參加訴訟。

另外，法定代表人還有權簽署委託書，授權他人代行其職責。

三、勤勉忠誠的義務

法定代表人應對公司承擔勤勉、忠誠的義務，不得利用其身分地位損害公司及公司股東權利。

根據中國「公司法」及其相關規定，公司法定代表人應該對公司履行其勤勉和忠誠的義務，利用其法定代表人的地位和自身的學識、能力維護公司的合法權益，不得利用職權收受賄賂或者其他非法收入，不得侵占公司的財產。具體講，中國「公司法」嚴禁公司法定代表人從事如下行為：

1. 挪用公司資金。

2. 將公司資金以其個人或其他個人名義開立帳戶存儲。

3. 違反公司章程的規定，未經股東會、股東大會或者董事會同意，將公司資金借貸給他人或者以公司財產為他人提供擔保。

4. 違反公司章程的規定或者未經股東會、股東大會同意，與本

公司訂立合同或者進行交易。

5. 未經股東會或者股東大會同意，利用職務便利為自己或者他人謀取屬於公司的商業機會，自營或者為他人經營與所任職公司同類的業務。

6. 接受他人與公司交易的傭金歸為己有。

7. 擅自披露公司秘密。

公司的股東、監事等均有權對公司法定代表人的行為進行監督，如果發現法定代表人有上述行為，公司、公司股東及監事均有權對法定代表人提起訴訟，要求沒收其非法所得、賠償公司損失，如果法定代表人的行為構成犯罪，還可能由此承擔相應的刑事責任。

【148】公司設立時董監事及高管的證件要求及相關實務分析

根據「中華人民共和國公司登記管理條例」及其相關文件，在中國設立公司時，須向審批機關及工商登記機關提供董監事、高級管理人員的任職文件及身分證明影本。任職文件一般指選舉董事、監事的股東會決議、董監事委派書及高級管理人員的聘任書等；身分證明文件則是指董監事、高級管理人員的護照、身分證等可以證明其身分的文件，由於在提交公司設立文件時，審批機關及工商登記機關均有責任對文件的真實性進行核實，但相關法規並未規定具體應提供什麼樣的文件及應以何種方式及標準來核實身分證明的真實性，所以實務中，各地審批機關及工商登記機關對董監事及高級管理人員的證件要求均不盡相同，而且，針對不同性質的公司、不同國籍的人員，有關部門的要求也不一樣。現將公司設立時有關部門對董監事及高級管理

人員的證件可能提出的要求，簡單整理介紹如下。

一、外籍人員擔任外商投資企業的董監事及高級管理人員證件要求

外籍人員的身分證明文件一般是指外籍人員的護照，台籍人員則一般要求提供台胞證。由於外商投資企業委派、聘用外籍人員擔任董監事及高級管理人員的情況很普遍，所以審批機關及工商登記機關的要求相對寬鬆。設立外商投資企業的審批機關為各地商務局或商務委員會，一般在辦理公司設立審批時，商務局只要求提供相關任職人員的護照（或台胞證）影本即可，提供護照（或台胞證）的人需要在影本上註明「與原件一致」並簽字確認，另外，在提交時還應注意查看護照（或台胞證）是否仍在有效期內，已過有效期的，須注意補辦新的證件。

公司設立登記時，工商登記部門也會要求提供本人註明「與原件一致」的身分證明影本，有些地方的工商登記機關還可能要求提供護照（或台胞證）的原件進行檢驗，例如核對護照上註明的出入境資訊、護照上的簽名是否與公司設立文件的簽名筆跡一致等。

二、中國人員擔任外商投資企業的董監事及高級管理人員證件要求

中國人員的身分證明文件一般是指身分證，中國人員擔任外商投資企業董監事及高級管理人員的，須向審批機關及工商登記機關提供其身分證影本（同樣須註明「與原件一致」），有些地方的工商登記機關也可能要求提供身分證原件進行檢驗。

三、外籍人員擔任內資企業的董監事及高級管理人員證件要求

設立內資企業不須商務主管部門審批，可直接到工商登記機關辦理設立登記手續，通常工商登記機關對外籍人員擔任內資企業的董

監事及高級管理人員的證件審查比較嚴格,例如上海大部分區縣的工商登記機關,除了要求提供外籍人員的護照(或台胞證)外,還須提供該外籍人員在中國的就業證等證照。對擔任法定代表人的人員,要求則更為嚴格,為避免日後產生爭議,上海市有些區的工商登記機關甚至還要求擬設立公司的法定代表人必須本人親自到場,在工商登記機關的辦事人員面前簽署設立文件。

四、中國人員擔任內資企業的董監事及高級管理人員證件要求

中國人員擔任內資企業的董監事及高級管理人員,證件要求相對比較簡單,一般工商登記機關會要求提交影本並提供原件檢驗。

【149】董事會的職權

公司應設立股東會(股份有限公司為股東大會)、董事會,其中股東會是公司的最高權力機構,有權決定公司的一切重大事項,董事會則是集體行使公司經營決策權的常設機構,一方面,董事會需要負責執行股東會已決議的事項;另一方面,對公司的日常經營中不需要經股東會討論審議的事項,則由董事會負責審議通過。

根據中國「公司法」的相關規定,公司董事會有權行使下列的職權:

1. 召集股東會會議,並向股東會報告工作。
2. 執行股東會的決議。
3. 決定公司的經營計畫和投資方案。
4. 制訂公司的年度財務預算方案、決算方案。
5. 制訂公司的利潤分配方案和彌補虧損方案。
6. 制訂公司增加或減少註冊資本以及發行公司債券的方案。

7. 制訂公司合併、分立、解散或者變更公司形式的方案。

8. 決定公司內部管理機構的設置。

9. 決定聘任或者解聘公司經理及其報酬事項，並根據經理的提名決定聘任或者解聘公司副經理、財務負責人及其報酬事項。

10. 制定公司的基本管理制度。

11. 公司章程規定的其他職權。

具體講，公司董事會的職權應主要包括四類：

1. 負責召集股東會會議

並向股東會報告工作，執行股東會的決議。

通常情況下，公司的股東會都應該由董事會負責組織和召集，股東會分為臨時會議和年度會議兩種，每次召開股東會之前，公司董事會都應該先召開董事會會議，徵集並最終確定召開本次股東會的議案。公司股東、監事會等有權向公司股東會提出議案的，也應該通過董事會將提案提交股東會審議通過。董事會決議召開股東會及具體議案內容後，應按照相關法律法規及公司章程的規定，提前向公司股東發出召開股東會的通知，並同時附寄本次股東會的相關文件。召開年度會議時，董事會還應該準備有關公司上一年度的工作報告等，向股東大會匯報。

最後，對股東會會議做出的決議事項，董事會還必須負責落實和執行。

2. 決定公司的經營計畫和投資方案

股東會決定公司的經營方針和投資計畫，董事會再據此決定公司的經營計畫和投資方案，對股東會的決定進行細化並組織實施。實務中，公司章程會對董事會的職權範圍做出詳細規定，例如規定多少金額以下的投資方案可由董事會決定，超過這個金額的投資，則需要公司董事會決定後報請股東會批准。

3. 制定有關股東會決議的重大事項的方案

公司股東會並非常設機構，對例如年度預算、決算、合併分立等重大事項，應該由更瞭解公司實際經營情況的董事會負責具體制定方案，報請股東會批准，因此，某種程度上，公司董事會也可以利用制定前述方案來體現其對公司重大事項的影響力。

4. 決定公司內部管理機構、基本管理制度和重要管理人員

董事會的另外一項重要職權，即是決定公司的高級管理人員及內部管理機構。按法律規定，公司的總經理應由董事會負責聘任，再根據總經理的提名，決定聘任公司副總經理、財務負責人等高級管理人員。同時，董事會還應該討論決定公司的內部管理架構，即公司應設立哪些部門，每個部門的具體職責等。確定了內部管理架構後，再由公司總經理等決定具體的部門負責人人選。

最後，還有一種特殊的情況需要特別說明，根據中國「中外合資經營企業法」和「中外合作經營企業法」的相關規定，在中外合資經營企業及中外合作經營企業中，董事會即為公司的最高權力機構，是由董事會實際行使原屬於股東會的權力，決定公司一切重大事項。

【150】董事會一般如何召開和決定公司重大事項

董事會是集體行使公司經營決策權的常設機構，通過會議的形式討論和決定公司重大事項，公司董事會應依照中國「公司法」等相關法律法規以及公司章程規定的程序，召開董事會會議，討論並決定公司重大事項。

一、關於召開董事會的一般規定

根據「公司法」的規定，有限公司的董事會會議一般應由公司

的董事長負責召集和主持，董事長不能履行職務或者不履行職務，由副董事長召集和主持；副董事長不能履行職務或者不履行職務，由半數以上董事共同推舉一名董事召集和主持。有限公司的董事會議事方式和表決程序相對來說比較靈活，可由公司股東根據實際情況通過公司章程規定。

　　按「公司法」的要求，股份公司董事會一年至少要召開2次會議，總結公司半年內的經營情況，並擬定後半年公司的經營計畫和投資方案，另外，如公司在經營過程中遇到需要董事會決策的事項，董事會應召開臨時會議。

二、董事會的召開、通知及提案

　　「公司法」對有限公司的召開程序沒有特別要求，如公司為股份公司，「公司法」規定，代表1/10以上表決權的股東、1/3以上董事或者監事會，均可以提議召開董事會臨時會議。董事長應當自接到提議後10日內，召集和主持董事會會議。另外，股份公司召開年度董事會會議時，應在會議召開前10日通知全體董事，通知應註明會議討論事項及具體的開會時間、地點等重要資訊。召開臨時股東會會議的通知方式和通知時限，應由公司章程規定，一般召開臨時會議的通知時限應短於召開年度會議的時間。

　　對於董事會會議提案權，「公司法」並沒有明確規定，一般應在公司章程中予以明確，例如，公司章程可以規定公司董事、總經理及其他高級管理人員有權向董事會提案。另外，股份公司代表1/10以上表決權的股東、1/3以上董事或者監事會提議召開臨時董事會時，也應該提出該次會議的議案。

三、董事會表決

　　公司董事應以認真負責的態度出席董事會，對所議事項發表明

確意見。股份公司董事因故不能出席，可以書面委託其他董事代為出席，委託書中應載明授權範圍。

董事會決議的表決，實行一人一票制。「公司法」規定，董事會會議應有過半數的董事出席方可舉行，董事會做出決議，必須經全體董事過半數通過。不過，董事會決議過半數通過是法律規定的最低限制，通常情況下，大多數公司都會規定兩種表決方式，如為一般性的議案，只要公司董事過半數通過即可，而對於公司的重大決策事項，例如公司章程修改、重大資產處置、對外擔保、變更註冊資本或合併分立、公司清算等，則需要公司2/3以上董事通過，甚至要求公司全體董事一致通過。

最後，董事會應當對所議事項的決定做成會議紀錄及董事會決議，出席會議的董事應當在會議紀錄上簽名。董事應當對董事會的決議承擔責任。董事會的決議違反法律、行政法規或者公司章程、股東大會決議，致使公司遭受嚴重損失的，參與決議的董事對公司負賠償責任。但經證明在表決時曾表明異議並記載於會議紀錄的，該董事可以免除責任。

【151】監事會的職權及行使方式

根據中國「公司法」的相關規定，有限責任公司設立監事會，監事成員不得少於三人。股東人數較少或者規模較小的有限責任公司，可以設一至二名監事，不設監事會。監事會是公司專門的監督機構，監事會由公司股東委派或股東會選舉，直接對公司股東會負責，依法對公司的日常經營情況、財務會計情況及公司董事會成員、高級管理人員履行其職務的情況進行監督。監事會行使監督職能是通過召

開監事會會議，形成監事會決議的形式來實現的。根據「公司法」的規定，監事會每年度至少召開一次會議，監事可以提議召開臨時監事會會議。在年度會議中，監事會應對公司的財務決算報告、利潤分配方案及公司董事會、總經理的年度報告進行審議，並發表監事會的獨立意見，另外，監事會還應在會議中表決形成其當年度的工作報告，向公司股東會匯報工作。

　　根據公司法的規定，公司的監事會具有如下職權：

一、檢查公司財務

　　監事會行使其監督職責，首先就是對公司財務情況的監督。按規定，監事會有權對公司的財務狀況進行檢查，例如查閱公司年度審計報告、會計帳簿和其他會計資料等。同時，監事會還有權列席股東會，對公司董事會提交股東會的會計報告、營業報告和利潤分配方案等會計資料等進行核對，發現疑問的，監事會有權要求相關部門進行複核。

　　同時，為保證其監事職權的行使，公司法還規定監事會有權自行聘請會計師、律師等專業人員協助其工作，由此產生的費用均應由公司承擔。

二、對董事、高級管理人員執行公司職務的行為進行監督

　　監事有權對公司董事、高級管理人員執行公司職務時違反法律、行政法規、公司章程或者股東會決議的行為進行監督，主要體現為兩個方面：一方面，監事可以要求列席董事會會議，並對董事會決議事項提出質詢或者建議，公司董事會應對監事會提出的質詢或者建議進行正面的回覆；另一方面，當公司監事會認為公司董事、高級管理人員的決議或行為違反法律、行政法規、公司章程規定或者股東會決議，超越許可權行使權利或違反了公司法規定的勤勉、忠誠義務

時，監事會及不設監事會的監事有權要求董事、高級管理人員予以糾正，如果相關人員拒不改正，監事會還可以向股東會提出罷免違規的董事、高級管理人員的建議。

三、召開臨時股東會會議的提議權和特定情況下股東會的召集、主持

公司法規定，代表1/10以上表決權的股東、1/3以上的董事以及監事，可以提議召開臨時股東會。監事會為履行其監督職能，在其認為有必要召開臨時股東會會議對有關事項進行討論時，可以提議召開臨時股東會會議。

另外，按照公司法的規定，正常情況下股東會會議應由董事會負責召集，由董事長主持。但是，在現實中經常會出現監事會發現董事會成員有違規行為或其他不當行為，提議召開臨時股東會會議進行討論時，董事會為避免被追究責任，拒絕召集和主持股東會的情況，從而使監事會的監督職能無法實現。因此，為保障公司監事職權的履行，公司法還規定監事會在特定情況下也有召集和主持股東會的權利。這樣，在董事會不履行法律規定的召集和主持股東會職責時，由監事會召集和主持股東會。

四、向股東會會議提出提案

無論是董事會召集的股東會會議，還是監事自行召集的股東會會議，監事會成員均有權列席會議，並向股東會會議提案。

五、代表訴訟

為保障監事會的監事職能，2006年修訂的公司法特別增加了監事會代表訴訟的權利，即當董事、高級管理人員執行公司職務時違反法律或公司章程的規定，給公司造成損害，而公司監事會通過其正常的監督手段已經制止的情況下，監事會可以代表公司直接向人民法院

提起訴訟，請求違規人員對公司承擔相應的損害賠償責任。

【152】董監高人員的職責規定

中國法律對公司董監高人員的職責規定，詳見於中國「公司法」第一百四十八條的規定，即公司董事、監事、高級管理人員應當遵守法律、行政法規和公司章程，對公司負有忠實義務和勤勉義務，不得利用職權收受賄賂或者其他非法收入，不得侵占公司的財產。根據本條的規定，公司的董監高人員應履行兩方面的責任，一方面，做為公司的核心管理機構成員，董監高人員應對公司盡到勤勉義務，要求董監高人員在處理公司事務時能像處理個人事務時那麼認真和盡力，發揮其全部能力維護公司及股東的利益；另一方面，公司董監高人員還應對公司盡到忠誠義務，不得利用其職務之便為自己或他人謀取私利。

一、公司董監高人員的忠誠義務

忠誠義務是對公司董監高人員的最低要求，具體而言，董監高人員的忠誠義務主要包括以下幾方面：

1. 遵守公司財務紀律

主要包括三項內容：（1）不得挪用公司資金；（2）不得將公司資金以其個人名義或者以其他個人名義開立帳戶存儲；（3）不得違反公司章程的規定，未經股東會、股東大會或者董事會同意，將公司資金借貸給他人或者以公司財產為他人提供擔保。上述三種行為，都會將公司的資金置於危險的境地，給公司造成巨大的損害。

2. 不得篡奪公司機會

按「公司法」的規定，未經股東會、股東大會同意，公司董監

高人員不得與本公司訂立合同或者進行交易，不得利用職務便利為自己或者他人謀取屬於公司的商業機會，自營或者為他人經營與所任職公司同類的業務。董監高人員通過控制公司與自己的關聯公司進行交易，可以控制交易價格，將公司應得的利益輸送到其可控的關聯公司之中，損害公司利益。另外，公司董監高人員還負有法定的競業禁止義務，不得從事與公司有競爭關係的業務。

3. 不得收受商業賄賂及洩露公司商業秘密

按照公司法及其他相關法律法規的規定，公司的董監高人員不得收受商業賄賂，不得洩露公司的商業秘密。

最後，根據公司法的規定，公司董監高人員違反上述忠誠義務，所得的收入應當歸公司所有，且由此給公司造成的損失，公司還有權要求其進行賠償。

二、公司董監高人員的勤勉義務

勤勉義務的要求比較抽象，公司法並沒有具體的標準，一般認為，公司董監高人員的勤勉義務是指董監高人員行使職權、做出決策時，必須以公司利益為標準，不得有疏忽大意或者重大過失，應以適當的方式並善盡合理的謹慎和注意義務，履行自己的職責。換句話說，就是要求公司的董監高人員必須以一個謹慎的人在管理自己的財產時所具有的勤勉程度，去管理公司的財產。

1. 對董事而言，其行使職權的最主要方式就是參加董事會會議並做出決議。因此，勤勉義務要求董事應當儘量親自出席董事會會議，應就公司董事會所討論和決議的事項加以合理、謹慎的注意；應當在法律、公司章程允許的公司目的範圍之內和其應有的許可權內，做出決議。

2. 對公司高級管理人員而言，履行勤勉義務主要體現為應在其職責範圍內盡職盡責的完成自己的工作，不存在不做為或嚴重疏忽等

情況。

3. 對監事而言，監事應該積極履行自身的監督職能，積極參與公司的管理，列席公司董事及高級管理人員會議，及時指出並更正公司董事、高管的不當行為。

最後，根據公司法的規定，如公司董監高人員未能盡到勤勉義務，給公司造成損失的，也應該賠償該損失。

【153】哪些人不適合擔任董監高

中國「公司法」明確規定了有五種情形的人不得擔任公司董事、監事、高級管理人員（以下簡稱為董監高人員）。根據「公司法」第一百四十七條的規定，不得擔任董監高人員的包括：

1. 無民事行為能力或者限制民事行為能力的人不得擔任公司董事、監事、高級管理人員。

具備履行其職權的行為能力，是對公司董事、監事、高級管理人員的最基本要求。董監高人員要執行公司職務，獨立行使權利、履行義務、承擔責任，必須是完全民事行為能力人，有能力對其行為負責。

2. 涉嫌特定刑事犯罪的人，在其刑罰執行期滿後的一定期限內不得擔任公司董監高人員。

根據「公司法」的規定，因貪污、賄賂、侵占財產、挪用財產或者破壞社會主義市場經濟秩序，被判處刑罰，執行期滿未逾五年，或者因犯罪被剝奪政治權利，執行期滿未逾五年的人，不得擔任公司董監高人員。因為上述人員負責管理的是公司財產的運營，應對公司股東負責，而且，公司經營到一定規模，還應肩負相應的社會責任，

公司的管理人員應當有較高的誠信度，對於採取非法手段牟取私利的
人，應當限制他們擔任公司董監高人員的資格。因此，對於因貪污、
賄賂、侵占財產、挪用財產或者破壞社會主義市場經濟秩序，被判處
刑罰或者因犯罪被剝奪政治權利的人員，其誠信程度顯然達不到法律
的要求。

3. 擔任破產清算的公司、企業的董事或者廠長、經理等，清算
完結後一定期限內不得擔任公司董監高人員。

擔任因經營不善而破產清算的公司、企業的董事、廠長、經
理，並對該公司、企業的破產負有個人責任的，該公司、企業破產清
算完結之日起未逾三年的，不得擔任公司董監高人員。公司法規定對
有這類情形的人員的任職資格進行限制，是考慮到這類人員可能在經
營管理能力方面有欠缺，短時間內無法勝任公司的管理工作，出於對
公司、對股東權益的保護，這部分人員須進一步提高、學習後才可擔
任相關職務，因此法律規定對這類人員，自該公司、企業破產清算完
結之日起三年內不得擔任公司董監高人員。

4. 擔任因違法被吊銷營業執照、責令關閉的公司、企業的法定
代表人，公司關閉後一定期限內不得擔任公司董監高人員。

擔任因違法被吊銷營業執照、責令關閉的公司、企業的法定代
表人，並負有個人責任的，該公司、企業被吊銷營業執照之日起未逾
三年的，不得擔任公司董監高人員。這類人員屬於對公司、企業的嚴
重違法行為負有領導責任的人員，可能缺乏守法意識，或不具備公司
經營方面的法律觀念，應當讓他們經過一段時間的反省改過後再擔任
公司領導職務。

5. 個人所負數額較大的債務到期未清償的，也不得擔任公司董
監高人員。

法律規定負有數額較大債務到期未清償的，也不得擔任公司董

監高人員,主要是有兩方面的考慮,一方面,發生巨額負債的情形可能是由於當事人不信守承諾、到期不清償債務,對這類人員,其誠信可能存在問題,不適合擔任公司領導職務。另一方面,也可能是當事人無力償還巨額債務,在這種情況下,即便該類人員之前不存在誠信的問題,但在巨額債務的壓力下,可能鋌而走險侵犯公司財產,因此不管屬於哪種情況,聘請這類人員擔任公司領導職務具有較大風險。

【154】董事、監事聘用及領薪規定

中國「公司法」並未直接規定公司董事、監事的聘用程序,僅在第三十八條股東會職權中規定,公司股東會有權選舉和更換非由職工代表擔任的董事、監事,決定有關董事、監事的報酬事項。事實上,不同類型的公司,董、監事產生的方式也不盡相同。

一、內資企業董事、監事聘用

內資企業董事、監事應由公司股東會或股東大會選舉產生,根據「公司法」的規定,股東大會選舉董事、監事,可以行累積投票制,即股東大會選舉董事或者監事時,每一股份擁有與應選董事或者監事人數相同的表決權,股東擁有的表決權可以集中使用,也可以分別投給幾個候選人。

內資企業的董事、監事產生有兩種特殊情況:

1. 根據「公司法」第四十五條第二款的規定,兩個以上的國有企業或者兩個以上的其他國有投資主體投資設立的有限責任公司,其董事會成員中應當有公司職工代表,董事會中的職工代表由公司職工通過職工代表大會、職工大會或者其他形式民主選舉產生。

2. 對於只有一個股東的一人有限責任公司,儘管公司法沒有特

殊規定，但由於一人有限責任公司沒有股東會，所以其董事、監事均由公司股東委派。

二、外商投資企業董事、監事聘用

1. 中外合資、合作經營企業

根據「中外合資經營企業法」第六條的規定，合營企業設董事會，其人數組成由合營各方協商，在合同、章程中確定，並由合營各方委派和撤換。實務中，在中外合資企業設立前，合資各方應簽署「合資合同」及「章程」，約定各方委派董事的人數並委派董事，其中，合資公司須保證中方和外方均有委派董事，不能全部由中方委派或全部由外方委派。

對於監事的聘任方式，中外合資經營企業法及其實施細則均未做出規定，因此理論上應適用中國「公司法」第三十八條的規定，由公司股東會選擇產生，不過，實務中也存在經公司「合資合同」及「章程」中規定，由一方股東委派監事的情況。

中外合作企業董事、監事產生的方式與中外合資企業完全相同。

2. 外商獨資或合資企業

中國外資企業法及其實施細則並未規定外商獨資或合資企業董事、監事的聘任方式，因此，嚴格講，外商合資企業的董事、監事也應該由股東會選舉（外商獨資企業董事、監事由股東委派）。因2006年「公司法」實施前，中國主管部門對外資企業董事、監事產生方式的監管不是很嚴格，因此之前也存在由各方股東直接委派董事的情況，不過，隨著新「公司法」的實施，目前這種情況已經越來越少了。

3. 外商投資股份公司

按「關於設立外商投資股份有限公司若干問題的暫行規定」及

「公司法」的規定，外商投資股份公司的董事、監事應由股東大會選舉產生。

三、領薪規定

　　按「公司法」的規定，公司董事、監事的薪資金額及發放方式均應由股東會決定。對擬上市公司及上市公司，一般情況下，董事會下設薪酬與考核委員會，由薪酬與考核委員會研究、制訂董事的薪酬政策、方案及考核標準，經董事會審查後報股東大會審議通過。股東大會也可委託公司董事會根據股東大會審核批准的董事薪酬管理制度，確定公司具體的董事年度薪酬分配方案。另須說明的是，對有些不在公司擔任其他職位的董事，其領取的董事津貼應經由上述程序決定，但有些董事同時兼任公司的管理職務或其他職務，對其職務工資，可由其與公司根據「勞動合同法」及其相關規定協商確定。

　　最後，針對不同的領薪方式，稅費計算方式也不同，對只領取董事津貼的外部董事，其津貼收入應視為勞務所得，按20%的稅率繳納個人所得稅，而對於同時擔任公司其他職務的董事，無論是董事津貼還是其他薪資收入，均應合併做為工資收入計算個人所得稅。

【155】高級管理人員的範圍及任職資格

　　根據「公司法」第二百十七條的規定，高級管理人員是指公司的經理、副經理、財務負責人，上市公司董事會秘書和公司章程規定的其他人員。其中，本條所指的經理，應該理解為公司的總經理，而非目前一般意義的部門經理。除了「公司法」明確規定的四個職務外，很多公司也會在公司章程中規定如業務負責人、廠長為公司的高級管理人員。

一、公司法規定的高級管理人員的基本任職資格

「公司法」第一百四十七條明確規定了公司高級管理人員的任職資格：

首先，公司的高級管理人員應該是完全行為能力人，具備履行其高級管理人員職責的專業知識和經驗，能夠忠實和勤勉地履行職務。

其次，有著法律規定的不良歷史紀錄的人不具備擔任公司高級管理人員的資質，具體而言，法律規定因貪污、賄賂、侵占財產、挪用財產或者破壞社會主義市場經濟秩序，被判處刑罰，執行期滿未逾五年，或者因犯罪被剝奪政治權利，執行期滿未逾五年的人；擔任破產清算的公司、企業的董事或者廠長、經理，對該公司、企業的破產負有個人責任的，自該公司、企業破產清算完結之日起未逾三年的人，以及擔任因違法被吊銷營業執照、責令關閉的公司、企業的法定代表人，並負有個人責任的，自該公司、企業被吊銷營業執照之日起未逾三年的人，均不能擔任公司高級管理人員。

最後，出於確保高級管理人員的誠信度等目的的考慮，公司法還規定個人所負數額較大債務到期未清償的人，也不具備擔任公司高級管理人員的任職資格。

二、特殊性質公司的特別要求

除了公司法規定的高級管理人員的基本任職資格外，還有其他相關法律法規對特殊性質公司的高級管理人員任職資格，也會有不同的要求，具體如下：

1. 上市公司的特別要求

根據「首次公開發行股票並上市管理辦法」及「首次公開發行股票並在創業板上市管理暫行辦法」，無論是在中國主板、中小板還是創業板上市的公司，有如下行為的人員均不得擔任公司的高級管理

人員：

（1）被中國證監會採取證券市場禁入措施尚在禁入期的。

（2）最近36個月內受到中國證監會行政處罰，或者最近12個月
內受到證券交易所公開譴責。

（3）因涉嫌犯罪被司法機關立案偵查，或者涉嫌違法違規被中
國證監會立案調查，尚未有明確結論意見的。

2. 證券公司、保險公司等金融類公司的特別要求

根據「證券公司董事、監事和高級管理人員任職資格監管辦
法」、「保險公司高級管理人員任職資格管理規定」等法規的規定，
中國對擔任前述金融類公司的董監事、高級管理人員的任職資格進行
了更嚴格的規定。

最後，根據相關法律的規定，公司違反法律規定聘任不符合任
職資格的人員擔任高級管理人員的，該聘任無效。公司高級管理人員
在任職期間出現法律規定的禁止情形的，公司應當解除其職務。

【156】高級管理人員是否需要簽訂勞動合同及責任分析

按「公司法」的規定，公司高級管理人員應包括公司總經理、
副總經理、財務負責人、股份公司的董事會秘書及公司章程規定的其
他管理人員，實務中，關於高級管理人員是否需要簽訂勞動合同的問
題比較複雜，不能一概而定，需要根據實際情況具體分析。

一、高級管理人員是「勞動合同法」中的「勞動者」

「勞動合同法」中所謂的勞動者，具體是指達到法定年齡，具
有勞動能力，以從事某種社會勞動獲得收入為主要生活來源，依據法

律或合同的規定，在用人單位的管理下從事勞動並獲取勞動報酬的自然人。從這個角度，顯然大多數的公司高級管理人員都符合「勞動者」的條件，因此，公司理當與其簽訂「勞動合同」。

另外，有很多外資企業的高級管理人員都是外籍人員或港澳台人員，對這部分人員，是否需要簽訂勞動合同的問題，根據「外國人在中國就業管理規定」（以下簡稱為「管理規定」），用人單位聘用外國人須為該外國人申請就業許可，經獲准並取得「中華人民共和國外國人就業許可證書」（即「就業證」）後方可聘用。同時，「管理規定」還規定，用人單位與被聘用的外國人應依法訂立勞動合同。勞動合同的期限最長不得超過五年。勞動合同期限屆滿即行終止，但按「管理規定」第十九條的規定履行審批手續後，可以續訂。因此，外籍人員取得就業證後，就應視為其具備了中國規定的「勞動者」資格，其在中國就業的權利同樣受到法律的保護，故公司也應與其簽訂「勞動合同」。需要特別說明的是，有很多公司的外籍幹部是境外的母公司聘用並委派到中國公司，從其公司的組織架構中，其工作關係隸屬於境外母公司，不過，在實務中如果該外籍人員在中國辦理了就業證，一般都會被認定其為中國公司提供勞動，同樣需要跟公司簽訂勞動合同。但也有部分短期來中國提供服務或者因某個項目來中國的人員，為了工作方便，可以只提供境外母公司的證明辦理就業證。

最後，根據中國勞動部1995年發布的「實施『勞動法』中有關勞動合同問題的解答」的規定：「按照勞動部勞部發[1994]360號文的規定，廠長、經理是由其上級部門聘任（委任）的，應與聘任（委任）部門簽訂勞動合同。實行公司制的企業廠長、經理和有關經營管理人員，應根據『中華人民共和國公司法』中有關經理和經營管理人員的規定與董事會簽訂勞動合同。」

二、未簽訂勞動合同而不須承擔責任的特殊情況

按中國「勞動合同法」的規定，用人單位理當與員工簽訂勞動合同而未簽訂的，應雙倍支付未簽訂勞動合同期間的工資。不過，與普通員工不同的，有些公司高級管理人員（總經理）可能就是公司的法定代表人，有權代表公司對外簽訂合同，甚至公司的公章都是由其掌管，在這種情況下，如果其沒有與公司簽訂「勞動合同」，其自身是存在過錯的，不能追究公司未簽「勞動合同」的責任。另外，公司主管人力資源、勞動人事方面的高級管理人員，由於其負責管理公司勞動合同簽訂，所以如果該人員未與公司簽訂勞動合同，實務中也有案例判定公司不承擔相應的法律責任。

因為有些公司的高級管理人員同時也是公司的股東與董事，不會與公司產生勞動爭議，同時，也因為某些特定職務的高級管理人員任命的方式與普通員工不同，所以容易造成「高級管理人員可以不簽訂勞動合同」的誤解。事實上，如果沒有簽訂勞動合同，高級管理人員同樣有權利向公司提起訴訟，追究公司的法律責任。外商投資企業尤其應該重視與高級管理人員的勞動合同問題，因為高級管理人員的薪資待遇通常都很高，一旦產生爭議，對公司造成的不利影響無疑會更大。

【157】「公司法」競業禁止規定分析

所謂的競業禁止，是指特定地位的人在其勞動合同存續期間或離職後一段時間內，不得實施與其所服務的企業具有競爭性質的行為。競業禁止分為約定競業禁止和法定競業禁止兩種，其中，約定競業禁止是指當事人基於合同的約定而產生的競業禁止義務，通常情況

下都是公司為保護其商業秘密而與關鍵的員工約定；法定競業禁止則是當事人基於法律的直接規定而產生的競業禁止義務，僅限於法律規定特定地位的人員。

根據中國「公司法」第一百四十九條的規定，未經股東會或者股東大會同意，公司董事、高級管理人員不得利用職務便利為自己或者他人謀取屬於公司的商業機會，自營或者為他人經營與所任職公司同類的業務。換句話說，即董事、高級管理人員對公司負有法定的競業禁止義務。從法律上，應該從如下幾個方面認定公司董事、高級管理人員的競業禁止行為：

一、法定競業禁止義務的主體範圍

按規定，中國「公司法」規定的負有法定競業禁止義務的主體，為有限公司和股份公司董事和高級管理人員，實務中，由於公司設立時必須確定董事會成員，所以董事的身分比較容易認定，而高級管理人員的範圍，根據公司法及其相關規定，一般包括公司總經理、副總經理、財務負責人及股份有限公司中的董事會秘書，另外，公司也可以在章程中約定其他職務的人員（如廠長等），也屬於公司的高級管理人員。

二、法定競業禁止義務的期限

依公司法的規定，應理解為公司董事、高級管理人員競業禁止行為的期限應僅限於上述人員的任職期間。

三、法定競業禁止義務的具體行為認定

按「公司法」的規定，應主要從如下兩個方面認定法定競業禁止義務限制的具體行為：

1. 自營或為他人經營

這裡的「自營」應做廣義理解，凡是以營利為目的的行為都應

該包括在內，如出資做股東、參加合夥、創辦個人獨資企業、個體工商戶等行為，都應該認定為「自營」。至於「為他人經營」，包括與有競爭關係的他人建立勞動關係，擔任其他有競爭關係企業的董事、監事、高級管理人員，與有競爭關係的他人簽訂贈予合同、承攬合同、買賣合同，以及既無勞動關係也無合同關係的免費指導等行為。另外，需要說明的是，為規避法律，很少有人會直接以自己名義從事前述行為，因此一般法院會認為公司董事、高級管理人員以他人名義所為，但受益主體實際是董事、高級管理人員自己的隱蔽的競業行為，也應該在禁止範圍之內。

2. 同類業務

同類業務的範圍比較難界定，通常情況下，可以以公司的經營範圍做為初步判斷的依據。不過，實務中由於很多企業的經營範圍會比其實際的主營業務範圍要廣，還可能存在超越經營範圍的情況，因此經營範圍不能做為絕對的標準，還應該實際考慮兩項經營業務是否存在競爭性或可替代性，是否存在上下游關係等。

最後，根據中國「公司法」的規定，公司董事、高級管理人員違反法定競業禁止義務，由此產生的收益應歸公司所有。另外，「公司法」第一百五十條規定，董事、監事、高級管理人員執行公司職務時違反法律、行政法規或者公司章程的規定，給公司造成損失的，應當承擔賠償責任。

【158】董監高為公司行為承擔個人責任的情況分析

根據相關法律規定，公司董事、監事及高級管理人員在遵守其法定義務的情況下，其職務行為引起的法律後果應由公司享有和承

擔。但是，在公司所有權與經營權分離的情況下，若公司董監高人員
違反其法定義務，甚至違法犯罪的行為所產生的後果也全部由公司承
擔的話，必然放任和縱容董事的不良行為和不法行為，對公司的利益
不利。因此，中國的「公司法」、「證券法」等多個法律中，均規定
了公司董監高人員在執行職務時可能涉及的相關個人責任，由此限制
董監高人員的不當行為。舉例來說，甲先生為A公司董事兼總經理，
並實際控制A公司的經營，後因A公司股權變更，改組公司管理層而
離職。甲先生離職後，A公司發現甲先生任職期間，帳上多台機器設
備、車輛不知去向，向法院起訴甲先生，要求甲先生賠償公司損失。
法院審理後查明，經甲先生指示，A公司部分固定資產被運往外地後
不知去向，甲先生也未能說明合理理由，故法院認定甲先生在執行公
司職務時具有過錯，造成公司固定資產短少，損害了公司的合法權
益，最終判決甲先生賠償A公司因短少固定資產而產生的損失。

　　目前，根據「公司法」規定，公司董監高可能因公司行為而承
擔的個人責任，主要有如下三種：

一、民事責任

　　中國「公司法」第一百四十八條規定公司董監高人員對公司負
有忠實和勤勉義務，確定了董事只能為適當的目的，即維護公司的最
大利益而行使權利，避免與公司發生潛在的或現實的利益衝突的原
則。並規定了董監高人員不得挪用公司資金，不得未經股東會、股東
大會或者董事會同意，將公司資金借貸給他人，或者以公司財產為他
人提供擔保，不得利用職務便利為自己或者他人謀取屬於公司的商業
機會等。否則，由此產生的利益應歸公司所有，給公司造成損失的，
公司及公司股東還有權要求董監高人員賠償。

　　另外，董監高人員在其任職期間，因為重大過錯而給公司造成
的損失，公司也有權要求其賠償。

二、行政責任

董監高在其履行職務的過程中，因存在過錯而承擔行政責任的情況相對較少。按「公司法」第一百四十七條規定，擔任破產清算的公司、企業的董事或者廠長、經理，對該公司、企業的破產負有個人責任的，在公司、企業破產清算完結之日起三年內不得再擔任其他公司的董監高人員，這應該被視為是一種行政責任。另外，針對上市公司的董監高人員，相關法律規定上市公司或者其他資訊披露義務人存在未按照規定披露資訊，或者所披露的資訊有虛假記載、誤導性陳述或者重大遺漏等行為，以及上市公司擅自改變公開發行證券所募集資金的用途等不當行為，證監會可以給予上市公司的董監高人員相應的處罰。

三、刑事責任

單位犯罪是指公司、企業、事業單位、機關、團體從事依法應當承擔刑事責任的危害社會的行為。中國「刑法」明確規定了單位犯罪的刑事責任範圍及處罰原則，例如「刑法」第一百四十至一百四十八條規定的生產、銷售偽劣商品罪，第一百五十一至一百五十三條規定的走私罪，第二百零一條規定的偷稅罪，第二百十三至二百十九條規定的侵犯知識產權罪，以及第三百九十三條規定的單位行賄罪等，都存在單位犯罪的情形。這種情況下，儘管行為主體為公司或其他類型的企、事業單位，但中國對單位犯罪一般採取雙罰制的原則，即對單位判處罰金，同時對單位直接負責的主管人員和其他直接責任人員判處相應的刑事責任。

| 第八篇 |

流程與證照

【159】外商投資企業設立所需主要文件介紹（一）——主體資格證明

　　外商來中國投資設立企業，首先要面臨的是以誰做為投資方，該投資方可以是境外的個人，也可以是境外的企業。在規劃投資方時，除了須考量稅負成本等因素外，主體資格證明也是影響投資方選擇的因素之一。

　　根據中國法令規定，外商來中國投資，無論是個人還是企業，均須向商務主管部門和工商登記部門提交該投資方的主體資格證明，對於境外企業來說，該主體資格證明通常指的是本企業的營業執照，而對境外個人來說，則是本人的護照，但對於港澳台地區個人，則指的是「台灣居民來往大陸通行證」、「港澳居民來往內地通行證」。雖境外投資方均須提供主體資格證明，但投資方來自的國別或地區不同，以及是個人還是企業的不同，對於主體資格的公認證要求和辦理程序會有所不同，所須花費的時間也不一樣，這對一些急於進入中國市場的外商來說，將影響其投資方的選擇。

　　1. 港澳台以外的企業或個人做為投資方

　　一般情況下，境外投資方的主體資格須經其所在國家主管機關公證後，送中國駐該國使（領）館認證。如投資方所在國家與中國沒有外交關係，則應當經與中國有外交關係的第三國駐該國使（領）館認證，再由中國駐該第三國使（領）館認證。若是某些國家的海外屬地出具的文書，則應先在該屬地辦妥公證，再經該國外交機構認證，最後由中國駐該國使（領）館認證。例如，在英屬維京群島註冊登記的投資方須由中國駐英國的使領館認證。

　　2. 投資方來自香港、澳門地區

　　投資方來自香港、澳門地區，其主體資格證明或身分證明則應

當按照專項規定或協議辦理。例如，若投資方為香港法人，須提交註冊證書和商業登記證；若為香港個人，須提交香港身分證明、「港澳居民來往內地通行證」。以上須經中國司法部委託的香港律師公證，並加蓋「中國法律服務（香港）有限公司」轉遞章。

3. 投資方來自台灣地區

投資方若為台灣法人，須提交營利事業登記證，並須在台灣公證機關辦理公證後，經海基會寄送副本，再經擬投資所在地省一級公證員協會認證；若為台灣個人，則只要提交「台灣居民來往大陸通行證」原件，供審批部門及工商登記部門核對影本即可，無須再辦理公證手續。

可見，以台灣個人做為投資方，其主體資格暫無須公認證，所需時間最短。其他則由於辦理時間較長，通常為1～1.5個月，所以外商須提早辦理，且相關公認證文件在提交給審批部門前，應請有翻譯資格的國內企業翻譯為中文，也需一定時間。

對境外投資者的公認證只是對於投資主體實際有效存在出具證明，但根據中國政治和經濟形勢的變化以及各地政府部門的態度不同，對於公認證內容的要求會略有變化和區別。例如，在人民幣升值壓力加大，中國政府嚴守熱錢流入的情況下，一些地方的審批部門開始要求境外投資者在公認證主體資格時，應同時公認證投資方的股東名冊、董事名冊，甚至會要求就投資方的法定代表人進行公認證，而能夠證明投資方法定代表人身分的文件，通常是投資方董事會所做出的誰有權代表本公司簽字的決議。若投資方是境外的上市公司，也可以公認證上市公開資料，證明某人是上市公司的董事長或者總經理，以及按照所在國家規定，董事長或總經理依法可以做為公司代表。

【160】外商投資企業設立所需主要文件介紹（二）
——銀行資信證明

　　銀行資信證明是由銀行開具，用以證明投資方的資產、信用狀況的書面文件。投資方或其委託的代辦公司，在向商務主管部門報送外商投資企業設立申請文件時，必須提交投資方的銀行資信證明，而無論投資方是中方還是外方，例如中外合資企業、中外合作企業等，中方投資者也一樣必須提供銀行資信證明。商務主管部門要求外商投資企業的投資方提供銀行資信證明，主要是為了對投資方的資金狀況進行瞭解，並確認投資方資金往來正常，不存在不良紀錄。銀行資信證明只須向商務主管部門提交，辦理工商設立登記時則無須提交。

　　雖然商務主管部門對銀行資信證明的內容沒有做出明文規定，但實務中有所要求，且對於開具時間比較早的銀行資信證明，還可能要求重新開具。一般來說，若投資方是公司，銀行資信證明主要說明該公司的帳戶往來正常，資信良好；若投資方是個人，銀行資信證明通常須說明此人帳戶上的資金餘額為幾位數，且該餘額通常須大於擬在中國投資設立的外商投資企業的註冊資本。實務中，還遇到一些地方的商務主管部門，當投資方是當年新設的公司時，會認為「往來正常，資信良好」不符合其新設的性質，故改為要求證明該公司的帳戶餘額。

　　通常，銀行資信證明的格式如下：首行居中寫明標題；下一行頂格寫明接受資信證明的單位名稱；另起一行空兩格寫正文內容，如：依據客戶授權委託和受文單位要求，茲證明某某有限公司在本銀行開立有某某帳戶，帳戶往來正常，資信良好；左下側註明「特此證明」；右下側寫明出具資信證明的銀行名稱；加蓋銀行印章或由銀行代表簽字；最後，寫明出具的年、月、日。

　　實務操作中，不同的銀行有各自的資信證明格式，越是大型的銀行，對於資信證明的出具越是謹慎。例如，一些跨國大銀行，僅同意對客戶帳戶基本資訊進行事實性的描述，包括開戶日期、帳戶性質、帳戶餘額等，不同意在資信證明中對客戶的資信狀況做諸如「良好」之類的評價。另有一些銀行則要求，客戶必須在本行開戶滿多少時間並保持帳戶餘額達到多少，才給予開具資信證明。還有一些銀行則會在資信證明上增加免責條款，例如在資信證明的末尾聲明「我方概不負責」（without any responsibility on our part）等。

　　可見，不同的銀行對於開具資信證明的條件、所需時間和內容是不同的，而商務主管部門對於資信證明關注的只是其內容，並非其開具銀行的規模大小。故，投資方在開具銀行資信證明前，應事先向銀行瞭解資信證明的內容，並通過代辦公司或親自向商務主管部門確認此內容是否可行。例如，當得知銀行只同意對帳戶資訊進行事實性描述，而帳戶餘額小於擬設立的外商投資企業的註冊資本時，須事先確認商務主管部門可否接受（因有些地方的商務主管部門認為，只要達到首期出資所需資金額即可），若商務主管部門不能接受，則需要另外找銀行開具例如「紀錄良好」的結論性資信證明。而對於還未在銀行開戶的投資者，則要在選擇開戶銀行前，多諮詢幾家銀行，儘量考慮選擇配合度較高的，以便今後順利開具資信證明。

　　境外投資方的銀行資信證明應由境外銀行開具，也可以由境外投資方在中國的OBU帳戶所在銀行開具。境外投資方今後的出資帳戶不必一定是開具資信證明的帳戶，與境外投資方今後收取投資利潤的銀行，也沒有必然關係。銀行資信證明通常須準備兩份原件，且應儘量開具中文資信證明，免去翻譯所需費用及時間。

【161】外商投資企業設立所需主要文件介紹（三）
——章程

公司章程是確定公司各種權利及義務最基本的法律文件，「公司法」第二十五條、第八十二條分別對有限責任公司和股份有限公司章程應當載明的事項進行了規定，公司的註冊資本、股東／發起人及出資、組織機構及其產生辦法、職權、議事規則、法定代表人、公司的名稱與住所、公司的經營範圍等，為章程必須載明的事項。對於股份有限公司，還必須規定公司的利潤分配辦法、解散事由與清算辦法、通知和公告辦法等。另外，章程制定人（股東／發起人）還可以根據實際需要，將其他需要載明的事項，比如合資合作雙方的權利義務關係、高級管理人員競業禁止規定等，寫入章程。

章程的重要性，很大一方面體現在組織機構及其產生辦法、職權、議事規則方面的規定。2006年以前，外商投資企業的最高權力機構主要為董事會（或執行董事），但自2006年1月1日「公司法」修訂實施後，除了中外合資經營企業的最高權力機構仍為董事會以外，外資企業、中外合作企業的最高權力機構已經依照「公司法」規定改為股東會（或股東）。另外，外商在制定中國公司章程時，遇到的一個主要問題就是權力機構進行表決是採全數決還是多數決；多數決是指1/2以上還是2/3以上，這些規定將直接關係到日後外商在中國的公司的實際運作，例如辦理外債、變更經營範圍、決定盈餘分配及盈餘匯出等，都會因為章程對有權機構議事規則規定的不同而導致完全不同的結果。尤其是在中外合資或合作的企業中，常因為需要董事會一致通過的規定，而使占少數股份但仍占董事會席次的中方股東變成「關鍵」的少數。外商在中國設立企業時，一般會委託當地代辦機構辦理所有流程，實務中，這些代辦機構很少會請中國當地的律師或

會計師審核包括公司章程在內的設立文件，更談不上根據項目具體情況設計公司章程。為避免代辦機構提供的千篇一律的章程，影響外商在中國的公司今後的實際運作，外商應請中國的執業律師，特別是有外商投資法律服務經驗的律師，審核公司章程。

擬定一份章程除了須具備法定內容，並根據股東情況、董事席次等條件具體設計章程內容外，還應注意章程的合法性。對於「公司法」或其他法律、法規有強制性規定的事項，章程不得做出不同規定，否則將導致該規定無效。實務中，外商經常會遇到的是關於法定代表人及法定公積金的強制規定。公司法規定，董事長（執行董事）或總經理為公司法定代表人，章程不能規定部門經理是法定代表人。公司法還規定，「公司分配當年稅後利潤時，應當提取利潤的10%列入公司法定公積金。公司法定公積金累計額為公司註冊資本的50%以上的，可以不再提取。公司的法定公積金不足以彌補以前年度虧損的，在依照前款規定提取法定公積金之前，應當先用當年利潤彌補虧損。」如果章程規定提取法定公積金比例低於10%，或者未依照規定先彌補虧損，則商務主管部門及工商登記部門將會要求修改此章程；如果商務主管部門及工商登記部門審查不細，就此批准、備案章程，則會造成章程此條規定無效。

外商投資企業成立後，若須修訂章程，則視修訂的內容是否涉及官方登記事項而分為須辦理批准手續或辦理備案手續。在辦理相關手續時，公司要製作並提交章程修正本，說明修正的條款及修正前後的內容比較。章程修正本須股東或公司法定代表人簽字，如果是股份有限公司章程修訂，則須股東大會做出決議。因每次章程修改都須製作一份章程修正本，章程修正的次數多了，公司若自己保留的資料不全，可能會造成無法得知當下有效的章程情況。此時，可以到公司所屬工商登記部門檔案室調取本公司章程，一來可以確保完整，二來工

商登記部門未備案的章程及其修正本,如果與已備案的章程有衝突,將以備案章程為準。

【162】外商投資企業設立所需主要文件介紹(四)
——合資合同

外商投資企業根據投資者組成的不同,可分為中外合資經營企業(以下稱「合營企業」)、中外合作經營企業和外資企業。根據「中外合資經營企業法」規定,外國的公司、企業和其他經濟組織或個人均可以做為合營企業外方合營者,但中方合營者只能是公司、企業和其他經濟組織,除了一些試點開放的地區,目前尚不允許境內個人做為合營企業的合營者。

設立合營企業須向商務主管部門、工商管理部門報送合營各方簽署的中外合資經營企業合同(以下簡稱「合營企業合同」)。合營企業合同依法必須經商務主管部門批准才能生效。根據「中外合資經營企業法實施條例」(以下簡稱「實施條例」)第十一條規定,合營企業合同應當包括下列主要內容:

1. 合營各方的名稱、註冊國家、法定地址和法定代表人的姓名、職務、國籍。

2. 合營企業名稱、法定地址、宗旨、經營範圍和規模。

3. 合營企業的投資總額、註冊資本、合營各方的出資額、出資比例、出資方式、出資的繳付期限,以及出資額欠繳、股權轉讓的規定。

4. 合營各方利潤分配和虧損分擔的比例。

5. 合營企業董事會的組成、董事名額的分配以及總經理、副總

經理及其他高級管理人員的職責、許可權和聘用辦法。

6. 採用的主要生產設備、生產技術及其來源。

7. 原材料購買和產品銷售方式。

8. 財務、會計、審計的處理原則。

9. 有關勞動管理、工資、福利、勞動保險等事項的規定。

10. 合營企業期限、解散及清算程序。

11. 違反合同的責任。

12. 解決合營各方之間爭議的方式和程序。

13. 合同文本採用的文字和合同生效的條件。合營企業合同的附件，與合營企業合同具有同等效力。

合營企業合同不僅僅是設立合營企業必備文件，也是保障合營各方權益的主要法律文件，因此，合營各方應盡可能簽訂符合規範、完備的合營企業合同，詳細約定各方的權利義務，包括相應的違約責任等，並應尤其關注以下部分：

一、出資

除了出資金額，尤其應注意約定合營各方的出資方式及出資期限，在符合「公司法」規定的前提下，合營各方的出資期限可不同。

二、利潤分配和虧損分擔

「公司法」第三十五條規定，股東按照實繳的出資比例分取紅利；但是，全體股東約定不按照出資比例分取紅利的除外。而根據「實施條例」第七十六條規定，合營企業在提取三項基金後的可分配利潤，董事會確定分配的，應當按合營各方的出資比例進行分配。通常來說，「公司法」雖對合營企業具有適用效力，但在「中外合資經營企業法」或「實施條例」已經做出規定的情況下，應首先適用後者，因此，若合營各方約定不按照出資比例分取紅利，可能得不到商

務主管部門、工商管理部門的認可。

三、組織機構

在簽訂合營企業合同時，還應注意合營企業的最高權力機構不是股東會，而是由合營各方委派的董事組成的董事會，且雙方的一方擔任董事長的，由他方擔任副董事長。另外，董事長是合營企業的法定代表人，「實施條例」還規定了須經董事會一致同意才可以做出決議的事項，這些在「公司法」中都有不同的規定。

四、爭議解決

按照「民事訴訟法」規定，因合營合同發生糾紛提起的訴訟，由中華人民共和國人民法院管轄。但最高人民法院在「最高人民法院關於確認仲裁協議效力請示的覆函」（[2006]民四他字第1號）做出的答覆則認為，當事人若在合營合同中約定了仲裁條款，仲裁條款效力的準據法，應當適用當事人明確約定的法律；未約定仲裁條款效力的準據法但約定了仲裁地的，應當適用仲裁地國家或者地區的法律。也就是，如果根據前述法律認定仲裁條款有效的，因合營企業合同發生的糾紛應提交合同約定的仲裁機構仲裁。

最後，合營合同必須經合營各方代表簽字才能成立，中方合營者的代表通常是其營業執照上登記的法定代表人，外方合營者的代表則可以是董事會成員之一，若商務主管部門在認定外方代表時採取較為嚴謹的態度，則會要求外方合營者提供其董事會成員名單及董事會就推選誰為代表做出的書面決議，然後和投資主體資格文件一併辦理公認證。

【163】外商投資企業設立所需主要文件介紹（五）
——可行性研究報告

　　外商在中國投資設立外商投資企業，除了需要前置審批的特殊行業，或需要辦理環境影響許可文件、環境影響評價報告的行業外，一般來說，在取得工商行政管理部門名稱預先核准通知書後，即可向商務主管部門報送外商投資企業設立申請資料，其中可行性研究報告是一份必備文件。

　　一份完整的可行性研究報告，其主要內容如下：投資者概況、企業名稱、地址、經營範圍、投資規模、利潤、期限；產品生產安排及其依據；國內外市場需求情況和市場預測的方法；物料供應安排（包括能源和交通等）及其依據；項目地址選擇及其依據；技術設備和工藝過程的選擇及其依據；生產組織安排（包括職工總數、構成、來源、經營管理）及其依據；環境污染治理和勞動安全、衛生設施及其依據；建設方式、建設進度安排及其依據；資金籌措及其依據；外匯收支安排及其依據；綜合分析（包括經濟、技術、財務和法律等方面的分析），一般採用動態法和風險法（或敏感度分析）等方法分析項目效益和外匯收支等情況。

　　可見，外商投資企業設立所需可行性研究報告，主要以投資項目是否具備經濟效益為核心，圍繞影響投資項目的各種因素，運用資料論證投資項目是否可行，並對整個項目提出綜合分析評價。因此類可行性研究報告涉及到中國的外商投資政策以及大量的經濟資料，故投資者一般會委託中國境內具備律師、會計師資格的專業人員來擬定，但也可能因為投資項目的規模以及審核方的要求，而委託具備某種等級工程諮詢資質的機構出具，目前中國國內工程諮詢資質從高到低分別為國家甲級、國家乙級、國家丙級。

　　以上可見可行性研究報告的重要性，但自2004年「國務院關於投資體制改革的決定」（國發[2004]20號）及「外商投資項目核准暫行管理辦法」（中國國家發展改革委第22號令）發布後，關於可行性報告的必要性，在實務及法規層面產生了落差。實務中，在向商務主管部門報送外商投資企業設立資料時，仍須提交可行性研究報告，但根據「國務院關於投資體制改革的決定」則已經取消了可行性研究報告，轉而由項目申請報告所取代。「國務院關於投資體制改革的決定」規定，對於企業不使用政府投資建設的項目，一律不再實行審批制，而是區別不同情況實行核准制和備案制。對於核准制項目，僅須向政府提交項目申請報告，不再經過批准項目建議書、可行性研究報告和開工報告的程序。對於備案制項目，則由企業按照屬地原則向地方政府投資主管部門備案。

　　對於項目核准須提交的項目申請報告，類似於可行性研究報告。例如，「上海市外商投資項目核准暫行管理辦法」（2011年修訂）規定，項目申請報告應當按照國家發展改革委關於項目申請報告通用文本的有關規定進行編寫。項目申請報告的主要內容包括：申報單位及項目概況；發展規劃、產業政策和行業准入分析；資源開發及綜合利用分析；節能方案分析；建設用地、徵地拆遷及移民安置分析；環境和生態影響分析；經濟影響分析；社會影響分析等。

　　對於外商投資企業設立是實行核准制還是備案制，「國務院關於投資體制改革的決定」規定非常明確，即所有外商投資項目包括「中外合資、中外合作、外商獨資、外商購併境內企業、外商投資企業增資等各類外商投資項目」，均實行核准制，須先由國家或地方發展改革部門核准後，再到商務主管部門審批章程和合資、合作合同。即按照規定，外商投資企業設立應由準備可行性研究報告改為準備項目申請報告。但實務中，各地卻有不同操作。以上海市為例，根據

「上海市外商投資項目核准暫行管理辦法」（2011年修訂）規定，為了方便企業，提高效率，對外商投資項目的核准和企業合同章程的審批，可以一併受理，並聯操作。這可能也是為什麼在上海設立外商投資企業，實務中仍只需要到上海市或區級商務主管部門審批並準備可行性報告的原因，但一旦涉及到報商務部審批的外商投資企業，則須先由國家發展改革部門核准項目。

【164】外商投資企業設立一般流程及證照介紹

從官方程序來看，外商投資企業設立的第一步，是到工商行政管理部門辦理「企業名稱預登記」，並取得「企業名稱預先核准通知書」。「企業名稱預登記」雖是第一道官方手續，但實際上，在辦理「企業名稱預登記」前就應開始準備投資方的公認證文件、銀行資信證明以及新公司的房屋租賃合同。而如果是購買土地設廠，或者購買現成廠房、辦公樓，前期則將花費更多的時間和精力。

一般來說，外商在取得「企業名稱預先核准通知書」並辦妥投資方公認證文件、銀行資信證明、取得註冊地址使用證明（租賃證明或產權證明）後，接下來就是一系列證照辦理手續。

首先，向商務主管部門遞交外商投資企業設立申請並取得設立批覆，隨後領取「外商投資企業批准證書」正本一份、副本兩份。外商投資企業批准證書是中國政府同意外商來中國投資的證明文件，其中不僅記載了外商投資企業的名稱、企業性質、註冊地址、註冊資本、投資總額、經營範圍，還記載了投資方的姓名或名稱、國別、出資金額等。今後若涉及登記事項有變更，須換領「外商投資企業批准證書」。

其次是憑藉「企業名稱預先核准通知書」、商務主管部門的批覆、「外商投資企業批准證書」副本二及一系列文件，向工商行政管理部門申請辦理「企業法人營業執照」；「企業法人營業執照」是外商投資企業已經合法成立的證明，其中的記載事項和「外商投資企業批准證書」差不多，但不記載投資總額，並增加了實收資本和法定代表人的登記事項。

取得「企業法人營業執照」後，則可以向公安部門申請核准刻制企業公章、法定代表人章、財務專用章、報關專用章；向技術監督管理部門辦理企業組織代碼登記證；向外匯管理部門辦理外匯登記證及IC卡；向稅務管理部門辦理稅務登記證；到銀行辦理外匯資本金帳戶、美金結算帳戶、人民幣基本帳戶及納稅專用戶等開戶手續；待投資方匯入資本金後，則須辦理驗資手續，並變更「企業法人營業執照」上的實收資本及變更企業組織代碼證；另外，外商投資企業還須向統計部門辦理統計證，向財務部門辦理財政登記證等。

通常，大部分外商投資企業還會向所在地的商務主管部門辦理對外貿易經營者備案表；向海關辦理海關登記證；向商品檢驗檢疫部門辦理商檢登記證；向海關辦理電子口岸登記手續並取得出口領取證、進口名錄卡、法定代表人及經辦人的身分識別卡、法定代表人及經辦人的操作員卡；向稅務管理部門辦理出口退稅認定手續等，以便今後貨物進口、出口。如果是從事美容美髮、餐飲娛樂等服務行業的外商投資企業，根據經營項目的性質，可以不辦理前述手續，但若須從國外進口美容美髮設備、娛樂設備等自用設備，則需要至少辦理其中的海關登記證、商檢登記證。

當然，不同的行業可能還涉及特殊證照的申領，以及增值稅應稅行業還須辦理一般納稅人認定等手續，至於生產性企業以及可能涉及到環境影響的經營項目，還須在向商務主管部門遞交外商投資企業

設立申請前，先獲得環境保護部門對擬經營項目的批准，方可開始企業設立工作。

　　設立一家外商投資企業，從準備資料之初到最終可以從事生產、經營，通常至少需要三個月，期間所須處理的事務不僅繁瑣，而且涉及到法律、財稅、外匯、海關等專業知識頗多，這也是為什麼大多數外商會委託中國專業機構辦理企業設立的原因。

【165】辦理銀行開戶手續所需文件及注意事項

　　外商投資企業設立之後，須至銀行開立外幣及人民幣帳戶，其中外幣帳戶通常包括外幣資本金帳戶與外幣結算帳戶，而人民幣帳戶通常包括人民幣基本帳戶與人民幣結算帳戶。

一、開立外幣帳戶

　　外商投資企業開立外幣帳戶，通常需要提供以下資料：

　　1. 書式外匯登記證（僅限保稅區企業提供）。

　　2. 外匯登記證IC卡。

　　3. 本公司介紹信原件。

　　4. 法定代表人授權委託書原件。

　　5. 經辦人身分證原件及影本。

　　6. 法定代表人身分證原件及影本。

　　7. 營業執照正本原件及影本。

　　8. 組織機構代碼證正本原件及影本。

　　9. 稅務登記證正本原件及影本。

　　10.公章及需要預留銀行的全套印簽章（如預留印鑑中個人名章不是法定代表人，還需要法定代表人授權）。

　　開立外幣帳戶之前，外商投資企業須先至外匯管理局辦理外匯登記證IC卡，如開立的外幣帳戶為資本金帳戶，還須向外匯管理局申請資本金帳戶開戶核准。資本金帳戶原則上只能開立一個，但註冊資本金1,000萬美元以上（投資性公司為3,000萬美元）的外商投資企業（各地具體標準會有所不同），可根據需要經外匯管理部門核准後開立兩個資本金帳戶。外商投資企業在向外匯管理部門申請開立資本金帳戶時，應向外匯管理部門說明資本金帳戶開在哪個銀行，而資本金帳戶的限額則由外匯管理部門根據商務主管部門批准文件核定。外匯管理部門核准資本金帳戶開立，並在公司的外匯登記證IC卡上記載相應資訊後，外商投資企業即可持卡到開戶銀行辦理具體開戶手續，同時應向開戶銀行索取境外銀行匯款路徑，以便於境外投資方匯入投資款。投資款匯入時寫明的收款人名稱，應與外商投資企業批准證書上投資方名稱一致，投資方名稱如有中英文，須提供相關中英文證明。

二、開立人民幣帳戶

　　外商投資企業開立人民幣帳戶，通常需要提供以下資料：

1. 本公司介紹信原件。

2. 法定代表人授權委託書原件。

3. 經辦人身分證原件及影本。

4. 法定代表人身分證原件及影本。

5. 營業執照正本原件及影本。

6. 組織機構代碼證正本原件及影本。

7. 稅務登記證正本原件及影本。

8. 開立銀行結算帳戶申請書原件。

9. 公章及需要預留銀行的全套印簽章（如預留印鑑中個人名章不是法定代表人，還需要法定代表人授權）。

10. 銀行與存款人簽訂的銀行結算帳戶管理協議原件。

　　外商投資企業在開立人民幣帳戶時只能開立一個基本存款帳戶，且該帳戶須經人民銀行核准並在人民銀行當地支行備案，人民銀行核准所需時間大概為兩個工作日。其他銀行結算帳戶的開立，須憑基本存款帳戶開戶許可證辦理，且銀行結算帳戶須在基本存款帳戶開戶銀行以外的銀行營業機構開立，沒有數量限制。

　　無論是外幣帳戶還是人民幣帳戶，開戶銀行都會對申請人的資格條件、所提供的證明資料進行審查（有些銀行還會對實際經營地址進行上門核實）。外商投資企業自主選擇銀行開立外幣帳戶和人民幣帳戶，一般須考慮以下幾點：

　　1. 安全：銀行本身的性質及實力。

　　2. 便捷：交通的便捷和辦理業務的便捷。

　　3. 服務：良好的服務可以迅速地為公司的一些突發情況提供解決；銀行先進的硬體設施是保障良好服務的先決條件。

　　此外，應儘量避免同一人保管銀行帳戶的全部印鑑，而應由公司的會計、出納或相關人員分別保管。

【166】辦理稅務登記證所需文件及注意事項

　　外商投資企業自領取營業執照之日起30日內，必須持有關資料，向工商註冊所在地稅務部門辦理稅務登記（上海市是國稅、地稅一起辦理，其他地方則可能國稅、地稅登記分開辦理）。取得稅務登記證（次月），外商投資企業即使沒有任何業務收入，也必須到所屬稅務部門辦理納稅申報（沒有收入的月份做零申報）。

　　辦理稅務登記證需要提交以下資料：

　　1. 稅務部門領取的相關表格（如稅務登記表、房屋、土地、車

牌情況登記表等）。

2. 營業執照原件及其影本。

3. 批准證書原件及其影本。

4. 組織機構代碼證書副本原件及其影本。

5. 法定代表人身分證明原件及其影本。

6. 財務負責人及辦稅人員身分證原件及其影本。

7. 公司章程。

8. 住所或經營場所證明，若是自有場地，提供產權證明原件及影本；若是租用場地，提供租賃協議原件及出租方產權證明影本。

9. 稅務部門要求提供的其他證件資料（如有權機關出具的驗資報告或評估報告原件及其影本等）。

以上資料中的影本必須加蓋本企業公章。資料齊全後，稅務部門一般承諾四個工作日可領取稅務登記證。取得稅務登記證後，稅務部門一般還會安排專門人員上門實地核查。在上門核查前，必須保證留存在稅務部門的聯繫電話，在週一至週五的上午9:00～12:00，下午14:00～18:00有人接聽。外商投資企業應按照核查人員的要求，事先做好準備，並應注意以下幾點：

1. 公司門口掛有標明公司全稱的招牌。

2. 辦公室配備必要的辦公設備。

3. 公司的營業執照副本、國地稅稅務登記證副本、組織機構代碼證正副本、公司章程、房屋租賃合同或房產證、房屋租賃發票等資料證件必須在現場。

4. 公司場地須保持整潔，物件完備、有序，避免有無人辦公、臨時布置的跡象。

5. 公司應給予現場核查人員充分的尊重和配合，例如在交通工具等方面給予方便，準備一些飲料、水果等招待品。

　　如果經實地核查，稅務部門提出整改要求，外商投資企業應儘快予以整改，否則可能影響後續稅務事項的辦理。而對於註冊地址和實際經營地址不一致的外商投資企業，在辦理工商註冊前，應事先和所屬稅務部門協調溝通，如此稅務部門才有可能同意到實際經營地進行現場核查。有些稅務部門對註冊地址與實際經營地址不一致的情況，可能會要求在實際經營地址設立一家分公司。

【167】領購發票流程及注意事項

　　發票是指在購銷商品、提供或者接受服務以及從事其他經營活動中，開具、收取的收付款憑證，包括專用發票、普通發票、行業票據等。投資方設立外商投資企業的目的是在中國從事經營活動，因此領購發票是至關重要的環節。外商投資企業在領購發票前，應先辦妥營業執照、稅務登記證件、開具銀行基本帳戶、完成稅種核定、取得辦稅員證等一系列工作。而須領購增值稅專用發票的外商投資企業，還應先取得增值稅一般納稅人資格。

一、稅務入戶手續

　　稅務入戶手續也就是辦理稅種核定、辦稅員證、簽署納稅扣款協議（在簽署此協議前，須先開好銀行基本帳戶）。其中，最重要的是稅種核定，稅種核定是指由日常管理本企業稅務事項的稅務專管員，根據本企業的實際經營特點和經營範圍，核定本企業應納稅種、稅目。外商投資企業必須在取得稅務登記證件後一個月內，到稅務專管員處申請稅種核定，若取得稅務登記證件後滿半年仍未申請稅種核定或已申請核定但未領購發票，稅務部門有權將其列入非正常戶，給予行政處罰。完成稅種核定後，外商投資企業就可以到所屬主管稅務

部門申領「發票領購簿」，領購發票。

在辦理稅務入戶手續時，還應申請辦理辦稅員證，持有辦稅員證的人才能代表本企業去稅務部門領購發票，申請稅控機等。辦稅員證與會計工作證不同，辦稅員並不一定是會計人員，一般普通員工也可以擔任辦稅員。稅務部門發給辦稅員證之前，會要求辦稅人員參加一定的學習。

二、領購發票

辦妥稅務入戶手續後，辦稅員即可到本企業所屬主管稅務部門的發票窗口領購發票。首先，辦稅員應持本企業稅務登記證件副本向主管稅務部門領取「發票印製購用登記表」，如實填寫後，附上本人辦稅員證、身分證明、按照規定式樣製作的發票專用章的印模（取消了企業可選擇提供財務印章印模的原規定），提交給主管稅務部門，經審核符合規定的，發給「發票領購簿」。領取「發票領購簿」後，辦稅員即可憑在主管稅務部門領取並填妥的「購用統一發票申請單」、「增值稅專用發票領購申請單」，以及本人辦稅員證、身分證明、「發票領購簿」、稅控IC卡（領購增值稅專用發票時），向主管稅務部門領購發票。

主管稅務部門依據外商投資企業的經營規模、開票頻率和納稅申報的誠信程度，綜合確定發給該企業的發票數量。一般來說，新設外商投資企業初次領購發票時，主管稅務部門採取就低原則給予發票，例如，「江蘇省地方稅務部門關於發票管理有關問題的通知」（蘇地稅函[2011]196號）規定，對符合購票條件的新辦登記戶申請領購機打平式發票的，首次供應數量一般不超過30份；申請領購機打卷式發票的，首次供應數量一般不超過一卷；申請領購定額發票的，首次供應數量為每種面額不超過一本。

外商投資企業領購發票後，應當按照稅務部門的規定存放和保

管發票，不得丟失和擅自損壞，並應按規定建立發票存放和保管制度，設置發票登記簿，定期向主管稅務部門報告發票使用情況。外商投資企業如果丟失發票，應當及時書面報告主管稅務部門，並在報刊等媒介公開聲明作廢。而已經開具的發票存根聯和發票登記簿，則應保存5年，保存期滿，報經主管稅務部門查驗後才可以銷毀。

【168】外商投資企業須刻製哪些印章及其作用

與西方企業注重個人簽字不同，在中國，企業的印章可單獨代表企業發生法律效力。例如「中華人民共和國合同法」第三十二條規定，當事人採用合同書形式訂立合同的，自雙方當事人簽字或者蓋章時合同成立。同時根據「中華人民共和國公司登記管理條例」第二十五條規定，依法設立的公司，由公司登記機關發給「企業法人營業執照」。公司營業執照簽發日期為公司成立日期。公司憑公司登記機關核發的「企業法人營業執照」刻製印章，開立銀行帳戶，申請納稅登記。

企業的印章通常包括企業公章、法定代表人私章、財務專用章、發票專用章、海關報關章等。新設企業在取得「企業法人營業執照」後即可刻製印章。刻製印章前，應先選擇一家持有公章刻製業「特種行業許可證」的正規刻字社，然後持以下資料至公安部門辦理刻製印章的批准手續：營業執照正、副本原件及影本、批准證書正本原件及影本、法定代表人的身分證影本、法定代表人簽署的委託書、經辦人身分證原件及影本等。待取得「刻鑄印章准許證」後，企業再到之前選定的刻字社刻製印章。

例如，「上海市印章刻製業治安管理辦法」第十七條第一款規

定，單位或者個體工商戶需要刻製公章的，應當憑主管部門出具的證明或者工商行政管理部門核發的營業執照，向公安部門提出申請，經公安部門審批同意後，發給公章刻製證明，在規定的期限內到經營公章刻製業務的單位刻製。同時在第二十四條規定，違反第十七條第一款規定的，繳銷其公章，處警告、500元以上1,000元以下罰款。至於印章的大小，也是公安部門統一規定的尺寸，不可以自己設計，材質倒是可以看刻字社是否有選擇。一般來說，企業公章、發票專用章、海關報關章等通用的材質有兩種，一種是光敏章，一種是橡皮章，前者多數屬於不需要印泥的所謂萬次章，使用次數多了以後可能就要重新更換；後者則屬於每次使用時要用印泥。法定代表人私章及財務專用章一般使用牛角章。

1. 公章

公章的使用屬於企業的意思表示，企業出於正常經營管理的需要，在合同上或在其他法律文書上加蓋公章以示其認可，由此產生的法律後果由企業承擔。

2. 法定代表人私章

法定代表人因其同時具備普通公民和企業法定代表人雙重身分，故其私章也可同時代表個人意志和企業意志，其區別在於使用該私章時的身分識別，如果是以企業法定代表人的身分在合同或其他法律文書上使用了該私章，由此產生的法律後果由企業承擔，除非企業能夠證明該私章的使用是法定代表人的個人行為。

3. 財務專用章和發票專用章

財務專用章主要用於財務結算、開具收據、發票（有發票專用章的，使用發票專用章），做為銀行印簽（包括支票等）。財務專用章和發票專用章一般由企業的財務人員保管，且財務專用章和法定代表人私章應分開保管。

4. 海關報關章

「中華人民共和國海關對報關單位註冊登記管理規定」第四十九條規定，報關單位向海關遞交的紙本進出口貨物報關單必須加蓋本單位的報關專用章。報關專用章啟用前應當向海關備案。報關專用章應當按照海關總署統一規定的要求刻製。

鑑於印章的重要性，公司應將印章交給可信賴的專人進行保管，並制定明確具體的印章管理辦法，杜絕先蓋章、後寫內容的現象。一旦遇到印章丟失或失竊，應儘快補救，辦理掛失及補辦手續，以便有證據表明在印章失控期間所做使用並非企業真實意思表示，減少糾紛和損失。

【169】如何從「營業執照」判斷企業類型

營業執照既是確立經營者法律地位的合法依據，也是經營者從事生產經營活動的合法證件。依據「公司法」成立並取得「企業法人營業執照」的外商投資企業，公司類型分為「有限責任公司」、「股份有限公司」兩種，並根據投資方不同進行加註，「外商投資公司審批登記管理法律適用若干問題的執行意見」（工商外企字[2006]81號，以下簡稱「意見」）規定了23種加註分類，請見下表。

序號	公司類型	說明
1	有限責任公司 （中外合資）	外國人、外國企業及／或外國非法人經濟組織與中國企業合資。

序號	公司類型	說明
2	有限責任公司 （中外合作）	外國人、外國企業及／或外國非法人經濟組織與中國企業合作
3	有限責任公司 （外商合資）	外國人、外國企業及／或外國非法人經濟組織間合資
4	有限責任公司 （外國法人獨資）	一家外國企業做為股東
5	有限責任公司 （外國自然人獨資）	一個外國人做為股東
6	有限責任公司 （外國非法人經濟組織獨資）	一家外國非法人經濟組織做為股東
7	有限責任公司 （台港澳與外國投資者合資）	台港澳人、台港澳企業及／或台港澳非法人經濟組織與外國人、外國企業及／或外國非法人經濟組織合資
8	有限責任公司 （台港澳與境內合資）	台港澳人、台港澳企業及／或台港澳非法人經濟組織與中國企業合資
9	有限責任公司 （台港澳與境內合作）	台港澳人、台港澳企業及／或台港澳非法人經濟組織與中國企業合作
10	有限責任公司 （台港澳合資）	台港澳人、台港澳企業及／或台港澳非法人經濟組織間合資
11	有限責任公司 （台港澳法人獨資）	一家台港澳企業做為股東

序號	公司類型	說明
12	有限責任公司 （台港澳自然人獨資）	一個台港澳人做為股東
13	有限責任公司 （台港澳非法人經濟組織獨資）	一家台港澳非法人經濟組織做為股東
14	股份有限公司 （中外合資，未上市）	外國人、外國企業及／或外國非法人經濟組織與中國企業合資，雖改制為股份有限公司，但尚未在中國A股上市
15	股份有限公司 （中外合資，上市）	外國人、外國企業及／或外國非法人經濟組織與中國企業合資，已改制為股份有限公司，且已經在中國A股上市
16	股份有限公司 （台港澳與境內合資，未上市）	台港澳人、台港澳企業及／或台港澳非法人經濟組織與中國企業合資，雖改制為股份有限公司，但尚未在中國A股上市
17	股份有限公司 （台港澳與境內合資，上市）	台港澳人、台港澳企業及／或台港澳非法人經濟組織與中國企業合資，已改制為股份有限公司，且已經在中國A股上市

　　另外，「意見」還規定了「股份有限公司（外商合資，未上市）」、「股份有限公司（外商合資，上市）」、「股份有限公司（台港澳與外國投資者合資，未上市）」、「股份有限公司（台港澳與外國投資者合資，上市）」、「股份有限公司（台港澳合資，未上市）」、「股份有限公司（台港澳合資，上市）」等六種，但因「公司法」規定，「設立股份有限公司，應當有2人以上200人以下為發

起人，其中須有半數以上的發起人在中國境內有住所」，故目前股東
（發起人）均為外商或台港澳的股份有限公司並不存在。

　　「企業法人營業執照」上除了「公司類型」，還在「股東（發
起人）」欄列印股東（發起人）的全稱。另外，公司登記機關還可以
根據中國國家利用外資產業政策及其相關規定，在公司類型後加註有
關分類標識，例如「（外資比例低於25%）」、「（A股併購）」、
「（A股併購25%或以上）」等。

　　除了根據「公司法」成立的企業應依法取得「企業法人營業執
照」外，依據「個人獨資企業法」成立的個人獨資企業，應依法取得
「個人獨資企業營業執照」；依據「合夥企業法」成立的合夥企業，
應依法取得「合夥企業營業執照」；依據「城鄉個體工商戶管理暫行
條例」成立的個體工商戶，應依法取得「個體工商戶營業執照」。目
前，中國已經允許外商在符合一定條件的情況下，成立合夥企業、個
體工商戶，故在依據「營業執照」判斷企業類型時，還須先做好上述
分類。

【170】籌備期員工法律關係分析

　　籌備期並不是一個嚴格的法律概念，「公司法」規定，公司營
業執照簽發日期為公司成立日期，實務中，將投資方準備設立外商投
資企業時起，到取得公司營業執照之日止稱為籌備期，此不同於「外
商投資企業和外國企業所得稅法實施細則」規定的「籌辦期」，即公
司被批准籌辦到開具第一張發票之日的期間。而2008年1月1日起開
始實施的新企業所得稅法及實施條例，也未再規定籌辦期。

　　「勞動合同法」第二條規定：「中華人民共和國境內的企業、

個體經濟組織、民辦非企業單位等組織（以下稱用人單位）與勞動者建立勞動關係，訂立、履行、變更、解除和終止勞動合同，適用本法。」可見，籌備期外商投資企業因尚未取得營業執照，故沒有獨立的法人主體資格，也不屬於法律認可的其他組織，因此不能做為勞動合同用人單位一方。籌備期外商投資企業與其員工之間建立的法律關係，可從以下方面分析。

一、籌備期外商投資企業與員工之間建立的是雇傭關係

「公司法」規定，股份有限公司不能成立時，發起人對設立行為所產生的債務和費用負連帶責任。「最高人民法院關於適用『中華人民共和國公司法』若干問題的規定（三）」（以下簡稱「若干問題的規定」）則將前述「發起人」範圍擴大至有限責任公司。

「若干問題的規定」第一條規定：「為設立公司而簽署公司章程、向公司認購出資或者股份並履行公司設立職責的人，應當認定為公司的發起人，包括有限責任公司設立時的股東。」第二條規定：「發起人為設立公司以自己名義對外簽訂合同，合同相對人請求該發起人承擔合同責任的，人民法院應予支持。公司成立後對前款規定的合同予以確認，或者已經實際享有合同權利或者履行合同義務，合同相對人請求公司承擔合同責任的，人民法院應予支持。」第三條第一款規定：「發起人以設立中公司名義對外簽訂合同，公司成立後合同相對人請求公司承擔合同責任的，人民法院應予支持。」

可見，籌備期外商投資企業的發起人／股東既可以自己的名義（包括外國人、外國企業），也可以設立中的公司名義與員工簽訂合同。前者在公司成立後，經公司確認，其合同責任由公司承接，後者在公司成立後，無須經公司確認，其合同責任即由公司承接。若公司成立不成功，無論合同是以發起人／股東名義簽訂，還是以設立中的公司名義簽訂，均由發起人／股東承擔責任。籌備期外商投資企業雖

不具有勞動法上「用人單位」的資格，但依法仍可與他人簽訂合同。籌備期外商投資企業與員工之間，在平等協商的基礎上簽訂的，以提供一定勞動並獲取一定報酬為主的合同，依法受法律保護，雙方因此建立的是民事上的雇傭關係（以下稱「籌備期雇傭關係」）。

二、籌備期雇傭關係的主要特點

籌備期雇傭關係不同於勞動關係，主要體現在以下幾個方面：1. 籌備期雇傭關係沒有必須簽訂書面（勞動）合同的規定；2. 解除雙方雇傭關係，雇主無須支付法定經濟補償金或賠償金；3. 雇主無須為員工繳納社會保險、住房公積金；4. 雇傭爭議直接向人民法院起訴等等。同時，依照法律規定，若雇員在從事雇傭活動中遭受人身損害，雇主應當承擔賠償責任；若雇員在從事雇傭活動中致人損害的，雇主也應當承擔賠償責任。

因雇主對雇員在人身損害方面的賠償責任較大，實務中，籌備期外商投資企業也可以與勞務派遣單位訂立勞務派遣協議，通過勞務派遣的方式用工；或者以境內關係企業的名義與員工訂立勞動合同，並在勞動合同中註明是為某公司設立而聘用，在某公司營業執照頒發後，由某公司直接與員工另行訂立勞動合同，工齡連續計算等。

中國外資公司設立法律實務

2012年9月初版　　　　　　　　　　　　　　　定價：新臺幣380元
有著作權・翻印必究
Printed in Taiwan.

著　　　者　富蘭德林事業群
發　行　人　林　載　爵

出　版　者　聯經出版事業股份有限公司　　　叢書主編　鄒　恆　月
地　　　址　台北市基隆路一段180號4樓　　　協力編輯　鄭　秀　娟
編輯部地址　台北市基隆路一段180號4樓　　　內文排版　陳　玫　稜
叢書主編電話　(02)87876242轉223　　　　　　封面設計　富蘭德林事業群
台北聯經書房：台北市新生南路三段94號
電　　　話：(02)23620308
台中分公司：台中市北區健行路321號1樓
暨門市電話：(04)22371234ext.5
郵政劃撥帳戶第0100559-3號
郵撥電話：(02)23620308
印　刷　者　世和印製企業有限公司
總　經　銷　聯合發行股份有限公司
發　行　所：新北市新店區寶橋路235巷6弄6號2樓
電　　　話：(02)29178022

行政院新聞局出版事業登記證局版臺業字第0130號

本書如有缺頁，破損，倒裝請寄回台北聯經書房更換。　ISBN　978-957-08-4049-0 (軟皮精裝)
聯經網址：www.linkingbooks.com.tw
電子信箱：linking@udngroup.com

國家圖書館出版品預行編目資料

中國外資公司設立法律實務/富蘭德林
事業群著．初版．臺北市．聯經．2012年9月
（民101年）．416面．14.8×21公分
ISBN 978-957-08-4049-0（軟皮精裝）

1.投資法規　2.中國

563.51　　　　　　　　　　　　　101016792